21 世纪高职高专旅游系列规划教材

酒店人力资源管理

主　编　赵伟丽　孙　亮
副主编　梁晓峰　母海林
参　编　安　宁　马　香　张　晔

内 容 简 介

本书结合酒店经营管理实际,为高职旅游(酒店)管理专业教学提供科学、实用的人力资源管理理论和典型案例。本书主要涵盖酒店人力资源管理的几大任务模块,包括战略业务(人力资源规划),基础业务(招聘、培训),核心业务(绩效考评、薪酬管理、劳动关系管理)和其他业务(职业生涯管理)。

本书内容具有较强的普适性,既可以作为高职旅游(酒店)管理专业教学用书,也可作为酒店人力资源管理工作人员参考资料。

图书在版编目(CIP)数据

酒店人力资源管理/赵伟丽,孙亮主编. —北京:北京大学出版社,2018.2
(21 世纪高职高专旅游系列规划教材)
ISBN 978-7-301-16450-1

Ⅰ. ①酒… Ⅱ. ①赵… ②孙… Ⅲ. ①饭店-人力资源管理-高等职业教育-教材 Ⅳ. ①F719.2

中国版本图书馆 CIP 数据核字(2017)第 328903 号

书　　名	酒店人力资源管理
著作责任者	赵伟丽　孙　亮　主编
策 划 编 辑	刘国明
责 任 编 辑	李瑞芳
标 准 书 号	ISBN 978-7-301-16450-1
出 版 发 行	北京大学出版社
地　　址	北京市海淀区成府路 205 号　100871
网　　址	http://www.pup.cn　新浪微博:@北京大学出版社
电 子 信 箱	pup_6@163.com
电　　话	邮购部 62752015　发行部 62750672　编辑部 62750667
印 刷 者	天津中印联印务有限公司
经 销 者	新华书店
	787 毫米×1092 毫米　16 开本　12.75 印张　294 千字
	2018 年 2 月第 1 版　2023 年 1 月第 4 次印刷
定　　价	32.00 元

未经许可,不得以任何方式复制或抄袭本书之部分或全部内容。
版权所有,侵权必究
举报电话:010-62752024　电子信箱:fd@pup.pku.edu.cn
图书如有印装质量问题,请与出版部联系,电话:010-62756370

前　　言

"酒店人力资源管理"是旅游(酒店)管理专业的一门必修的专业基础课，具有很强的实践性和应用性。基于高职旅游(酒店)管理专业培养具有良好管理理论基础的服务管理应用型人才的培养要求，这门课程的教学重点在于使学生在掌握人力资源管理的基本概念、原理以外，提高运用人力资源管理相关理论分析和解决酒店中存在的实际人力资源管理方面的问题的能力。从某种意义上说，人力资源管理已经不仅仅是酒店人力资源部的工作任务，也是酒店各级管理者必须具备的能力。

本书立足于人力资源管理的普适性，围绕如何提高学生的实际能力这一目标进行编写，较之其他同类教材有 3 个特点：

一是根据人力资源管理典型工作任务，精简教学内容，重构理论体系，按照"战略业务-基础业务-核心业务-其他业务"的逻辑，囊括了传统人力资源管理知识体系的主要部分，如人力资源规划、员工招聘、培训与职业发展、员工激励、绩效考评、薪酬管理、劳动关系管理等几大模块。

二是全书贯穿着大量的实际应用内容，如工作分析、员工考评、员工奖励、员工晋升等，有较强的实用性和操作性。

三是本书精选典型案例，有助于教师应用案例教学法引导学生从案例情景中归纳出问题，找寻解决问题的方案并择优处理，使得学生能够有效地运用这些思维方法和逻辑推理来观察、分析和解决实际问题。

本书由赵伟丽和孙亮担任主编，由梁晓峰、母海林担任副主编，由安宁、马香和张晔参编。本书编写分工为：第 1 章由长春职业技术学院赵伟丽编写，第 2、3 章由梁晓峰编写，第 4、5 章由孙亮编写，第 6、7 章由安宁和张晔编写，第 8 章由马香和浙江商业职业技术学院旅游烹饪学院母海林编写。

本书得到酒店管理者杜昊、颜雁娴的大力支持，并提供典型案例，全书由赵伟丽统稿。

本书在编写过程中参考了相关教材、论文和网络资料，在此对相关作者一并表示感谢！此外，特别感谢长春香格里拉酒店、喜来登度假酒店和华天酒店集团对本书编写的支持！

由于编写时间仓促，书中难免存在疏漏和不当之处，恳请广大读者批评指正。

编　者
2017 年 8 月

目 录

第1章 酒店人力资源管理概述 1

1.1 酒店人力资源管理的基本知识 3
- 1.1.1 酒店人力资源及其特点 3
- 1.1.2 酒店人力资源的层级区分和需求定位 4
- 1.1.3 酒店人力资源管理及其特殊性 8

1.2 酒店人力资源的管理与开发 10
- 1.2.1 酒店人力资源管理的任务 10
- 1.2.2 酒店人力资源开发与管理的内容 13
- 1.2.3 酒店人力资源管理的岗位职责 15

1.3 酒店人力资源的管理与创新 16
- 1.3.1 人力资源管理更加注重科学规范 17
- 1.3.2 人力资源管理更加注重人力资源的开发 21
- 1.3.3 逐渐建立以人为本的立体化管理模式 23
- 1.3.4 酒店人力资源管理全面进入信息化时代 24

本章小结 28
复习思考 28

第2章 酒店人力资源规划 30

2.1 酒店人力资源规划概述 32
- 2.1.1 酒店人力资源规划的目的与作用 32
- 2.1.2 酒店人力资源规划的制定原则 32
- 2.1.3 酒店人力资源规划的流程 33

2.2 酒店人力资源规划的实施 33
- 2.2.1 酒店人力资源规划的环境分析 33
- 2.2.2 人力资源需求预测 34
- 2.2.3 人力资源供给预测 38
- 2.2.4 人力资源供需平衡决策 42
- 2.2.5 讨论并确定各项人力资源规划 43
- 2.2.6 编制人力资源规划书并在酒店内实施 43

2.3 职务分析 43
- 2.3.1 职务分析及其作用 43
- 2.3.2 职务分析的方法 46
- 2.3.3 职务分析的要素与基本程序 50
- 2.3.4 职务描述书的撰写 52

本章小结 54
复习思考 54

第3章 酒店招聘与甄选 56

3.1 招聘 57
- 3.1.1 招聘的意义 58
- 3.1.2 制订招聘计划 58
- 3.1.3 招聘实施的时机 59
- 3.1.4 招聘流程 60

3.2 甄选 67
- 3.2.1 笔试 67
- 3.2.2 面试 67
- 3.2.3 心理测试 74

本章小结 78
复习思考 78

第4章 酒店培训与激励 80

4.1 培训需求分析 81

4.1.1　酒店员工培训的意义 ………… 81
　　4.1.2　调研培训需求 ………………… 82
　　4.1.3　制订培训计划 ………………… 83
4.2　培训的内容与方法 ………………… 86
　　4.2.1　培训内容的确定 ……………… 86
　　4.2.2　培训方法的选择 ……………… 87
　　4.2.3　培训效果的评估 ……………… 89
4.3　激励管理 …………………………… 92
　　4.3.1　激励的概念 …………………… 92
　　4.3.2　激励的特征 …………………… 93
　　4.3.3　激励的作用 …………………… 93
　　4.3.4　激励方法的选择 ……………… 94
　　4.3.5　运用激励手段时注意事项 …… 98
本章小结 ………………………………… 100
复习思考 ………………………………… 100

第5章　酒店绩效考评 ……………… 103

5.1　明确绩效考评的指标与方法 ……… 104
　　5.1.1　绩效考评的概念 ……………… 104
　　5.1.2　绩效考评的指标分析 ………… 105
　　5.1.3　绩效考评的方法选择 ………… 106
5.2　了解绩效考评的程序 ……………… 111
　　5.2.1　制订绩效计划 ………………… 111
　　5.2.2　实施绩效考评 ………………… 111
　　5.2.3　评估与反馈绩效考评结果 …… 112
5.3　分析与运用绩效考评的结果 ……… 113
　　5.3.1　考评结果分析 ………………… 113
　　5.3.2　考评结果反馈 ………………… 114
　　5.3.3　考评结果运用 ………………… 116
本章小结 ………………………………… 118
复习思考 ………………………………… 118

第6章　酒店薪酬管理与员工福利 … 121

6.1　员工薪酬管理 ……………………… 122
　　6.1.1　薪酬管理的概念 ……………… 122
　　6.1.2　薪酬管理的特殊性 …………… 123
　　6.1.3　薪酬管理的目标 ……………… 123
6.2　员工薪酬调查 ……………………… 123

　　6.2.1　薪酬调查的意义 ……………… 124
　　6.2.2　薪酬调查的目的与原则 ……… 124
　　6.2.3　薪酬调查的对象 ……………… 124
　　6.2.4　薪酬调查的渠道 ……………… 124
　　6.2.5　薪酬调查的内容 ……………… 125
6.3　员工薪酬体系的设计与实施 ……… 126
　　6.3.1　薪酬设计的原则 ……………… 126
　　6.3.2　薪酬设计的方法与步骤 ……… 128
　　6.3.3　人力成本控制 ………………… 136
　　6.3.4　薪酬方案中应注意的问题 …… 143
6.4　员工福利管理 ……………………… 144
　　6.4.1　员工福利的概念 ……………… 144
　　6.4.2　员工福利的预算 ……………… 145
　　6.4.3　员工福利方案实施的原则 …… 145
　　6.4.4　员工福利实施中应注意的
　　　　　问题 …………………………… 145
本章小结 ………………………………… 148
复习思考 ………………………………… 149

第7章　酒店劳动关系管理 ………… 151

7.1　劳动合同管理 ……………………… 153
　　7.1.1　劳动合同制度 ………………… 153
　　7.1.2　劳动合同订立的程序 ………… 153
　　7.1.3　劳动合同的期限及终止 ……… 157
　　7.1.4　劳动合同的续订及变更 ……… 158
　　7.1.5　补偿金核算 …………………… 159
　　7.1.6　非全日制合同用工 …………… 160
7.2　酒店员工劳动保护 ………………… 161
　　7.2.1　劳动保护的目的与任务 ……… 161
　　7.2.2　酒店劳动保护管理 …………… 161
　　7.2.3　员工安全教育 ………………… 162
7.3　劳动争议处理 ……………………… 162
　　7.3.1　劳动争议的概念 ……………… 163
　　7.3.2　劳动争议的内容 ……………… 163
　　7.3.3　劳动争议的原因 ……………… 163
　　7.3.4　处理劳动争议的原则 ………… 165
　　7.3.5　劳动争议的处理 ……………… 165
本章小结 ………………………………… 167

复习思考 168

第8章　酒店员工职业生涯管理 170

8.1 酒店员工职业生涯管理概述 171
  8.1.1 职业、职业生涯和职业生涯管理 171
  8.1.2 酒店员工进行职业生涯管理的意义 173
  8.1.3 酒店职业生涯管理现状及问题 174
8.2 酒店员工职业生涯管理的重点 175
  8.2.1 酒店职业生涯管理的基础 175
  8.2.2 职业开发 175
  8.2.3 晋升和调任 179
  8.2.4 职业生涯管理和员工承诺 180
8.3 酒店员工职业生涯的阶段性管理 181
  8.3.1 职前管理 181
  8.3.2 职中管理 184
  8.3.3 离职管理 189
本章小结 191
复习思考 192

参考文献 194

第1章 酒店人力资源管理概述

>>>>> 学习目标

知识目标	能力目标
(1) 了解酒店人力资源及其特点 (2) 掌握酒店人力资源管理工作的内容 (3) 了解酒店人力资源管理任务 (4) 了解酒店人力资源管理发展的趋势	(1) 能够基于战略眼光,从酒店组织的长远发展角度看待人力资源管理问题 (2) 能够有针对性地采用人力资源管理手段调动员工积极性

一位酒店中层管理者的困惑

喜来登酒店一向以擅长员工培训、注重人力资源发展而著称。陈女士在12年前入职A城市的喜来登酒店，仅用5年时间就完成了从一名服务员到出色的餐厅经理的职业发展历程。作为部门管理者，她深知"没有不好的员工，只有不好的管理者"这一道理，担任经理的几年里，她和她所带领的团队非常优秀，为酒店赢得了良好的声誉。陈女士的成功管理被酒店领导所肯定，并开始为她寻求下一步发展的机会。恰好，南方一座城市的四星级酒店请求喜来登酒店托管，陈女士和其他4位经理一同被派往该酒店，她担任中餐厅及多功能厅的经理。

在新的环境里，她要求自己更加努力地工作。但是，上任的第一天，当她在人事部经理陪同下走进中餐厅时，面对的情景使她非常吃惊，近20名服务员，甚至领班，在刚刚结束早餐服务的餐厅里尽情享用本该是客人享用的食品，餐厅一片狼藉。陈女士觉得这些行为可能是前任经理培训和管理不力所致。在当天的餐饮部例会上，她做了20分钟的就职演说，讲话恳切而专业，可以说，初次亮相使员工们对她产生了好感，但是，对于早餐时不该出现的事情，她一字未提，这令员工们在心中打了一个问号。

陈女士有她的打算，在3天后的第一次员工培训中，她重申了酒店的纪律，但仍然没有对员工进行任何批评，因为她相信员工都是有觉悟的，不必使用强硬的管理手段。她认为惩罚只会伤害员工的自尊心，沿用原来喜来登酒店的方法处理这些问题会有所成效。

然而，随着时间的推移，员工不断发生纪律问题及怠慢客人的问题，令陈女士越来越失望。于是，她加强培训工作，从一周1次改为一周3次。陈女士具有良好的培训技能，她讲的一切，员工都能认同，每次培训后也能略见成效，但毕竟不能解决根本问题。两个月以后，酒店领导终于对陈女士提出了批评，认为她过于软弱，过分迁就员工，没有达到酒店管理层的期望。

面对酒店领导的批评，陈女士迷惑了。

案例评析：陈女士运用涉外酒店的管理办法管理新出现的问题，在发现员工纪律涣散时，认为员工都是有觉悟的，但管理效果并不好。陈女士在反省自己管理方式的同时，也给酒店的各级管理人员一个启示：不仅培训激励等技能应成为管理者的基本任职要求，而且绩效考核、劳动关系处理、人员选用，甚至薪酬福利这些原本就是非常专业的人力资源业务，现在也成为各级管理者必须了解、掌握、会使用的基本能力。因此，人力资源管理能力具有普遍的适用性。

人力资源是酒店服务活动中最活跃的因素，也是一切资源中最重要的资源。由于该资源的重要性，它被经济学家称为第一资源。随着市场竞争的日趋激烈，人才已成为实现酒店自身战略目标的一个非常关键的因素，人才之争是市场竞争中的核心内容之一。人力资源管理的意义在于为酒店组织提供有劳动能力、服务意识、才能、创造力和推动力的人，有系统和有步骤地实施酒店企业人员招募、选择、训练和开发等计划，以及开展组织活动和实施管理行为等，以充分调动员工的工作积极性，发掘员工的内在潜力，努力营造一个良好的工作环境。

酒店产品主要通过员工的个别劳动得以实现，对从业人员管理的好坏直接关系到服务质量的高低，因此，人力资源的开发与管理是酒店经营管理环节中最重要的一环。

1.1 酒店人力资源管理的基本知识

国外酒店管理专家已经提出酒店由传统意义上的 CS(Customer Satisfaction)战略转向 ES(Employee Satisfaction)战略，即只有满意的员工，才会有满意的客人。可以肯定地说，中国酒店业实现经营现代化、利润最大化的目标，对人力资源开发的依赖性将更为显著。因此，人力资源的开发将仍然是我国酒店业面临的重要课题。酒店掌握好人力资源的开发和管理技能，通过对人的培养来树立自己的品牌形象，可以获得更大的经济效益。同时，更主要的是让这种"活"资源发展、壮大，使酒店持续发展。

1.1.1 酒店人力资源及其特点

酒店人力资源是指在一定的时间条件下，在酒店企业工作范围内，能为酒店创造财富、提供劳务的人及其所具备的能力、技能，具体包括数量和质量两个方面。

与其他类型的人力资源相比，酒店人力资源的特点主要表现在以下几个方面。

1. 从业人员年轻化

酒店行业的从业人员较为年轻，年龄结构比较合理。中国旅游协会人力资源开发培训中心曾对接受过培训的几十家酒店做过抽样调查，调查结果表明：主管以上的管理人员平均年龄为 35 岁；北京建国酒店开业 30 多年来，员工的平均年龄始终保持在 30 岁上下。

2. 具备良好的素质和能力

酒店的员工一般要经过较为规范的教育和培训，具备一定的素质和能力。例如，三星级以上的酒店基本实现了从社会招工转向从旅游学校、职业高中招聘，跨国酒店集团一般都与当地的大专院校和旅游学院建立了良好的校企合作关系。目前，一些酒店和酒店管理集团普遍比较重视员工的后续教育和培训，很多酒店管理集团都自己开办培训学校。

3. 员工流动频繁

因为受市场经济影响，人们都在追求自身价值，企业之间的竞争又加剧了人才流动，所以使得员工流动率逐年加大。酒店越多、酒店企业之间的竞争越激烈，酒店员工流动率就越大，尤其是经济越发达地区员工的流动率更大；学历越高、外语越好、年龄越年轻的员工流动性越大。例如，北京、上海、广东等地的旅游酒店员工的流动率在 30%左右，有的地区甚至高达 45%。

4. 高素质人才供不应求

酒店人力资源存在供求不平衡的现象，一般劳力、低素质劳务人员"供过于求"，而有学历、有能力、有工作经验的高素质人才却"供不应求"。旅游作为朝阳产业，会吸引许多人进入酒店业工作，可以说酒店人力资源的数量是充实的，然而人才资源的数量却是有限的，尤其是优秀的管理人才匮乏，如高层管理者、培训部经理、工程部经理、行政总厨等十分紧缺。许多酒店的经理称："人才资源缺乏是企业发展的最大障碍"，各大酒店管理集团一致认为"高级酒店管理人才越来越难找"。

人才流失过快、人才稳定难，已成为酒店业的通病，这也是酒店管理目前急需解决的难题。酒店业的人力资源管理之所以存在这些问题，有几个原因：一是酒店人力资源管理中，普遍存在重使用、轻培养，重组织发展、轻个人开发。二是旅游酒店的人事管理基本上还处于传统的人事管理阶段，即偏重管理；而现代人力资源开发则强调管理是一种控制行为，激活是一种促进措施，把激发人的热情、增强人的能力作为现代人力资源开发的重要目标。三是在酒店人力资源开发活动中，存在一个不好的倾向——重视智商，忽略情商，即重视对员工知识的学习、能力的培养，而对其非智力因素，即情商(关于调整与控制个人情绪的能力)的开发重视不够，有的企业或个人根本不予重视或没有意识到这个问题。

还有一个突出问题，我国酒店人力资源的配置存在严重的高消费现象，其一，不分岗位和职位，对聘用人员的学历要求较高；其二，用高薪聘用的人才与其创造的价值不符。

常见问题

如职高、中专水平就可以胜任的工作岗位却非要聘用大学生，高学历者必然希望高工资，这势必造成人力资源浪费和人力成本的无谓增加。工程、营销、财务、人事培训等部门的一些对知识、能力要求较高的岗位，采取凑合的办法，宁可录用职高生、中专生，而不愿录用大学生，或者从社会随意招聘，这无疑会影响工作质量，对酒店的长远发展和高级管理人才的培养是非常不利的。

正是由于酒店人力资源的特点和管理难度，使得学习和掌握人力资源管理知识和技能变得尤为重要。酒店人力资源管理不仅是提高管理者素质、提高酒店竞争力的必要手段，而且成为影响全行业健康发展的重要因素。

1.1.2 酒店人力资源的层级区分和需求定位

酒店是人力资源在内的各种资源组合而成的竞争实体。在激烈的市场竞争中，环境的变化、对手的改进和自身内部的资源消耗都会影响酒店的运行和发展。酒店竞争优势的持续保障是酒店获得发展的基本条件，而这又有赖于酒店人力资源需求的科学定位。它在根本上影响着酒店资源的增值潜力及其竞争价值。

1. 酒店人力资源的层级区分

由于技能、知识和经验的差异，酒店内的各种人力资源对酒店的贡献也不同，即在竞争力上存在层级区别。根据酒店内各种人力资源的竞争力属性，可以将它们分为 4 个基本类型，即核心人力资源、优势人力资源、基础人力资源和劣势人力资源。

1) 酒店核心人力资源

它是指在酒店的人力资源体系中，具有较强的战略控制能力和总体决策能力的人力资源种类，比如酒店中的高级管理人员。拥有和维持这种人力资源，酒店可以获得持续性的竞争优势。酒店的核心人力资源凝聚了酒店的文化构成，他们了解本酒店的软环境、工作气氛，往往是本酒店所独有的。市场上不具备同类人力资源。酒店正是凭借这种人力资源确立自己有别于其他酒店的竞争优势，由于这种人力资源不易被竞争对手所模仿，所以其竞争优势是持续的。

2) 酒店优势人力资源

它是指具有丰富的酒店业从业经验，具备较强的管理能力和控制能力的人力资源种类。酒店中的部门经理、主管人员等就属于酒店的优势人力资源。酒店优势人力资源能为酒店提供一定的竞争力，但这种竞争力容易被竞争对手赶超，所以不具备可持续性。酒店优势人力资源也是构成酒店竞争优势的资源之一，但在一定时期内，其他酒店可以通过自己的培训和职业锻炼来获得类似的人力资源，所以这种人力资源所确定的竞争优势有一个日渐式微的过程。

3) 酒店基础人力资源

它是指一般的酒店业从业人员，可以通过一般的岗前培训和职业训练获得，因此不具备稀缺性，如酒店中的一般服务员就属于基础性人力资源。这种人力资源能够为酒店提供一定的生产价值，没有他们，酒店会处于竞争劣势，但是其他酒店也很容易取得同样或类似的人力资源，所以它不能成为形成酒店竞争优势的人力资源。

4) 酒店劣势人力资源

它是指不具备酒店发展所需知识和服务技能价值的人力资源。这种人力资源不能为酒店提供竞争优势，往往是酒店的包袱和累赘，常常阻碍甚至破坏酒店竞争力的形成。例如不适应岗位发展需要的老员工就属于酒店劣势人力资源，摒弃这种人力资源可以降低酒店的经营管理成本，提高酒店的相对竞争力。

劣势人力资源的存在是酒店管理中一个难以避免的配置问题。其根本原因是，由于时代的飞速发展，酒店内的人力资源在使用过程中有一个自我老化的过程。如果员工的技能、管理人员的思想背离了酒店发展的需要，相应的人力资源就会转化为劣势人力资源。

除了内部转化以外，酒店的优势人力资源、基础人力资源和劣势人力资源和市场中的优势人力资源、基础人力资源和劣势人力资源也有一个动态的转化过程，它表现为酒店人力资源和市场人力资源的动态输入与输出。酒店人力资源的内部转化和外部转化往往交织在一起，互为推动。

在酒店人力资源的配置管理中，酒店总拥有一组区别于其他酒店的独特的人力资源，它主要指酒店的核心人力资源和优势人力资源。这些人力资源的存在使酒店人力资源的综合特征具有异质性，并区别于其他竞争对手。在本质上，酒店正是凭借这些异质性人力资源，才能以更低的成本为顾客提供同样的服务和产品，或者以同等的成本为顾客提供更多、更新的服务和产品。因此，人力资源的异质性所引出的酒店异质性使酒店能够创造更好的顾客价值。由此可见，酒店人力资源的异质性是酒店竞争优势产生的源泉和基础。

2. 酒店人力资源的需求定位

酒店人力资源的需求受到酒店的发展阶段、酒店市场的需求和酒店人力资源柔性发展要求等诸多因素的影响。

1) 基于酒店不同发展阶段的人力资源需求定位

面对外部市场的变化，酒店会经历一个从初创、成长、成熟到衰退或变革重生的演替过程。在每一个发展阶段，酒店人力资源的累积水平都受上一阶段人力资源存量的影响。不同的人力资源配置能力是造成资源根本变化的最活跃因素，它的差异会造成酒店新的人力资源累积水平，进而影响到酒店未来的竞争状况。

酒店在自身生命周期中的每一个阶段性变化都会反映在酒店人力资源结构和数量的变化上。其中，每个阶段起主导作用的人力资源存在阶段性的差异。初创期起主导作用的是酒店所拥有的少量熟练员工和管理人员等基础性资源。到了成长期，一些员工的技能和知识不断增加，并成长为具有本酒店服务经验的熟练员工，酒店文化的初步形成也使部分管理人员的管理风格趋于规范化，这些优势人力资源在这一时期起着主要的作用。而在成熟期，大量的有本酒店服务经验的熟练员工和在成熟的酒店文化模式制约下的管理人员发挥着重要的作用，酒店的核心优势也在这一时期形成。衰退期的出现则是由于知识老化的员工和管理人员的不思进取所导致的。

2) 基于酒店市场需求变化的人力资源需求定位

酒店所拥有的人力资源优势向竞争优势转变的过程中，存在诸多的制约因素，其中除了酒店自身的资源配置外，市场的需求是决定性的因素。

(1) 酒店人力资源需求受市场主流竞争范式影响。市场主流竞争范式是在市场的自然选择过程中所形成的公认度较高的行业竞争方式，它主要受 3 个层面内容的影响，即市场的内在运行规律、国家的法律政策和通行的业务操作规则。市场的内在运行规律是市场活动的内在联系和必然发展趋势，它具有不可违抗性。国家的法律政策是国家所制定的关于酒店经营所必须遵守的法规和政策。通行的业务操作规则是在长期的市场运行中所形成的习以为常的业务处理方法和规则。主流竞争范式是向效率倾斜的竞争规则，它的形成变化反映了市场选择的结果。因此，酒店的人力资源储备和积累应该充分考虑主流竞争范式的内在要求。

(2) 酒店人力资源需求受市场的需求偏好影响。自现代酒店产生以来，酒店产品就处在不断的变革之中，其根本的引导力量是市场的需求偏好变化。酒店产品的变化必然导致酒店人力资源素质需求的变化，有时还会带来新工种的产生，比如网络服务所带来的网络管理职位。只有具备相应的人力资源，酒店才能生产出符合消费者需要的酒店产品来。在市场选择中，消费者根据自己的需求偏好，用手中的货币选票来判断酒店产品的竞争力。因此，酒店人力资源的储备和积累应该以市场的需求偏好所引致的人力资源需求作为基本的定位因素。

(3) 酒店人力资源需求也要考虑到行业的技术动态。当酒店进行竞争的核心技术平台发生变化时，酒店在以往创新过程中所累积起来的人力资源结构可能变得与现有的竞争不相适应，甚至成为酒店进一步发展的阻碍因素。酒店的人力资源结构还存在一个与"产业技术动态"相互选择的交互过程。如信息技术的变化，它不仅带来酒店组织结构、管理模式的深层变动，而且信息知识和信息设备的操作技能也成为酒店人力资源所必须具备的基本技能。当相关的技术发生变化时，酒店的人力资源结构和种类不可避免地要进行配套变革，否则就难以适应市场的需求，获得持续性的竞争优势。

应用案例

万豪酒店在上海的高档公寓项目，客户知识层次、社会地位较高，当然客房的定价也高，因此入住客户会提出更高的要求。他们会对酒店的各个方面将进行综合比较。酒店在智能化、安全性、信息化等方面有突出的特色，为入住客户提供了很多方便的措施，包括计算机应用、远程监控、职能通信等，这些信息化技术的掌握，都需要酒店员工跟上产业技术动态发展的步伐，也需要酒店企业持续的培训。

3) 基于酒店柔性需求的人力资源需求定位

酒店人力资源的柔性定位可以从如下三个角度予以考察。

(1) 从酒店经营目标的柔性出发对人力资源进行柔性定位。在动态的市场环境下，酒店经营的具体目标会随着市场形势的变化而不断调整，酒店产品的具体形态也会随之产生相应的波动。这种波动的背后，蕴含着酒店人力资源需求的变化。换而言之，酒店经营目标的变化会引发酒店人力资源需求的变化。在我国，由于新的消费阶层的不断产生和更替，与之相应的酒店产品也一直处在变革和调整之中，这种趋势在今天和将来会日趋明显，所以要想在动态的市场环境下维持酒店的竞争优势，酒店人力资源的种类、结构和数量必须具备相应的柔性。

(2) 从酒店人力资源的柔性特质出发对人力资源进行柔性定位。酒店的主体产品是服务，因此产品形态的具体改变主要是服务的改变。酒店服务所依赖的资源主要是管理资源、服务员和服务设施等资源种类。酒店可以通过改变人力资源的技能、经验来营造完全不同的服务产品，而这种改变可以建立在酒店其他资源不发生变化的情况之下。在酒店中，人力资源的改变和流动是酒店资源变动的主体，而一般的工业产品在改变产品形态的时候，需要原材料、加工设备、加工流程等一系列的资源配套改革，这正是酒店和一般工业企业所存在的最大的差别。因此，酒店人力资源需要具备较强的柔性。

(3) 酒店人力资源的柔性主要有 3 个衡量指标，即酒店人力资源的有效使用范围、人力资源移作他用所需要的时间和所耗费的成本。

应用案例

比如经过跨部门培训的服务员，他一般能在较短的时间内转换到其他部门从事服务工作，而且不必再接受新部门的上岗培训。这种人力资源具有较广的使用范围，移作他用所需的时间短，耗费的成本也低，这是典型的高柔性人力资源。

一般而言，人力资源的专业性和专用性越强，其柔性就越低。酒店可以通过选择高柔性特质的人力资源或增强单体人力资源的柔性(比如加强员工培训)来提高酒店人力资源整体的柔性。酒店应该根据自己的发展需要储备相当数量的柔性人力资源，以应付市场或内部人力资源的突变。

酒店在对人力资源需求计划进行定位时，应该综合地从酒店发展的生命周期、酒店市场需求的变化以及酒店人力资源的柔性发展要求等适度进行衡量，通过这种三维的复合选择来增强人力资源需求定位的科学性和前瞻性，为酒店竞争力的形成提供最坚实的基础。

1.1.3　酒店人力资源管理及其特殊性

要做好管理工作，就必须明白这样一个道理："所有的工作都要靠人来完成，完成的质量取决于人们的心情、责任感、利益关联程度和做好工作的能力。"一个管理者个人操作能力再强，也不可能亲手去完成每一项工作和工作的每一个环节，管理者更为重要的工作或者首要的工作是如何使下级工作做得好。既然是这样，那么同样是人的被管理者，他们有着人的生理局限和规律，他们有着远比一般物品复杂得多的心理世界，他们的人的特性受到尊重也就理所当然了；忽略或践踏人的尊严的管理行为，根本不可能取得预期效果。即使无生命的机器和设备，人类在使用过程中，也仍然要遵循它们自身的规律和进行必要的维护与保养，才能正常使用。

1. 酒店人力资源管理的概念

酒店人力资源管理就是科学地运用现代科学管理学中的计划、组织、领导、控制等职能，对酒店的人力资源进行有效的开发和管理，合理的使用，使其得到最优化的组合，并最大限度地挖掘人的潜在能力，充分调动人的积极性，使有限的人力资源发挥尽可能大的作用的一种全面管理。

2. 酒店人力资源管理的特殊性

1) 酒店人力资源管理必须坚持以人为本

酒店业是我国最早与市场经济接轨的行业之一，特别是近些年国内外旅游市场的不断演变，使现代酒店在日益严酷的竞争环境中别无选择，开始着手挖掘内部潜力，节约人力资本，实施减员增效的举措。这就要求酒店合理用工，加大人才培养力度，实现人员的"多功能化"，发挥人的主观能动性，提高工作效率，增强协调配合能力，以适应酒店竞争与发展的要求，使减员增效落到实处。

酒店产品是服务性产品，生产和消费过程具有同时性，而且员工行为也直接构成酒店产品的组成部分。酒店员工的个人素质和服务技能，将直接影响产品的质量。为此，要求酒店经营管理者认识"人"的特殊属性，充分理解"一切物的因素只有人的因素才能加以开发利用"的内涵，高度重视"人"的内因作用，服务产品才可能显得更加完美无缺。

酒店属于劳动力高度密集的产业，虽然可以引进各种先进设施设备来代替一些人的行为，但许多个性化服务和应对性服务仍然必须由人来承担。根据团队效益原理，工作是通过每一个人来完成的，但是组织的工作效率和效益却是通过集体来完成的。酒店服务产品的完成过程需要不同部门的协作,才能保证产品的有效和完善。因而组织必须设法在激发个人工作积极性的同时,激发集体的工作积极性。在酒店管理中借鉴人本管理的团队管理思想,对于强化团队精神,培养团队集体意识,实行民主管理,实施合理授权,发挥员工潜能,激发工作动力有着不可替代的作用。

应用案例

万豪酒店集团特别重视亚太区的投资和发展,人力资源管理也始终坚持"以人为本"的理念。每年,万豪亚太的总部都会对旗下所有酒店的人力资源系统进行审查,此审查不仅包括检查酒店的大堂、公司文件以及各种系统的运作,而且还包括与经理和普通员工进行的面谈,聆听他们对酒店有怎样的意见与建议。HR发现,员工关注的问题往往是关系到其切身利益的事。万豪还会定期举办员工恳谈会,在会议上,员工可以直接提出自己的看法。比如酒店冷气太大,希望公司为员工提供长裤而不是裙装;比如冬天天气冷,希望为前台服务人员提供电暖气等。这些问题虽然看上去很小,但是万豪并不会忽视这些问题,而是在收集员工反映的问题后,认真与相关部门沟通,并要求经理提出相应的实施计划,在酒店内部公开,而且集团会定期派人了解这些计划实施的进展情况。如果公司确实不能解决,必须讲明原因。

2) 酒店人力资源管理需要建立个性化的管理模式

酒店人力资源管理是一种动态的、较为全面的管理。员工不应被看作简单的劳动成本,而应被看作可持续开发的人力资源。人力资源可以被反复不断地开发利用,并能逐步转换为宝贵的人才资源,对人力资源投资的回报率远远超过对任何其他资源投资的回报率,因此要增加对员工培养和塑造的投入。

酒店人力资源管理的重点在于管"心"。员工不应仅靠机械的奖惩制度来管理,而且还应靠灵活的思想工作来管理。奖惩制度强调的是外界因素对个人行为的作用,往往忽略了人的主观能动性,而思想工作强调的是内在因素对个人行为的作用,即通过调动员工的主观能动性来进行自我完善、自我管理和自我实现。前者注重的是法制,而后者注重的是德治。

员工不应仅靠物质刺激来激励,而且还应靠成就感、被尊重感、被承认感和被关心感等精神刺激来激励。

3) 酒店人力资源管理需要树立"双赢"的观念

酒店管理者不应再一味地追求"我赢",而且还应不断地追求"双赢",即酒店利润与员工价值的同步扩大。酒店人力资源管理是一种全方位、全员性的管理。同时,管理者不应再想方设法阻止人才外流,而应主动为人才提供或创造内部流动的机会和条件。管理者不应再继续沿用被动救火型管理方式,而应引用主动防火型管理方式。

管理者需要意识到:员工追求的不仅是一份理想的工作,而且还是一项有发展前途的事业或职业。一项择业标准调查结果显示:有71%的被调查者将"个人发展前途"列为择业考虑的主要因素。因此,当酒店进行工作设计时,一定要力争使每一项工作都与员工的个人发展前途相关联。

酒店人力资源的开发与管理,既是一项日常的管理,又是长期的、渐进的、深入的管理,不仅要对酒店中各类人员进行全员培训与考核,而且要把每一位员工都看成宝贵的资源,并发挥其应有的作用。无论服务员、工程技术人员还是管理人员,都有长期或短期的开发能力计划,以达到胜任本职工作和提高素质的目的。

酒店人力资源管理不仅是酒店人力资源部门独有的业务工作,而且应该是酒店全体管理人员的日常工作,尽管侧重点和着眼点或许有所不同。因此,酒店的每个管理人员都应该了解和掌握人力资源管理的理论、方法以及人力资源管理的职能,开发利用人的潜能。对现代酒店的管理者来说,要真正了解一名员工,掌握每位员工各方面的情况,应该坚持这样的原则:不凭主观臆断,在日常工作和生活的实践中去了解、检验。

1.2 酒店人力资源的管理与开发

现代酒店人力资源管理是一种包括传统的人事行政管理、员工的激励与管理和潜能开发利用的全面的管理。

1.2.1 酒店人力资源管理的任务

1. 科学地了解和评价人

酒店为了正常开展业务,必须拥有一批具有各种特长和才能的员工,要不断培养和造就各种人才,使用各种人才,其基础是了解和评价人。要了解人,就要研究和一定社会形态相联系的人所具有的本质特征和意识观念,研究人的需要和追求,研究人的个性特征,研究人的长处和弱点,从社会学和生理学的角度对人的不同特征进行研究分类。对人的了解和评价既要从整体出发,确立正确的人生观和科学的评价尺度,需从每个个体的特殊性出发,了解和评价每个个体的基本素质、思想意识、才智能力、业务水平、造就的可能性和缺陷。只有当每个个体的状态和发展趋势得到客观全面的反映和分析评价,那么造就人才,开发人力资源才能有一个坚实的基础。

2. 积极塑造并且合理用人

酒店人员工作的基本特点是独立性强。在独立作业过程中,可充分运用自身的智慧、才能和经验。酒店人员的行业素质是指从业人员所具有的能适合本行业特定工作内容和工作对象的自身素质。酒店从业人员要达到规定的行业素质标准,并不断地向高层次发展,就要对从业人员进行专业训练和素质塑造。训练和塑造既包括有计划、有目的的灌输和训练,又包括引导并创造条件让从业人员发挥主动性,进行自我训练和自我塑造,以求得自我发展,而且具备酒店各专业业务所需要的行业素质。也就是说,造就人是在了解和评价人的基础上,根据每个人的长处和短处,给予外在的条件和培养产生内在的动力,充实强化从业人员的长处,克服并消除其短处,从而成才的过程。

造就人的目的是使用人。使用人就是根据每个人的特长和才能,把它放到合适的岗位上,使每个人的才智能尽可能得到充分的发挥。使用人是在评价人、造就人的基础上,对人量才录用,是人力资源开发的中心任务。使用人的含义可理解为:第一,把每个从业人员放到适合的岗位;第二,大胆放手使用,积极引导、指导,而不是过多地干预;第三,有使用就要有考核、考评,以使每个人能更恰当地发挥自己的才能;第四,使用和塑造相结合,有使用也要有塑造。

3. 优化组合人才群体结构

一支优秀的员工队伍,只有经过科学合理的配置,才能形成最佳的员工组合。酒店人才群体结构是指群体成员的能力、知识、专业、性格年龄,以及思想、道德观念等要素的组合联系,酒店人才群体结构的优化组合就是上述内容的有机结合,即酒店员工为了一个共同的目标,通过一定的社会关系,在酒店内组成一个相对独立的人才群体,又通过某种联系形成酒店人才群体结构。这种结构形成决定各个酒店员工(如总经理、部门经理、服务人员)在群体中所应处的地位和作用,所应承担的相对独立的职责和任务,通过群体结构将他们联系在一起,相互发生作用,形成一个有机的整体。为了保证人才结构的逐步优化,酒店人力资源管理工作可以从以下几方面着手。

(1) 优势互补、相互适应。一个优化的群体结构并不等于优秀个体的简单相加。

(2) 优势定位,职能相称。根据每个人的年龄、专业技术、能力、性格、气质、学历、思想品德等因素,把员工安置在最有利于发挥其优势和长处的工作岗位上,做到职能相称,以便产生最大的人才效益和工作效能。

(3) 加强在职培训,保证人才知识结构的不断优化。坚持有计划、有步骤地对酒店员工进行酒店方针政策、酒店法规、职业道德水平、外语和计算机等课程的业余培训和考试,按照统一的经营管理体系和模式,进行管理理论和实际相结合的规范化培训。

(4) 动态调节,不断完善。一个新的人才群体的组成并不是人才配置工作的结束。

例如,香格里拉高效的人力资源管理诠释人才管理的内涵。作为知名的五星级酒店管理集团,香格里拉总是以最优质的服务迎接客人,然而,你可曾想到,香格里拉也将其员工尊称为"内部客人",并为其职工提供最完善的发展机会和规划。

4. 处理好人才流动问题

人才流动问题是任何酒店都不可回避的。所谓人才流动,是指各酒店之间、酒店和其他行业之间使人才有来有往、能进能出,使酒店的人才能够选择其合适的职位从而发挥其特长,逐步形成合理的人才智力结构。合理的、正常的人才流动对酒店来说是必要的,酒店业务的开展,要有各层面的专业人员,各类专业人员也需要不断地增加和更新。由于酒店工作多是复杂劳动,对智商和智力发挥的要求比较高,对酒店人员的选择性比一般行业要强一些。这些条件没有一个酒店一开始就具备,这就决定了酒店要从社会和同行业中引进和充实人才,以满足自身发展的需要。当然,酒店在引进人才的同时,也要允许本酒店人才外流。

酒店要正确对待、认真处理好人才流动,懂得人才流动的客观必然性和人才流动的规律，在保证本酒店人才基本稳定的前提下，允许人才正常流动。酒店对外要进行人才交流，对内则要注意人才的调适。所谓人才调适，是指在酒店内部允许个人根据自己的特长和对岗位的适应性，在各岗位之间进行适当的调整。

留住老的比招聘新的更划算

某酒店有一位面点师小黄，刚来酒店时才16岁，是学徒工，工资1000元。他工作非常努力，有活抢着干，技术提高得很快。他还很好学，经常创新面点品种，有几种非常受客人欢迎，做的面点产品在酒店也最畅销。一年后，他的技术已经相当了得。厨师长几次向老板提出给他加薪，但是老板觉得他年轻，是学徒工，一直不答应给他涨工资。小黄心里很不平衡，就拿着自己的作品到别的酒店应聘，后来被一家大型酒店的老板看中，跳槽过去做面点了，那家老板将他的工资定为2000元，涨了一倍。酒店对待有潜力的年轻学徒工，适当地增加工资留住他要比另聘新厨师划算得多。比如，小黄目前的工资是1000元，如果加到1600元，他也许就会继续留用，但要另聘一位和他同技术水平的师傅，给出的薪资标准就不一定是这样的了。

酒店如何应对"跳槽"

著名哲学家黑格尔有一句名言："凡是存在的都是合理的。"其核心思想是说，凡是客观存在的事物都有其存在的必然性。只要这种必然性没有丧失，那么这种客观事物是不可能被消灭的，这充分体现了哲学辩证法思想。对于人员流动的认识也应如此。只要是市场经济，劳动力的市场配置就是必然的，除非你能退回到计划经济。由于人力资源市场调节带有自发性，所以不可能是规则的、有序的、理性的。人们要做的是适应人才流动，研究人才流动的规律和特点，总结和探索市场经济体制下的人力资源管理方法，趋利避害，限制其消极作用，发挥其积极作用。

(1) 酒店人力资源管理在思想上要从过去以我为中心——我雇你、我炒你、我命令你，转变为以我们为中心——我们合作、我们互利、我们双向选择。经营者必须从高高在上、发号施令、唯我独尊、称王称霸的领导方式转变为相互平等、相互尊重、相互理解、相互支持。

(2) 文化留人。加强企业文化建设，建立企业和员工共同的价值观；有了共同的价值观，有利于留住人才。同时，总经理要有人格魅力，凡是人才都重视领导的人品、能力和酒店的前途。

(3) 事业留人、待遇留人、感情留人。美国管理学家马斯洛提出了人的"需要层次理论"。他把人的需求从低级到高级分为5个层次：生理需要、安全需要、社交需要、尊重需要、自我实现的需要。他认为自我实现是人的最高需要。人们对人才流动所做的调查显示，为实现自身发展需要占大多数。因此，更重要的是重视人才、关心人才、尊重人才，为他们实现自身价值提供发展空间。同时要关心人才的物质利益，要和他们建立深厚的感情。

(4) 管理人员配备要适应人才流动。在人事管理上，一个部门不能只配备一名有才干的领导，还要储备管理人员。部门经理和主管之间的能力、水平，差距要小一些，特别重要部门。总经理要管销售

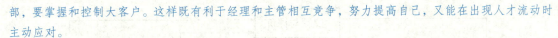

部，要掌握和控制大客户。这样既有利于经理和主管相互竞争，努力提高自己，又能在出现人才流动时主动应对。

(5) 建立合理的制约措施。酒店对于自己投资培养的人才，可以用合同的方式约定合理的服务期限。对于商业秘密、客户源的管理可以通过制约措施、规章制度加以管理。一旦出现问题时，可以通过法律手段得到合理解决，避免人才流动给酒店造成损失。

5. 建立酒店人力资源开发利用体系

要真正达到酒店人力资源开发和利用的目的，必须有一套科学合理的人才开发和利用体系，形成人才辈出的优化机制。首先，要建立一套招聘员工的科学的程序和方法，为酒店挑选一批事业心强、有培养前途的员工。其次，建立一套科学的培训制度和方法，有效地提高酒店员工的素质和能力。再次，进行科学的定岗定员、优化结构、发挥最佳的群体效应。最后，通过科学的管理和激励方法，创造一个良好的人事环境，使员工安心工作，努力工作，进取向上，最大限度地发挥员工的积极性和创造性。

1.2.2 酒店人力资源开发与管理的内容

人力资源开发与管理是实现组织目标的一种手段。酒店人力资源开发与管理指的是为实现组织的战略目标，利用现代科学技术和管理理论，通过不断地获得人力资源，对所获得的人力资源的整合、调控及开发，并给予员工报酬进而有效地开发和利用。在管理领域中，人力资源开发与管理是以人的价值观为中心，为处理人与工作、人与人、人与组织的互动关系而采取一系列的开发与管理活动。人力资源开发与管理的结果，就酒店而言，是酒店的生产率提高和组织竞争力的增强；就员工而言，则是工作生活质量的提高与工作满意感的增加。生产率反映了实物产品或提供的服务与投入的人力、物力、财力的关系，工作生活质量则反映员工在工作中所产生的生理和心理健康的感觉。

在酒店中，人力资源开发与管理的范畴，可以分为3个部分。
(1) 人与事的匹配。做到事得其才，人尽其用，有效利用。
(2) 人的需求与工作报酬的匹配。使酬适其需，人尽其力。
(3) 人与人的协调合作。使员工互补凝聚，事半功倍，这强调团队精神。

三者有机结合，构成酒店人力资源管理的内容。调整好各方面的人事关系，使人与事、共事的人们之间的相互关系达到最佳状态，是人力资源管理的基本目的。具体而言，酒店人力资源开发的内容主要包括酒店人力资源规划、员工的招聘、薪酬福利、考核奖惩、员工教育培训、高素质的管理人才等方面。

1. 制定酒店的人力资源规划

这要根据酒店的经营管理目标和组织结构需要，对各项工作性质、岗位职责及素质要求进行分析，确定酒店员工的需求量和需求标准，做好酒店人力资源数量和质量的预测。人力资源规划的流程如图1.1所示。

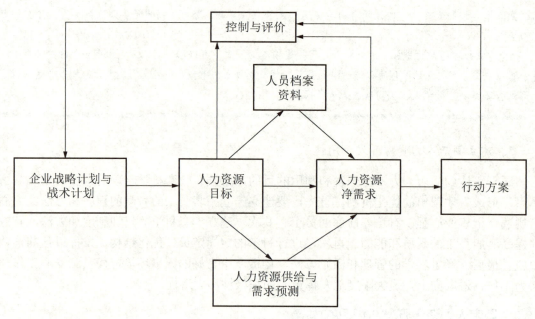

图 1.1　人力资源规划流程图

2. 员工的招聘

按照酒店人力资源计划招聘所需员工。招聘录用员工应当按照科学的标准,达到人与岗位的最佳组合。

3. 员工教育培训

为使每个员工胜任其担任的工作,快速适应工作环境的变化,必须对员工进行不断培训。由于员工所担任的工作岗位不同,所采取的培训方式和内容也不一样。对在操作岗位工作的一般服务员应进行职业培训,即注重工作技能方面的培训。对担任管理工作的员工应进行发展培训,即注重分析问题和解决问题等管理能力方面的培养。培训方式有店内培训、外出进修、考察等。

4. 建立完整的考核体系和奖惩制度

考核奖惩是对员工业绩、贡献进行评估的方法,又是酒店人力资源开发管理效能的反馈。定期对员工的工作成绩做出正确的考核和评估,是员工提升、调职、培训和奖励的依据,做到奖勤罚懒,鞭策鼓励。

5. 建立良好的薪酬福利制度

薪酬福利对员工基本生活需要的满足至关重要,酒店可依据自身的情况选用适当的工资形式,实行合理的奖励和津贴制度。劳动保险和福利待遇对员工工作积极性的发挥具有重要作用。

6. 培养高素质的管理人员

酒店管理人员素质和工作能力的高低，对员工工作积极性的调动及酒店经营管理活动的正常运转，具有重要影响。酒店管理人员必须掌握有效的领导方式和激励、沟通技巧，培养"企业文化"，增强酒店的凝聚力，调动员工的工作积极性，以提高酒店的经济效益。

应用案例

万豪酒店：人服务于人

万豪酒店管理集团最基本的理念是"人服务于人"，这有两方面的含义：公平对待每一位员工；同时重视员工的感受，让他们体会到"家"的感觉。万豪50%的管理人员是从公司内部提拔的，公司的职位空缺要优先考虑内部员工，只有内部没有合适的人选，才会从社会上招聘。而向外招聘时，提供的薪资水平一般高出行业平均水平的50%~75%。酒店是典型的服务业，万豪认为只有公司对员工好，员工才会对客人好。

万豪有5个系统保证其旗下的酒店真正实施"人服务于人"的理念。

第一，员工如果有意见，可以直接寄信给万豪在美国总部的总裁办公室，万豪下属的酒店都有一个写给总裁的信件的信箱。

第二，员工也可以通过热线电话给总裁办公室打电话，在万豪位于美国华盛顿的总裁办公司里，有各种语言的接线员，他们会记下来自世界各地万豪员工所反映的问题，然后总裁办公室会及时处理这些电话。

第三，每年万豪都会聘请一家第三方公司为其他下属的酒店做匿名的员工满意度调查，集团通过这种方式真正了解下属酒店员工对公司、对领导或者管理满不满意。

第四，万豪还有一个称为Peer Review的系统，这个系统类似于美国的陪审团制度，即当员工遇到一些问题的时候，除了找上级领导或者酒店总经理外，还可以通过这个系统寻求帮助，即员工可以拒绝由其上级对其面临的问题进行决策，他可以申请由具备一定资格的员工组成一个委员会来决定，而且委员会的决策将是最终决策。

第五，万豪亚太的总部每年还会对旗下所有酒店的人力资源系统进行审查，此审查不仅包括检查酒店的大堂、公司文件以及各种系统的运作，而且还包括与经理和普通员工的匿名面谈，聆听他们对酒店有什么意见和看法。

（资料来源：我就要工作网，www.591job.cn）

思考：案例中万豪酒店管理集团是怎样开发和调动员工工作积极性的？这样做有什么优、缺点？

1.2.3 酒店人力资源管理的岗位职责

人力资源部是酒店人力资源管理、劳动工资管理、培训管理、督导检查管理的职能部门。在酒店经营管理中，人力资源部承担着人力资源开发、协调酒店内部人事关系和组织酒店开展培训工作，降低人工成本以及为酒店员工努力创造良好的工作环境的重任。人力资源部的工作重点是为酒店经营管理和业务发展提供人力资源保证，确保酒店经营管理的正常运行和持续发展。

酒店人力资源部的主要职责是：坚持"以市场为导向，以成本为中心，以质量为生命"的经营管理方针和"让客人完全满意"的服务宗旨，严格遵守国家、地方和上级有关部门的法规、政策和规定，制定适合酒店人力资源管理的政策和规章制度，并组织实施；根据酒店总经理的工作指令和经营管理工作的需要，加强酒店人力资源工作的科学化和规范化的管理，有效地开发和配置酒店人力资源，努力造就一支具有良好政治、业务素质的员工队伍和一批不同层次的优秀后备人才。

酒店人力资源管理的内容是多方面的，随着社会的发展，人力资源开发的内涵和外延还会不断地发展。

1.3　酒店人力资源的管理与创新

"酒店是引领时尚潮流的前沿，是高雅生活品位的样板，是重大政治、经济、文化活动的场所，是家庭及亲友情感互慰的空间，是人类传统文化和现代科技、世界先进文明与本国民族习俗相融相生的风云际会之境，也是我们的人生舞台，是我们发挥潜能、实现理想的一个壮观的企业王国……"

（摘自《五星大酒店》）

酒店业的竞争，不外乎资金的投入、经营理念、环境设施、营销策略、服务水准和价格定位几个方面，而这一切又集中在人才的数量和质量上；酒店竞争归根结底就是解决"人"的问题。人才与创新永远是整个酒店业的核心竞争力所在。创新需要从运营模式及发展战略等方面去考量；而酒店人力资源创新主要是指对酒店人力资源进行合理的培训、组织和调配，使人力、物力经常保持最佳比例，同时对人的思想、心理和行为进行恰当的诱导、控制和协调，充分发挥人的主观能动性，使人尽其才，事得其人，人事相宜，以实现企业的目标。

据有关数据显示，在中国酒店领域有将近72万个管理岗位空缺，普通酒店员工岗位的需求量更是不用说了；目前酒店企业"招不到人，留不住人"的呼声是此起彼伏，再加上从业主力军，已由70后、80后转为85后、90后的新生代人群，针对这类人群如何去管理？人的"招、育、用、留"成为酒店经营管理者迫切需要解决的问题。不少酒店人力资源管理部门都感慨人是越招越难、越招越差，投诉越来越多，效益越来越坏，投资者越来越不满，员工还在不断流失。酒店业人力资源开发活动是永无止境的，从一定意义上讲，酒店业人力资源开发的水平取决于开发者，也就是酒店经营管理者自身的水平。

经济全球化、管理方式变革和技术更新等企业环境的变化，必然会引起酒店企业内部经营管理活动的相应调整。比如网络技术的普及、全面质量管理和标准化生产的出现，促使许多组织重新设计其工作流程，重新配备人员，甚至重新组织生产经营活动。而酒店的人力资源部门再也不能自我封闭，只应付对员工的招聘、培训和薪资管理等日常事务，它必须把人力资源管理事务与企业的日常管理结合在一起，增进员工对企业的投入程度和绩

第1章 酒店人力资源管理概述

效,以形成高绩效的工作机制。酒店人力资源管理在新的形势下也展现出许多新的发展和变化。

1.3.1 人力资源管理更加注重科学规范

现代酒店人力资源管理是一项复杂的、综合性的系统工程,正逐步实现标准化、程序化、制度化和定量化的科学管理。

1. 酒店人力资源的标准化管理

标准化是指酒店人力资源管理部门按照酒店岗位制定的有关工作的数量、质量、时间、态度的书面文件。其主要内容一般包括:该岗位的职责任务;每项任务的数量、质量要求;完成每项任务的程序和方法;与相关岗位的协调配合;工作任务完成情况的考核办法;标准的审核、批准人、批准时间、编号等。

例如,酒店录用员工要有素质条件的标准;岗位培训要有合格条件标准;操作要有方法和时间标准;劳动报酬要有等级标准;各部门要有定员标准;服务工作要有质量标准;等等。

应用案例

酒店人力资源管理如何定"标准"

一般来说,标准化制定有很多方法,但归结起来有4个方法可以为各位人力资源管理者所参考。

(1) 以工作数量规定工作标准。

一般来说,凡工作程序与方法较为固定,工作成果数量易于计算,处理一件工作所需时间易于估计的,可用应达到的工作数量制定工作标准,例如酒店中的服务规程的制定。

(2) 以工作质量确定工作标准。

工作质量标准指处理工作时,在质量上应该达到的要求。例如,酒店餐饮部在菜肴的色、香、味、卫生状况、质价相符应该达到的要求;客房部在整理客房时在整洁度、清洁度和卫生状况、用品配置上应该达到的要求等。凡对工作成果的要求,如外表、正确性、适应性、有用性等较工作数量重要时,可以用工作质量确定工作标准。

(3) 以工作时限规定工作标准。

一般因逾越时限将损害当事人或组织权益,或严重影响组织信誉,或将失去预期效果的,都需订立时限工作标准。国际上许多酒店都十分讲求服务效率,如上菜应在多长时间之内;清扫一间客房多长时间内完成;设备坏了要在多长时间内修好;总台结账多长时间内完成;甚至电话总机铃响几遍必须接都有明确的时间标准。尽管不同的国家、不同的地区、不同的酒店在定量上有所区别,但"快捷、简便"是共同的准则。

(4) 以工作态度规定工作标准。

工作态度标准,指在处理工作时,在姿态、仪表、言辞等方面,规定其应达到的要求。凡在工作上特别需要重视与同事的合作、与客人的接触等需要开展人际关系的处所,可以用工作态度订立工作标准。例如,酒店员工在工作岗位上向客人提供服务时,在态度上就应按标准表现出诚恳、热情、和蔼、耐心,做

到微笑服务。正如美国商业旅馆的创始人埃尔斯沃思·斯塔特勒先生曾经指出的那样："服务指的是一位雇员对客人所表示的谦恭的、有效的关心程度。"这里所说的谦恭的、有效的关心，就是对服务态度的要求，也是酒店员工工作态度的基本要求。

应用案例中介绍的订立标准化常用的 4 种方法，酒店管理者根据所属员工的情况，可适当地选择应用。如员工所处理的工作项目较多，对各工作项目的要求也不相同，或对同一工作项目有不同要求时，宜从工作数量、工作质量、工作态度、工作时限等方面，选用若干种分别规定应达到的要求。

2. 酒店人力资源的程序化管理

程序化是指酒店人力资源管理部门按照项目制定的有关管理步骤及其规定。它对管理或工作的过程进行科学的分段，规定各阶段工作的先后顺序和每个阶段的工作内容、要达到的标准、责任者及完成时间，它是各项目管理或生产活动客观规律的反映和要求。程序化可以使酒店人力资源管理工作井然有序，按程序办事，按照管理业务的内在联系建立科学的信息流程。

 小贴士

"标准化"和"程序化"的关系

标准化和程序化是酒店人力资源管理中两个重要内容，它们之间既有联系又有区别。它们之间的联系主要表现在如下 3 个方面。

(1) 一致性。它们都是酒店服务和经营管理活动实际经验和先进方法的概括，都是酒店服务和经营活动客观规律的总结和表述，都是员工从事服务和管理的工作依据、活动规范和行为准则。

(2) 标准化中规定着完成每项工作内容的程序，工作必须按规定的程序进行；程序化中规定着完成每一项工作步骤必须达到的工作标准要求，程序必须按标准进行。

(3) 程序化中的每个工作步骤都必须有相应岗位来承担并完成，每个步骤的工作内容和要求都必须在岗位的工作标准里做出具体规定。没有工作标准，程序化的执行就没有保证。系统目标也难以达到；反过来，每一岗位的工作又必须由程序化来衔接和协调，以保持系统的平衡和畅通，保证系统目标的实现。离开程序化，工作标准只是分散的"细胞"，无整体效应可言。

标准化和程序化的区别主要表现在如下 4 个方面。

(1) 对象不同。标准化是按岗位制定的，是从岗位的性质、特点和应负的责任出发，对岗位工作范围这一"块"的活动的任务、内容、方法要求、考核办法的规定；程序化则是按服务或管理项目这一"条"制定，是对项目活动系统各环节的前后顺序、衔接内容、应承担的责任、质量要求的组织。

(2) 依据不同。标准化是以岗位职责条例为前提制定的，是对岗位工作实际经验和先进方法的总结和提炼，是开展该岗位活动的最佳方案；程序化则是以各项目的管理制度为前提制定的，是对各项目活动过程的总结和表述，是从事各项目服务或管理活动的最佳方案。

(3) 用途不同。标准化是岗位工作人员开展本岗位业务的工作蓝本、活动规范、行为准则和考核依据；程序化则是有关岗位人员从事该项目服务或管理业务的工作依据，活动规范和应共同遵守的行为准则。

(4) 侧重点不同。标准化强调的是岗位职责范围这一"块",重点是保证和满足岗位工作的科学性、岗位任务的完成和岗位目标的实现;程序化则强调服务或管理项目的系统性、项目各环节的协调配合与紧密衔接,重点是保证该项目活动系统的稳定畅通和系统目标的实现。

3. 酒店人力资源的制度化管理

制度化是指酒店人力资源管理工作应建立严格的规章制度,使酒店员工的招聘、录用、培训、考核、奖惩、选拔、调动、退休以及潜能的开发利用等都有章可循,无论整体运行还是各个环节都能规范化。

"没有规矩,不成方圆"。对现代酒店业来说,这句话的含义尤为深刻。酒店的规矩就是规章制度,酒店的规章制度,是对酒店从业人员在共同劳动中应当执行的工作职责、工作程序和工作方法等所作的规定,具有法定性和强制性。因此,酒店的规章制度在某种意义上来说就是酒店的"法"。现代酒店经营管理是一个繁杂的过程,必须合理地组织从业人员的分工协作关系,组织服务过程中人与设备设施等之间的关系。这就需要科学的规章制度,使酒店员工有所遵循,做到统一指挥、统一行动、人人有专责、事事有标准,以保证酒店的经营管理活动顺利进行。酒店规模越大,设备设施越先进,功能越齐全,分工协作关系越复杂,规章制度就越重要。

酒店是社会经济系统中的一个子系统,它的生存发展必须适合社会经济环境对它的要求和制约。酒店适应社会经济的基本前提,必然是其主体——酒店人的行为也应该必须符合社会的共同规范。如果一座酒店内,人人都醉心于个人谋私利,不遵守社会公德,违法乱纪,那么该酒店绝不可能有生命力,必将被社会所淘汰。因此,酒店约束人的首要任务是教育包括管理者在内的全体员工遵纪守法,遵守社会法定和公认的行为准则。无论什么样的酒店,不管它的性质、类型、规模有多大差异,就约束员工做合格的社会人而言,约束的内容是相同的,具有共性。因为酒店的员工,首先是社会人,是生活在特定社会环境、受社会公认的各种规范制约的人;其次才是酒店人,是为酒店共同目标和个人生存发展目标而工作劳动的人,只有做合格的社会人,才可能成为杰出的酒店人。引导酒店员工既做合格的社会人,又力争成为杰出的酒店人,是酒店不可推卸的责任。

应用案例

"紧中有松,松中有紧"的管理

美国曾有一本畅销书,名曰《一分钟经理》,是近年来美国管理界风行一时的书。该书的作者花费了许多时间,拜访了各式各样的经理,得出了这样一个结论:经理,归纳起来可以分为"严厉的"和"温和的"两类。严厉的经理所管理的企业,看起来是发了财,但员工们却没有得到更多的好处;温和的经理自称民主行事,员工皆大欢喜,但企业却往往遭殃。显然,无论严厉的还是温和的管理者,都难以引导企业顺利发展。

现在酒店就碰到这样一个两难的选择,一方面,任何酒店要生存都离不开约束从业人员,都必须强调个人行为的纪律性;另一方面,酒店的约束又不可避免地会与个性发生冲突,甚至可能抑制个人的自主性和创造性。解决这一矛盾的基本思路应该是合理地确定约束的"度",即合理规定约束人的松紧程度。

美国的管理学者彼得斯和沃特曼在其名著《成功之路》中,曾对企业约束人的"度"的问题做了精辟的概括,这就是"紧中有松,松中有紧",实质是让坚定的集中指导与最大限度的个人自主并存。以"紧中有松,松中有紧"的原则为基础的企业,其组织管理的基本特征是,一方面严格地约束人,让全体员工严格执行企业的计划和纪律;另一方面又允许甚至鼓励员工享有自主权和发挥创造性。严格执行纪律,是约束人的"紧"的方面,自主和创造则是"松"的方面。纪律和目标的约束与个人自主并非不可调和的矛盾。正像学校中守纪律的班级往往学习效果较佳一样,有严格纪律的企业更能让员工在实现企业目标的轨道上,充分发挥能动性和创造力。要有效地约束人,必须宽严相宜,约束适度,就是说恰到好处。当宽则宽,当严则严,太刚易折,太柔易废;约束人必须有法必依,执法公正,绝不能朝令夕改;约束人必须合理解决执行纪律、规范行为和发挥员工的自主性、创造性的矛盾。

适当约束人的目的不是要限制人的思想和主观能动性,而是要力图使人与企业形成唇齿相依的有机联系,齐心协力地为实现企业的价值观和目标而贡献智慧和力量。约束人的目的为约束人提出了两项具体要求:第一,约束必须是适度的;第二,约束应当是有效的。适度的约束才能做到既规范人的行为,又不过分限制企业员工的个性和创造性。有效的约束既指约束具有权威性,并非纸上谈兵,能取得预期效果;又指约束是高效率的,即花费最少的精力和时间,就可以获取期望的成效。在寻求最佳的约束方式时,有效性和适度性应成为我们的基本要求。

如果认为约束人仅仅是指上级对下级的约束,那就是偏颇之见了。其实,约束人既指上级对下级的约束,也指下级对上级的约束。而有效约束的真正基础,是用酒店的价值观、目标和规章制度来约束酒店的全体人员,包括经理及普通员工。约束人的工作主要靠管理者来做,管理者自身的行为,对约束人的效果有着极大的影响。

应用案例

管理者应严于律己

日本著名企业家、松下公司的创立者松下幸之助之所以能使他创办的松下公司从小到大,从弱变强,与他本人严于律己的作风密不可分。松下公司曾规定,凡员工上班时间迟到,就罚薪一个月。新年伊始,松下决心以身作则,绝不迟到。然而,在他第一天上班时,接他的专车却未按时到来,无奈他只得改乘电车,谁知电车刚刚启动,接他上班的专车又来了,于是他又下电车而改乘专车。就这样,由于几经折腾,虽然紧赶慢赶,到公司时松下还是迟到了10分钟。尽管是事出有因,松下仍然认为迟到是不对的,必须照章办事。因此,他主动将该月工资交还公司。这一举动打动了全体员工,从此,松下公司基本消除了迟到现象。

某酒店连续接待了3个大型团队,酒店上下都是加班加点,作为前厅部经理更是里外奔波,忙得不可开交,连续几天都没有很好地休息。适逢一日上午稍有闲暇,他就在大堂一侧咖啡厅座椅上小睡了一会儿,事后他向员工解释是太疲乏了。事有凑巧,第二天上班时,又因道路拥挤堵车,虽然这位经理唯恐迟到而坐出租车赶来,但还是迟到了半小时。尽管他向员工们解释了迟到的原因,而且大家当面对这两件事都未置可否,但在相当一段时间内,前厅部违反酒店规章制度的现象却屡屡发生。

第 1 章　酒店人力资源管理概述

要使规章制度得到不折不扣的贯彻，管理者必须从自身做起。在酒店中，人是经营管理和服务活动中最活跃的要素。与其他要素不同，人有自己的意识、独特的目标和自主行为。如果一个酒店仅仅把人作为约束的客体，就会完全扼杀人的自主性和创造性，使约束效率很低，也无法做到"适度"的约束。因此，约束人不能仅仅理解为人就是约束的客体，也不能片面地认为必须靠外部环境的作用才能规范人的行为。事实上，酒店中的每一个人既是约束的客体，又是约束的主体，每一个人都会受到酒店的价值观、目标、规章制度以及上级的约束，即使酒店经理也不例外。就此而言，一方面，人是约束的客体；另一方面，大多数员工都肩负着按酒店要求约束他人的责任。此外，每一个人都必然对自己的思想、对自己的行为按认定的规范进行约束，因此，人又是约束的主体。

4．酒店人力资源的定量化管理

定量化是指酒店员工有合理的定员与定额。考核系统有科学的数量依据等。定额制定或修改要经常进行测试和统计分析，考核系统可利用人员功能测评和对积极性状态等进行统计分类，综合评价，搞好定量分析。

1.3.2　人力资源管理更加注重人力资源的开发

酒店人力资源的开发与管理，既是一项日常的、表层的，又是长期的、渐进的、深入的管理。现代酒店管理不仅要对酒店中各类人员进行全员培训与考核，而且要把每一位员工都看成宝贵的资源，并发挥其应有的作用。

无论服务员、工程技术人员或是管理人员，都有长短期的开发能力计划，以达到胜任本职工作和提高素质的目的，而且包括酒店全体管理人员对下属进行有效的管理与督导。若要有效，就不能局限于对下属一般意义上的相知，必须在更广深的层面上下功夫。这样，酒店人力资源管理就不仅是酒店人力资源部门独家的业务工作，而且应该是酒店全体管理人员的必须和日常的工作，尽管侧重点和着眼点或许有所不同。因此，酒店的每个管理人员都应该了解和掌握人力资源管理的理论、方法以及人力资源管理的职能，开发利用人的才能。对现代酒店的管理者来说，要真正了解一个员工，掌握一个人各方面的情况，应该坚持这样的原则：不凭主观臆断，而要在日常工作和生活的实践中去了解、检验。

管理者要"知人善任"，具体表现为以下几方面。

1．知人的长处与短处

通常意义上的知人，从根本上说，是要知道人的长处与短处。例如，作为酒店管理者要知道所属员工具体到某人，究竟是外语运用程度更好一些，还是实际操作技能算强项；是应变能力较好，还是性格内向不善交际……并据此加以任用。在现实生活中，人们往往存在一种偏见，认为一个称得上"人才"的人一定具有超人的素质，可以把他放在任何一个岗位上，这是片面的、不恰当的。要知道人不是神，有长处，也有短处，不可能是全才。因此，知人要客观一些，要一分为二，分清主流和支流，不能求全责备。人的长处和短处，人的外显能力和潜力，有时可以是一目了然的，而更多的时候要获得更多的真知却不那么容易。又如，酒店员工的敢于创新和好出风头，甘当配角和胸无大志，当机立断和主观武断，坚持原则和墨守成规，见机行事和自作主张等，往往很难区分。这是因为人的缺点在许多时候与他的优点相联系。因此，作为酒店管理者应辩证地看待人的长、短处，并从两者的区分和联系中，力求既知其长又知其短。

2. 知人的发展趋向

人的长处和短处，并不是一成不变的，而是在环境和自身的综合作用下不断变化的。因此，知人不仅要知其现在，还要知人的长处和短处的变化及其总体发展趋向。只有知晓每位员工的发展趋向，酒店管理者才有可能为人才的成长尽量创造一些条件，才能真正地将人使用好。

3. 知人的潜在才能

人的潜在才能是受各种因素影响的。由于种种潜能因素的影响，有些人的才能潜藏于深处，而有些甚至连本人都没有意识到。作为酒店管理者应发现员工的各种潜在才能，为其疏通"出口"，使其潜在的才能充分发挥出来。

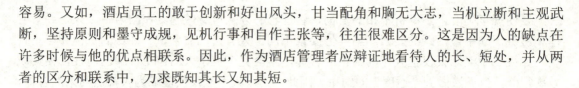

应用案例

五星级酒店人力资源部的选择

某年年底，长春华天大酒店的人力资源部孙经理在某高职院校的酒店专业学生面试中，经由专业教师推荐招收了两名云南籍的实习生，当时很多部门经理和学校教师都认为这两名实习生不符合五星级酒店的用人标准。一名男生相貌有些丑陋，脸上有一道疤痕，不适合在酒店从事面客服务工作，而且普通话表达口齿不清；另一名女生身高只有一米五多，岗位的基本要求都达不到。人力资源部孙经理说服部门经理接收他们，并坚定地认为这两个学生很有潜力，将来一定能成为酒店的栋梁。各位经理半信半疑，勉强接受。将男生安排到餐饮部传菜班组实习，将女生安排到客房部清扫班组实习。结果不到半年，大家都开始佩服孙经理的眼光。他们都非常珍惜自己能够到五星级酒店实习的机会，工作非常努力。而且，随着时间的推移，这两名学生的潜质完全发挥出来了。这个男生对工作非常认真，为人也忠厚，被推选为餐饮部内勤人员，专门负责采购物品的验收、成本的核算，而且，他非常有文学修养，经常在店报上发表文章，成为这个新开业酒店企业文化阵线上的一名重要成员。而这名女生，拥有非常阳光的性格，成为客房部团队的一颗开心果，良好地调解了团队成员的工作状态。又经过一段时间的发展，男生调到北京成为一家分店行政总厨的助理，女生则进入人力资源部成为一名培训师，他们的潜力都得到了良好的发挥。

思考：结合这两名实习生的职业成长经历，简述你对"知人善任"的理解。

在实际工作中，国内外不少企业所采用的发现人的潜在才能的方法很多，归纳起来主要有如下3种。

(1) 追踪调查预测法。这种方法较为全面细致，但花费的时间和精力较多，主要是对对象的成长过程进行全面跟踪调查，充分了解他的过去和现在各种能力的增长变化情况，并进行分析，从而预测出他的潜在才能。

(2) 实践预测法。这种方法的时效性较强，而且便于操作，主要是把对象放到实际工作中去锻炼，给他们创造一个展示才能的机会和条件，然后根据他们的现实表现和工作业绩，综合分析评判他们的各种能力的大小。

(3) 专家评议法。这种方法较为权威和理性化，主要是聘请有关专家、学者对人才的能力进行评估。

4. 知人的内心世界

人是社会性的高级动物，其基本属性、内心世界及其行为表现是十分复杂和具体的，并且既具有共性也有个性。对于一个现实生活中的人，其行为的表现及能力的发挥，在于内在的动力。尽管人的内心世界比较难测，但作为酒店管理者应尽量了解员工的内心世界，只有知其心，才可知其人。

在现代化条件下，酒店应当而且完全可以建立一系列制度，掌握知人之术。尤其是要掌握组织行为学的某些知识，并通过各种制度和方法，真正了解员工。例如，可以充分利用计算机建立酒店员工个人资料数据库，除一般性的常规档案资料外，还应详细记载其特点、专长、兴趣和在学内容等，从而掌握每个人的基本情况。美国著名管理学家 M. 费卫林根据自己的经验和研究，提出知人应该摒弃个人喜恶，不图外表，不单看履历，认识聘用者的背景等，这都是酒店管理者在现实工作中值得借鉴的。

1.3.3 逐渐建立以人为本的立体化管理模式

酒店人力资源管理既然是一种全方位、全员性的管理系统，就不可能由哪一个部门或哪一位管理者来孤立地实施，而必须将其作为系统工程来认识和运作。该系统由录用系统、培训系统、使用系统、奖惩系统、离退系统等围绕着总系统目标进行运转的数个子系统组成，有综合性的特点。在管理制度、管理体制和管理方法上，善于兼收并蓄、取长补短，既结合我国的国情和人员素质的实际情况，又积极借鉴国际上许多酒店先进的管理经验，如行为科学、管理心理学的科学内容；既要提倡人才的合理流动，又要从经济效益角度促使业务骨干保持相对稳定等。在管理思想、管理目标、管理内容等方面，采取一系列措施，而且这些措施本身配套，相辅相成。系统管理和综合管理的中心内容，主要体现"以人为中心的酒店立体管理模式"，其具体内容由"三维空间"共"九个要素"构成。

(1) 一维是个体素质开发维，即自觉性开发。其目的是提高员工自我管理、自我调节、自我开发的能力。为此，要从文化、教育、修养3个方面来努力，即包括文化、教育、修养3个要素。在这一维的3个要素中，文化是前提。这里的文化，是指酒店企业文化，就是要通过企业文化来增强员工行为的自觉性，促使员工与酒店之间形成一个同舟共济、利益分享、风险共担的命运共同体。教育这个要素是基础，酒店在竞争中取得优胜和发展靠管理水平和服务质量，管理水平和服务质量靠人才，人才靠教育。要通过全方位的员工教育来开发员工的智慧，提高员工的素质。修养这个要素是手段，就是要用自我修养的方式提高员工的综合素质，增强员工自我管理、自我调节的能力。

(2) 二维是集体行为调控维，即强制性的驱动。其目的是保证人的行为的合理性和有效性。个人行为要与集体行为一致，否则酒店就不能奏出和谐优美的乐章。为此，要在组织、制度、激励 3 方面下功夫，即包括组织、制度、激励 3 个要素。在这些要素中，组织是骨骼。组织形成既要有利于个人积极性的发挥，又要有利于集体优势的发挥，不仅要使人与物和谐，更要使人与人和谐。制度这个要素是保证。个体的积极性与群体的协调性，能否在良性循环的"磨合"中渐趋一致，不能依赖于"人治"，而必须科学化、规范化，即要靠科学的制度来加以保证。激励这个要素是杠杆。激励既包括物质方面，也包括精神方面。把 3 个要素有机组合起来，就能形成对人的行为的合理有效的强制性驱动，从而取得更大的群体效能。

(3) 三维是物质、社会保障，即积极性"再充电"维。这一维包括生活、交往、保健 3 要素。也就是说，酒店人力资源的开发与管理，绝不仅仅是管理者向员工的单方索取，期望最大限度地"榨干"员工的所有能量，以实现急功近利的短期效应目标。这样或许会收取一时之效，但最后只能是以失败而告终。酒店人力资源的开发与管理，既然作为具有综合性的系统，就要统筹兼顾，在提高员工的素质和调动积极性的同时，还必须解决员工的多层次需要问题。酒店员工作为人，至少有生理、安全、社交、文化及自我发展等需要。为此，就要使员工生活社会化，交往广泛化和保健科学化，为员工提供物质、社会的保障。这样，就可以对员工多方面、多层次的物质文化需要提供有效的基本保障，从而实现对员工的积极性"再充电"。

从"以人为中心的立体管理"的"三维空间"的"九个要素"的相互关系看，自觉性的开发，侧重于个体素质和积极性的提高；强制性的驱动，侧重于群体行为的协调性和有效性；积极性的再充电侧重于人的多种需要的满足。综合起来看，可用一个公式描述：

酒店生命＝人的素质＋积极性＋自觉性的开发＋强制性的驱动＋积极性的再充电

1.3.4 酒店人力资源管理全面进入信息化时代

信息化是时代的必然产物，酒店人力资源管理实际上已经全面进入信息化时代，但不同的酒店和酒店集团对信息投资的态度不同。

应用案例

国际酒店集团非常信息化投入现状

洲际集团在 e-HRM(电子化人力资源管理)上的投资力度较大，早在 2006 年时，其集团下属的所有酒店的人力资源管理在招聘、培训和人事职能上基本都采用了信息化系统；香格里拉集团除了培训系统全面信息化外，其他人力资源管理职能还停留在最为基础的电子文档处理阶段，但是其品牌塑造和营销推广方面的信息化水平很高；喜达屋集团虽投放了大量资金在人事管理系统上，但对信息化培训系统的投资却很保守。

酒店人力资源管理的整体信息化趋势是时代发展的必然，只是信息化应用的程度会因其内容而异。具体来看，酒店人力资源管理主要有三大职能，即招聘、培训和人事，e-HRM

对此都存在影响表现。同时，酒店人力资源的战略决策在产生积极影响的同时也不可避免地带来了一些消极影响。

1. 信息化对酒店人员招聘的影响

信息化的招聘渠道更便捷和高效。网络具有低成本、高效率和便利性的优势，越来越多的企业和求职者将网络求职和招聘作为主要的工作方式，它突破了时间与地理的局限性，使得酒店招聘者可以获得大量的人力资源候选市场。但专门的求职网站需要投入大量资金和人力来维护，因此，很少有酒店拥有自己专属的招聘网站，各酒店基本都借用网络招聘中介公司来进行网络招聘，而广州海航威斯汀酒店采用的是"最佳东方"(http://www.veryeast.cn)这一招聘中介网站。求职者通过"最佳东方"网站进行简历投递，酒店根据自身情况对简历进行筛选，这样一方面，酒店从原来到人才市场"碰人才"到如今的"选人才"，由被动转入主动；另一方面，信息化的招聘大大节约了酒店的招聘成本。

例如，2010年以前，广州海航威斯汀酒店只需付给"最佳东方"1500元，就可以享受1年的招聘服务，目前其收费是1年3000元，虽然有上涨的趋势，但对比一场招聘会600~1000元的费用，且至少1季度去1次的频率，已经实现了极大程度的成本节约。可见，信息化的招聘途径给酒店带来了较为明显的成本节约，具有直接的经济效益。

同时，虽然网络招聘在人力资源选择和成本节约上给予了企业极大的便利，但也给酒店招聘带来了极大的挑战，具体表现如下。首先，基于信息化的招聘途径并不适合所有的酒店岗位，如一些基层员工包括洗碗工、公共区域清洁员等很难通过网络途径进行招聘，主要原因是这些职位的人才文化层次有限，对电脑和网络并不熟悉，通过网络招聘类似的职位是不可行的。随着时间的推移和电脑网络的全民化，这只是一个暂时存在的问题。其次，网络带来的"信息爆炸"和"信息滞后"让酒店招聘负责人深受其扰。一方面，网络途径的简历数量太多，存在大量明显不符合条件的简历；另一方面，有的网站为了提高点击率而发布过时信息，导致酒店不得不受理无关的求职者。这样不仅增加了招聘者的工作负担，甚至还会影响其工作情绪。最后，网络招聘加速了酒店的人员流动，不利于其人力资源的可持续性发展。酒店的人员流动率本身就比较高，而在信息化的背景下，员工可以轻易获得招聘信息，从客观上加速了人员的流动性，而人员流动过快给酒店的运营带来了极为不利的影响。综上所述，信息化背景下，酒店的人力资源招聘改变了其传统的途径，多采用网络招聘尤其是委托专业的招聘中介网站进行信息发布，大大节约了招聘成本，具有直接的经济效益，但这种信息化的招聘途径具有一定的岗位限制，且"信息爆炸"和"信息滞后"增加了酒店的工作负担，加速了其人员流动，不利于酒店人力资源的可持续发展。

2. 信息化对酒店培训管理的影响

一方面，在培训系统中引入信息化管理可使得培训更生动有趣，且能使学员更直观地感受到培训效果。每位学员可以通过信息化的系统清楚地知道自己所处的培训阶段，系统的趣味性、生动化可使员工更加积极地参与到培训中。例如，在英语口语培训中，员工面对信息化的"戴耐德"(Dyned)系统说出一些简单的英文，系统便会根据员工的发音来以动画形式给予相应的评分，这种形式大大增强了培训效果。

另一方面，信息化的培训系统会降低培训师对于员工培训效果的控制力。首先，系统的培训报告可能存在不真实的反馈。例如，培训时培训部会给每个员工一个用户名和密码，要求员工在一个季度内要有70小时的学习时间，但是系统只可以获取每个用户名的在线时间却无法监控是否由本人登录且有实际的学习行为，员工存在偷懒的可能性；其次，如果使用者和受用者过于依赖电子系统，一旦系统出现故障则可能导致整个培训无法进行；最后，系统之间的不兼容反而影响工作效率，一旦系统升级或数据发生迁移，将导致全部资料需要手动录入，反而增加了新的工作量。由此可见，目前酒店人力资源管理中的信息化培训系统因其生动性等特点能够优化培训流程，更大程度上激发员工的培训热情，但培训师很难对培训效果进行真实的控制，而且系统的使用者和受用者如果不具有信息化的工作理念，则可能很难实现其整体优势。

3. 信息化对酒店人事管理的影响

在人事管理中，信息化的积极表现主要集中在人事行政审批环节，信息化可极大地提高其工作效率。例如，新员工的入职，从人事部开始草拟该新员工的信息到总经理批阅，需要通过重重审批。纸质版的审批工作可能需要耗费几个工作日，但全面信息化审批下，所有程序可在一天内甚至更快完成；再如，假期审批的耗时在信息化系统下是纸质版批文的1/6~1/5。

信息化对传统人事管理也是一个挑战。首先，信息化的管理需要最初始的信息输入工作，一旦最初始的信息录入工作没有完成或不完善，将会严重影响整个系统的运作。例如，在统计每月考勤之时，系统需要根据员工自觉的每天打卡上下班的信息来制作考勤。但经常会有员工上下班不打卡，这样系统所记录的电子数据则不准确，还需要花大量的人力、物力来重新统计与核对，导致信息化考勤系统被架空。这类问题的出现，在很大程度上与酒店员工文化水平构成特点有关。其次，在人事审批中，如果管理者没有信息化审批的意识，就可能出现大量电子批文被积压，造成连锁化的批文滞后，反而降低了工作效率；更重要的是，企业资源计划系统没有搜索功能，如果某个审批产生了遗漏，可能需要花费数倍的时间去确认出错环节并纠错，反而影响了其效率。最后，目前很多系统之间的信息无法兼容，无法导出理想的报表，极大地限制了人事工作的开展。

4. 信息化对人力资源战略管理的影响

酒店人力资源管理信息化对人力资源战略决策的影响既有积极意义，又具有一定的局限性，具体表现如下。

(1) 信息化在人力资源战略管理中具有信息共享和决策依据的功能。一方面，e-HRM可为酒店人力资源战略决策提供信息共享的便利性，这种积极影响在国际化的酒店集团中表现尤为明显。如喜达屋集团在全球有上千家酒店，集团决策者如果不采用信息化的手段,很难了解与控制旗下酒店的运作情况。另一方面,信息化可以提供一套完整的人事数据来指导其战略决策,如员工离职率报告、员工满意度报告、培训成效报告、招聘成功率报告等可为其战略决策提供依据。因此,酒店人力资源战略决策的科学性在很大程度上依赖于 e-HRM 所提供的各种基本数据的准确性,是酒店人力资源战略中不可分割的重要组成部分。

应用案例

喜达屋集团人力资源信息管理系统

世界知名酒店管理集团喜达屋(Starwood)旗下每间酒店经理级的员工都被授权从该系统中了解集团的最新动态,并与其他酒店进行交流;而集团也要求旗下所有酒店都通过该系统随时提供其最新的包括人力资源在内的所有运营信息,从而得到战略性决策的最新依据。在该系统下有一个被称之为"人才培养计划"(Talent Development)的项目,集团要求旗下的每间酒店必须将其高级经理的信息在系统中及时更新,而集团会据此为旗下的每间酒店提供经理培养计划,并参考此信息更好地在区域间实现管理者的岗位调动。

(2) 信息化在人力资源战略管理中的应用具有一定的局限性。研究表明,信息化的接受程度和使用程度和年龄、性别、个性有关系,但目前的酒店信息化人力资源管理系统并没有实现个性化定制,人力资源管理在信息化上存在个性的缺失。对应地,有受访者表示,信息化人力资源管理系统的量化特征不能完全满足酒店人力资源的个性化管理需求。人力资源决策与其他决策不同,它需要以人为核心,根据人的变化做出不同决策。特别是在酒店业,其生产工具是人,人为人提供服务,整个行业的核心理念就是以人为本,所以酒店人力资源战略决策更需要考虑人的特性。但目前的 e-HRM 只能够提供量化的参考数据,对于人这样的复杂社会体并不能通过公式计算得出结论,只有辅助以人本身的经验才能够因人而异地进行判定。因此,酒店人力资源战略决策在一定程度上不能完全依靠系统的数据,而要加入决策者自身的经验判断,这一定程度上限制了 e-HRM 在酒店人力资源战略决策层面上的应用。综上所述,e-HRM 可为酒店人力资源战略决策提供信息共享和决策依据,但其量化特征却无法完全满足人力资源管理的个性化需求,导致其应用具有一定的局限性。

结论与启示案例研究的结果显示,信息化对高星级酒店人力资源管理的影响如下:第一,高星级酒店人力资源管理已进入信息化时代,其整体趋势必将延续,但应用程度会因其内容而异;第二,信息化大大节约了酒店人力资源招聘成本,但仍具有一定的岗位限制,"信息爆炸"和"信息滞后"会增加酒店的工作负担,并加速员工流动,不利于酒店人力资源的可持续发展;第三,酒店信息化培训系统能够优化培训流程并激发员工的培训热情,但很难真实控制培训效果,其整体优势的实现受员工工作理念的影响;第四,信息化可极大地提高人事行政审批的工作效率,但半信息化半人工化的人事管理方式也存在诸多负面作用,部分员工不习惯信息化的工作方式将影响工作效率,且存在较为严重的系统兼容问题;第五,e-HRM 可为酒店人力资源战略决策提供信息共享和决策依据,但其量化特征却无法完全满足人力资源管理的个性化需求,导致其应用存在局限性。

本 章 小 结

随着信息技术的飞速发展和全球化浪潮的到来,人力资源管理也面临着全新的挑战。人力资源部门与其他职能部门的合作关系越来越密切,与组织的经营战略联系在一起。人力资源管理职能已经成为酒店各级管理者必须学习和掌握的能力,这些能力包括:人力资源规划、人力资源的获取与配置、员工培训和开发、薪酬管理、绩效管理、职业生涯规划。

酒店对人力资源有不同层次、不同类型的需求定位,相应的人力资源管理职能也表现出其特殊性,有具体的管理任务、内容和职责。

现代酒店人力资源管理更加注重科学规范,注重人力资源的开发,逐渐建立以人为本的立体化管理模式,酒店人力资源管理全面进入信息化时代。

复 习 思 考

一、关键术语

酒店人力资源　　酒店人力资源管理　　人本管理　　信息化酒店人力资源管理

二、课上讨论

1. 你认为酒店行业的发展是否会根本改变人力资源管理的方式和内容?
2. 你如何看待知人善用?
3. 酒店人力资源管理的重点工作有哪些?根据所学对酒店人力资源部的工作提出一些建议。

三、经验性练习

今天的人力资源部门在做什么?

以个人或小组为单位,寻找和阅读管理学和人力资源管理方面的期刊,如《中国人力资源开发与管理》《哈佛人力资源评论》等,以"今天的人力资源部门在做什么"为题,编写一份简短的演示文稿,以深入了解人力资源管理的发展趋势。

四、课后巩固练习

1. 与其他人力资源相比,酒店人力资源具有哪些明显的不同?
2. 酒店人力资源的层级有哪几个?
3. 酒店人力资源根据什么标准进行需求定位?这些标准对需求定位产生哪些影响?
4. 酒店人力资源管理有哪些特殊性?如何表现?

5. 酒店人力资源管理有哪些工作任务?
6. 酒店人力资源管理的主要工作内容是什么?
7. 举例说明如何进行酒店人力资源的标准化管理。
8. 举例说明如何进行酒店人力资源的程序化管理。
9. 举例说明如何进行酒店人力资源的制度化管理。
10. 举例说明如何进行酒店人力资源的定量化管理。
11. 酒店人力资源管理的"知人"体现在哪些方面?
12. 什么是以人为本的立体化人力资源管理模式?
13. 全面进入信息化时代的人力资源管理对酒店管理有哪些影响?

五、案例分析题

万豪解决员工家人顾虑的对策

"中国的发展太快,每个行业都需要人。比如一些奢侈品专柜需要的人和国际品牌酒店需要的人就有一些类似,都需要有很好的服务意识,但是酒店行业显然会更辛苦一些。而且近年来,酒店管理专业的学生也越来越少。既然这是已经存在的事实,万豪提出:我们要做的是不仅去吸引员工,也吸引员工的家人。

万豪寻找了诸多对策来解决员工家人的顾虑。他们通过培训学校向家长传递正确的观念。公司定期推出 E-newsletter,向学校、员工及其家属发送酒店的近况以及培训等内容。同时,在每年的 5 月份,万豪会定期举行"员工感谢周",其中有一天是"酒店开放日",公司会邀请员工的家人体验酒店服务、餐饮招待,最佳员工的家人可以在这一时间免费入住酒店。很多家长看到万豪如此正规的企业规模,良好的员工设施和众多的培训以及发展机会,也就会更加放心地让孩子来酒店工作了。

事实上,不仅是学生家长,一些学生就是否要选择酒店行业依然持有不确定的态度。万豪管理高层曾表示,"到学生快毕业的时候,很多大公司会进行校园招聘,但是我们的努力是从学生入学就开始的。而且这些工作一做就是三四年。"同时面对这些对酒店还没有深刻理解的学生,万豪 HR 通常都会先考察他们的个性,并给他们适当的心理预期。比如,HR 会问学生为什么会选择酒店行业?能吃苦吗?如果家里人不同意你如何解决?等一系列问题。

做好家长和学生的工作之外,万豪还会和学校方面进行多种多样的合作。比如,万豪和一些有潜力、有实力的学校设立了联合班,用先进的欧洲酒店管理教学系统来培养未来的酒店人才。同时,他们还会和学校保持长期的情感沟通,比如在开学典礼、运动会等大型活动时,万豪还会和校方、学生以及家长在一起来进行互动。

问题:

1. 万豪通过何种对策解决员工家人的顾虑?
2. 万豪的管理对策,对你有哪些启示?

第 2 章 酒店人力资源规划

>>>>> 学习目标

知识目标	能力目标
(1) 了解酒店人力资源规划的概念	(1) 能够基于战略眼光，从酒店的长远发展角度看问题
(2) 掌握酒店人力资源规划的作用	(2) 能够制定人力资源需求预测
(3) 理解酒店人力资源规划的程序	(3) 能够做出人力资源供给预测
(4) 理解酒店人力资源规划的内容	(4) 能够进行岗位工作分析
(5) 掌握酒店人力资源规划调整	(5) 能够编制岗位说明书

第2章 酒店人力资源规划

开篇微型案例

酒店员工怎么了？

赵某是集团新委派的一家下属酒店的总经理，刚上任就遇到酒店西餐厅经理带着几名熟手跳槽的事情，他急忙叫来人事部经理商谈此事。人事部经理满口答应，立即解决此事。第二天，赵某去西餐厅视察，发现有的西餐厅服务员摆台时把刀叉经常摆错，有的不知道如何开启酒瓶，领班除了长得顺眼和会一味傻笑之外，根本不知道如何处理顾客的投诉。紧接着仓库管理员跑来告诉赵某说发现丢失了银质的餐具，怀疑是服务员小张偷的，但现在已经找不见小张了。赵某一查仓库的账本，发现很多东西都写着丢失。赵某很生气，要求人事部经理解释此事，人事部经理辩解说因为员工流动率太高，多数员工都是才来不到10天的新手，餐厅经理、领班、保安也是如此，所以做事不熟练，丢东西比较多。赵某忍不住问："难道顾客不投诉吗？"人事部经理回答说："投诉，当然投诉，但没关系，因为现在是旅游旺季，不会影响生意的。"赵某对于人事部经理的回答非常不满意，又询问了一些员工后，发现人事部经理经常随意指使员工做各种事情，例如接送人事部经理的儿子上学、给他的妻子送饭等，如果员工不服从，立即开除。

赵某考虑再三，决定给酒店换血——重新招聘一批骨干人员，于是给集团总部写了一份有关人力资源规划的报告，申请高薪从外地招聘一批骨干人员，并增加培训投入。同时，人事部经理也给集团总部写了一份报告，说赵某预算超支，还危言耸听造成人心惶惶，使管理更加困难，而且违背了员工本地化政策。

案例评析：(1)在这个酒店中，人力资源规划重点应该是对人员的规划。对于已经开业的酒店基层员工的规划，一般包括两个方面：补缺需要和替换需要。所以需要注意，招聘工作重点不是只对员工，而是招聘渠道的检查和拓展；培训是需要根据不同岗位和阶段进行。另外，也要重视对管理干部的培养；(2)虽然客房、餐厅、商场、保安等是用人部门，但都是由人事部(含培训部门)作为主导的。那么进行人力资源规划的过程中，会遇到问题，如人力需求的估算、招募渠道的抉择、培训计划的制定考核、绩效管理以及薪资福利制度完善等。

案例思考：酒店人力资源规划是为了解决什么问题？

可见，人力资源规划是酒店建立战略型人力资源管理体系的前瞻性保障，通过对企业人力资源的供需分析，预见人才需求的数量和质量要求，以此确定人力资源工作策略。人力资源规划咨询服务从企业战略出发，详尽分析酒店行业和地域等外部环境，透彻了解酒店现有的人力资源基础，结合数据基础，准确预测酒店未来发展所需的各类人力资源的数量、质量、结构等方面的要求，并结合市场供需确定酒店人力资源工作策略，制定确实可行的人力资源规划方案。这对于酒店经营有着重要的意义。

2.1 酒店人力资源规划概述

酒店人力资源规划是根据本酒店整体发展战略,科学地预测、分析酒店在未来的人力资源供给和需求情况,制定必要的方针与措施,确保酒店在需要的时间和需要的岗位上获得需要的人才,从而保证酒店战略发展目标的如期实现。

2.1.1 酒店人力资源规划的目的与作用

1. 酒店人力资源规划目的

为了规范酒店的人力资源规划工作,运用科学合理的方法有效地进行人力资源预测、投资和控制,并在此基础上制订岗位编制、人员配置、教育培训、薪资分配、职业发展、人力资源投资等方面的全局性计划,确保酒店战略发展目标顺利实现。

2. 酒店人力资源规划作用

(1) 确保满足酒店在经营发展过程中对人力资源的需求,获得并储备一定数量的具备特定知识和技能的人才。

(2) 能够有效地调整人员的分布状况,把人工成本控制在合理的范围内。

(3) 有助于调动员工积极性,建设训练有素、运作灵活的员工队伍,增强酒店对未知环境的适应能力。

(4) 能够有效预测酒店潜在的人员过剩或人力不足的问题,以便及时采取应对措施。

(5) 减少酒店关键岗位、关键技术和关键环节对外部环境的依赖性。

2.1.2 酒店人力资源规划的制定原则

酒店人力资源规划制定的原则,见表2-1

表2-1 酒店人力资源规划制定的原则

基本原则	详细说明
动态原则	(1) 人力资源规划应根据酒店内外部环境的变化而经常调整 (2) 人力资源规划在具体执行过程中应具有灵活性 (3) 应对人力资源具体规划措施实施动态监控
适应原则	(1) 适应酒店内外部环境:制定人力资源规划时应充分考虑酒店内外部环境因素以及这些因素的变化趋势 (2) 适应酒店战略目标:人力资源规划应当同酒店的战略发展目标相适应,确保二者之间能够相互协调
保障原则	(1) 人力资源规划工作应保证对酒店人力资源的有效供给 (2) 人力资源规划应能够保证酒店和员工的共同发展
系统原则	人力资源规划要反映出酒店人力资源的结构,使各种不同类型的人才有机地结合起来,通过优势互补来实现酒店的系统性功能

2.1.3 酒店人力资源规划的流程

酒店人力资源规划工作是一个连续的、程序化的工作，每个阶段的工作如图 2.1 所示。

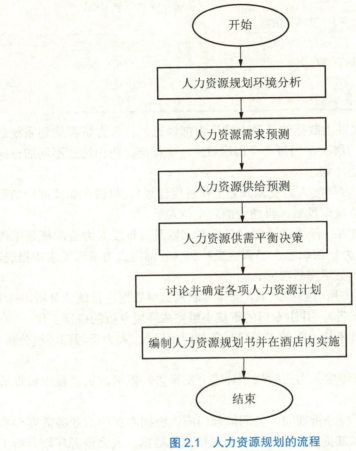

图 2.1　人力资源规划的流程

2.2　酒店人力资源规划的实施

2.2.1 酒店人力资源规划的环境分析

(1) 酒店人力资源部正式制定人力资源规划前，必须向各职能部门收集各类数据(见表 2-2)，人力资源规划专员负责从中提炼出所有与人力资源规划有关的数据信息，并且整理编报，为有效制定人力资源规划提供数据支持。

表 2-2　需要收集整理的各类数据

需要从各职能部门收集的数据资料	(1) 酒店整体战略规划数据 (3) 财务规划数据 (5) 生产规划数据 (7) 各部门年度规划数据	(2) 酒店组织结构数据 (4) 市场营销规划数据 (6) 新项目规划数据
需要本部门整理的相关资料	(1) 人力资源政策数据 (3) 酒店行为模型特征数据 (5) 培训开发水平数据 (7) 人事信息数据	(2) 酒店文化特征数据 (4) 薪酬福利水平数据 (6) 绩效考核数据 (8) 职能开发数据

　　(2) 人力资源部在获取以上数据的基础上酒店内部讨论，将人力资源规划系统划分为环境层次、数量层次、部门层次，为每一个层次设定一个标准，再由这些不同的标准衍生出不同的人力资源规划活动计划。

　　(3) 人力资源部应制订《年度人力资源规划工作进度计划》，报请各职能部门负责人、人力资源部负责人和酒店总裁审批后，再通告酒店全体人员。

　　(4) 人力资源部根据酒店经营战略计划和目标要求以及《年度人力资源规划工作进度计划》，向各部门下发《人力资源职能水平调查表》和《各部门人力资源需求申报表》，并在限定工作日内由各部门职员填完后收回。

　　(5) 人力资源部在收集完所有数据之后，安排专职人员对数据进行统计分析，制作《年度人力资源规划环境分析报告》，并由专门的审核小组完成环境分析的审核工作。

　　酒店人力资源环境分析审核小组的成员包括各部门负责人、人力资源部环境分析专员、人力资源部负责人。

　　(6) 人力资源部应将《年度人力资源规划环境分析报告》报请酒店总裁审核批准后，方可使用。

　　(7) 在进行人力资源环境分析期间，各职能部门应该根据本部门的业务需要和实际情况，及时全面地向人力资源部提交与人力资源有关的信息数据。人力资源环境分析工作人员应该认真吸收接纳各职能部门提交的相关信息。

2.2.2　人力资源需求预测

1. 影响人力资源需求的因素

　　影响酒店人力资源需求的因素主要来自酒店内部，但外部因素对酒店的人力资源需求也会产生影响。归纳起来，影响人力资源需求的因素主要有以下几种。

　　1) 技术、设备条件的变化

　　酒店生产技术水平的提高、设备的更新，一方面会使酒店所需要的人员数量减少；另一方面，对人员的知识与技能的要求也随之提高。

　　2) 酒店规模的变化

　　酒店规模的变化主要来自两个方面，一方面是在原有的业务范围内扩大或压缩规模；

另一方面是增加新的业务或放弃旧的业务。这两个方面的变化都会对人力资源需求的数量和结构产生影响。酒店规模扩大，则需要的人力就会增加，新的业务更需要掌握新技能的人员；酒店规模缩小，则需要的人力也将减少，于是就会发生转岗和裁员。

3) 酒店经营方向的变化

酒店经营方向的调整，有时并不一定导致酒店规模的变化，但对人力资源的需求却会发生改变。例如，会议酒店转向度假酒店，就必须增加市场分析人员和销售人员，否则将无法适应多变的度假酒店市场。

4) 外部因素

外部因素对酒店人力资源需求的影响，多是通过影响内部供给或内部因素而起作用的。影响人力资源需求的外部因素主要包括经济环境、技术环境、竞争对手等。经济环境的变化会影响酒店的规模和经营方向；技术环境的变化会影响到酒店的技术和设备，这就间接地影响了酒店的人力资源需求；竞争对手之间的人才竞争，则会造成酒店之间的人才流动，流出人才的酒店就会产生新的需求。

应用案例

万豪酒店的管理人才本土化策略

10年前，酒店行业依然是西方人的天下，大家普遍会认为，一家酒店至少要有一个外国的总经理来实施决策管理。一方面，酒店的品牌来自国外，公司希望借此树立良好的国际形象。同时，西方人已经接受过良好的酒店管理培训，而中国的酒店发展时间还尚短。另外，当时的酒店有很多外国客人，语言沟通方面，西方人有自己的先天优势。但是这一切从2008年开始发生了转变。

首先的转变来自中国客人的逐步增多，过去万豪的客人中有80%是国际客人，而如今他们开始拥有50%的中国客人，提升客户的满意度只有"自己人"做起来才更顺畅。另外，本土高级管理人才在管理自己酒店的过程中也会拥有良好的沟通便捷性，因为他们的基层员工大部分是中国人，了解他们的需求，管理他们的成长，贯彻公司的核心价值观，自然本土人才会更加方便。除了员工之外，酒店行业需要频繁打交道的业主也是中国人。三方面的沟通需求使万豪的本土化进程显得十分自然。

万豪也因此在人力资源规划中将"培养本土人才"设定为自己的长期规划重点。如今，公司已经有15%的中国人才担任酒店总经理，高级行政人员中有63%为中国人，而普通经理级别有90%为中国人。而且这些总经理分布在公司旗下的6个不同的酒店品牌中。甚至有位中国女性还担任了两家酒店的最高负责人。而这些本土的高级管理者都是万豪自己培养的。万豪相信自己培养的人会更理解酒店的价值观。

有了这样的本土需求之后，迅速取得一定的成果有赖于万豪自己的人才培养计划。比如中国籍总经理发展计划就是专门针对培养中国本土总经理而设计出来的。这个计划的突出特点是其高度的针对性。比如一位客房出身的负责人，公司会在他相对薄弱的销售、财务、人事等领域给予更好的培养，并且安排专门的导师帮助这些高潜力人才快速成长。通常在两年时间里，他们就会全面丰富自己的多领域知识和实践技能。

不仅是针对总经理，包括众多的中高级和基层管理人员，万豪都有这样富于针对性的培养计划。因为通常一家酒店会有一位总经理和7位高级行政管理人员以及二三十位基层经理，也就是说，按照万豪每月开一家新酒店的速度,他们每个月要产生40位左右的管理者来满足新酒店的人才需求。这对HR来说的确是不小的挑战。

(本案例来自网络,编者整理)

2. 人力资源需求预测的常用方法

(1) 管理人员判断法,即酒店各级管理人员根据自己的经验和直觉,自下而上确定未来所需人员。具体工作方法如图2.2所示。这种人力资源需求预测方法主要适用于短期预测。

图2.2 管理人员判断法示意图

(2) 经验预测法,即根据以往的经验对人力资源需求进行预测。

具体方法:根据酒店的生产经营计划及劳动定额或每个人的生产能力、销售能力、管理能力等进行预测。

由于不同人的经验会有差别,不同新员工的能力也有差别,特别是管理人员、销售人员,他们在能力、业绩方面的差别更大,所以若采用这种方法预测人员需求,要注意经验的积累和预测的准确度。

(3) 德尔菲法,又称专家规定程序调查法,即使专家们对影响酒店某一领域发展的因素(如酒店未来对劳动力的需求)达成一致意见的结构化方法。

具体方法:人力资源部作为中间人,将第一轮预测中专家们各自单独提出的意见集中起来并加以归纳后,反馈给他们,然后重复这一循环,使专家们有机会修改他们的预测并说明修改的原因。一般情况下重复3~5次之后,专家们的意见即趋于一致。

酒店如何选择预测"专家"

这里所说的专家,可以是来自一线的管理人员,也可以是高层经理;可以是酒店内部人员,也可以是外部人员。酒店选择专家的标准是他们对影响酒店的内部因素的了解程度。为了使该方法更有效、更明确,应掌握以下技巧。

(1) 要给专家提供相关的历史资料以及有关的统计分析结果,以便其准确做出判断,例如人员安排情况和生产趋势的资料。

(2) 允许专家粗估数字,不要求特别精确,但要让他们说明预测数字的可信度。

(3) 使过程尽可能简化,特别是不要询问那些与预测无关的问题。

(4) 对人员的分类和定义、职务名称、部门名称要统一，要保证所有专家能从同一角度理解这些分类和定义。

(5) 要取得高层管理人员和专家对德尔菲法的支持。

(4) 趋势分析法。这种定量分析方法的基本思路是：确定酒店中哪一种因素与劳动力数量和结构的关系最密切，然后找出这种因素随聘用人数的变化而变化的规律，由此推断未来的人力资源需求。趋势分析法的工作流程如图 2.3 所示。

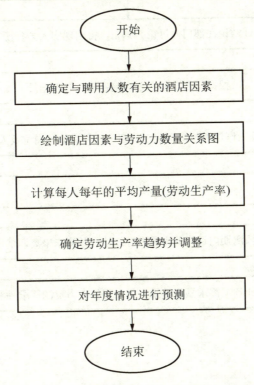

图 2.3　趋势分析法工作流程

选择与劳动力数量有关的酒店因素是需求预测的关键一步。这个因素至少应满足两个条件：第一，酒店因素应与酒店的基本特性直接相关；第二，所选因素的变化必须与所需人员的数量变化成比例。

有了与聘用人数有关的酒店因素和劳动生产率，就能够估计出劳动力的需求数量。例如，某酒店预计每天将接待 150 间客房，而每个客房服务员可以清理 15 间客房，那么，该酒店对客房楼层服务员需求量就是至少 20 人。在运用趋势分析法做预测时，可以完全根据经验估计，也可以利用回归分析法进行分析。

所谓回归分析法，就是利用历史数据找出某一个或几个酒店因素与人力资源需求量的关系，并将这一关系用一个数学模型表示出来，借助这个数学模型，就可推测酒店在未来的人力资源需求。

人力资源需求预测的步骤如图 2.4 所示。

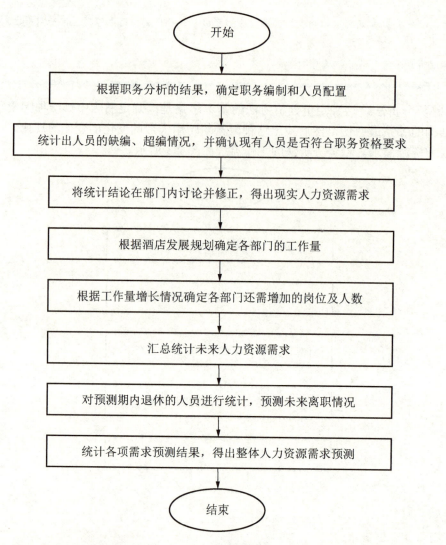

图 2.4　人力资源需求预测的步骤

人力资源部人力资源规划人员对酒店人力资源需求预测情况进行统计分析之后，制作《年度人力资源需求趋势预测报告》，报请酒店领导审核、批准。

2.2.3　人力资源供给预测

和二十年前不同，在中国大陆，酒店行业似乎已经不再是人才聚集的热门行业，这样的现实在一定程度上左右了国际品牌在中国业务发展迅猛的酒店集团，来自于"人"的压力成为酒店业实现业务目标的最大制肘，供给预测就显得更为重要。

1. 内部人力资源供给预测

内部人力资源供给预测即根据现有人力资源及其未来变动情况，预测出规划期内各时间点的人员拥有量。

第2章 酒店人力资源规划

由于酒店经营活动规模的扩大和内容的增加,或由于本酒店员工队伍自然减员,酒店必须获得必要的人力资源补充或扩充。

(1) 影响酒店内部人力资源供给的主要因素。影响酒店内部人力资源供给的主要因素有现有人力资源存量、员工内部流动、员工培训等。从总体上看,内部供给是现有各类岗位的人力资源数量减去晋升、调动、流出、退休后的数量,并加上由本酒店内部变更(下级晋升和平级调动)而来的人员数量。

(2) 人力资源内部供给预测的逻辑程序。进行人力资源内部供给预测,一般应遵循以下程序。

① 确定人员预测的范围。
② 估算各岗位未来的实际存留人数。
③ 评价和确定每一关键职位的接替人选。
④ 确定专业发展需要,并将员工个人目标与酒店目标相结合。
⑤ 挖掘现有人力资源的潜力。

小贴士

人力资源内部供给预测的常用方法

(1) 马尔可夫法。

马尔可夫法是全面预测酒店内部人员转移从而预知酒店内部人员给行之有效的方法。其基本思想是找出酒店过去人力资源变动的规律,以此来推测人力资源的变动趋势。该模型假定:酒店内部人员的转移是有规律的,且转移比例是固定的,即在给定时期内员工从低一级向高一级或从一职位转移到另一职位的转移率是一固定值。若各类人员的起始人数、转移率和未来补充人数给定,则各类人员的未来数就可以预测出来。

(2) 管理人员接替计划。

这是预测管理人员内部供给的最简单的方法。制订这一计划的过程包括:一是确定计划范围,即确定需要制订接替计划的管理职位;二是确定每个管理职位上的所有接替人选;三是评价接替人选,主要是判断其目前的工作情况是否达到提升要求,可以根据评价的结果将接替人选分成不同的等级,例如可以马上接任、需要进一步培训、问题较多3个等级;四是确定职业发展需要以及将个人的职业目标与酒店目标相结合,根据评价的结果对接替人选进行必要的培训,使之能更快地胜任将来可能从事的工作,但这种安排应尽可能与接替人选的个人目标吻合并取得其同意。

(3) 技能清单。

技能清单是一个用来反映员工工作能力特征的列表。这些特征包括培训背景、以前的经历、持有的证书、已经通过的考试、主管的能力评价等。技能清单是对员工竞争力的反映,可用来帮助人力资源部门的规划人员估计现有员工调换工作岗位的可能性,决定有哪些员工可以补充酒店当前的空缺。酒店的人力资源规划不仅要保证数量,同时还要保证质量。因此,有必要建立员工的工作能力记录,其中包括基层操作员工的技能清单和管理人员的擅长管理的岗位及所达到的水平清单。

2. 外部人力资源供给预测

酒店的人力资源需求预测数减去酒店人力资源内部供给预测数,就是酒店在一定时期对人力资源需求的缺口，这就形成了外部人力资源需求。为此，酒店必须对外部人力资源供给进行预测和规划，决定酒店未来的招聘方式和吸引人才的政策和方法，以获取自己所需的人力资源。

(1) 影响外部人力资源供给预测的因素。一是经济、社会、文化因素对人力资源市场的影响，如经济、技术发展变化趋势，变动中的劳动力结构模式，社会失业率与行业失业率等；二是社会新成长劳动力数量与质量状况，如相关院校毕业生数量和质量等；三是政府相关法律、法规，如劳动法、就业政策等；四是酒店所在地区人口净迁入量和净迁出量；五是人力资源市场上本酒店所需的人力资源状况；六是政府和行业的培训计划；七是本酒店的工资竞争力、工作环境、社会形象等；八是社会上同类型酒店的数量与综合竞争力。

(2) 人力资源外部供给预测的常用方法，具体包括：依靠政府及咨询机构的数据统计分析方法、市场调查方法以及各种统计预测方法等。

人力资源供给预测的步骤如图 2.5 所示。

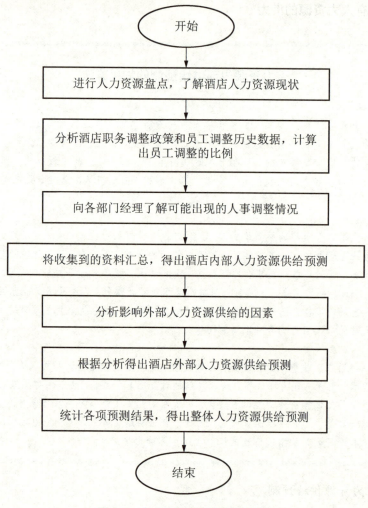

图 2.5　人力资源供给预测的步骤

根据人力资源供给预测,酒店人力资源管理部门制定出相应的文件表格,见表 2-3 至表 2-5。

表 2-3　年度人员需求预测表

单位:人

人员状况		第一年	第二年	第三年	……
年初需求状况	年初人员需求数				
	预测年度内需求之增加(减少)				
预计年度内人员变动情况	由于调动和晋升而得到的人员补充				
	由于调离和晋升而造成的人员缺失				
	由于资源浪费而造成的人员缺失				
	由于退(离)休而造成的人员缺失				
	由于辞职造成的人员损耗				
预计年度人员需求数量	预计年度内人员不足或多余数				
	预计年度内人员损耗总数				
	预计该年度人员需求总数				

填表人:　　　　　　　　　　　　　　　　　　　　审核人:

表 2-4　人员编制调整表

部门名称	现有编制	增减人数	增减理由	审核意见

制表:　　　　　　　　　复核:　　　　　　　　　填表时间:

表 2-5　人员增补申请表

单位名称:　　　　　　　　　　　　　　　　　　填表日期:___年_月_日

序号	人员配置状况			拟增补人数	增补人员需要条件
	工作项目	编制人数	现有人数		
1					
2					
3					
4					
5					
合计					
审批意见	总经理			人事部	

填表人:　　　　　　　　　　　　　　　　　　　　审核人:

2.2.4 人力资源供需平衡决策

人力资源供求达到平衡(包括数量和质量)是人力资源规划的目的。人力资源规划就是要根据酒店人力资源供求预测结果，制定相应的政策措施，使酒店未来的人力资源供求实现平衡。人力资源供求关系表现为以下 3 种类型。

1. 供求平衡

酒店人力资源供求完全平衡的情况极少见，甚至不可能，即使供求总量上达到平衡，也会在层次、结构上产生不平衡。

2. 供不应求

当酒店预测人力资源在未来可能发生短缺时，要根据具体情况选择不同措施以避免短缺现象的发生。其常用的方法如下。

(1) 将符合条件而又处于相对富裕状态的人员调往空缺职位。

(2) 如果高技术人员出现短缺，应拟订培训计划和晋升计划，在酒店内部无法满足要求时，应拟订外部招聘计划。

(3) 如果短缺现象不严重，且员工又愿意延长工作时间，则可制订延长工时、适当增加报酬的计划，但这是一种短期应急措施。

(4) 提高资本技术有机构成，提高员工的劳动生产率，形成机器替代人力资源的格局。

(5) 制订聘用非全日制临时工计划，如返聘已退休员工、聘用小时工等。

(6) 制订聘用全日制临时工计划。

以上措施虽是解决人力资源短缺的有效途径，但最为有效的方法还是通过实施科学的激励机制、改进流程设计、加强培训等方式，来调动员工的积极性，以提高劳动生产率，减少对人力资源的需求。

3. 供过于求

酒店业目前出现全行业用工短缺现象，但仍然存在部分岗位人力资源过剩，解决方法主要如下。

(1) 永久性辞退劳动态度差、技术水平低、劳动纪律观念淡薄的员工。

(2) 合并或裁减某些臃肿的机构。

(3) 制定优惠措施，鼓励提前退休或内退。

(4) 制订全员轮训计划，为企业的扩大再生产准备人力资本。

(5) 减少员工的工作时间，降低工资水平。

(6) 加强培训，员工掌握多种技能，鼓励员工自谋职业。

在制定人力资源的措施过程中，应具体情况具体分析，制定相应的人力资源规划，使各部门的人力资源在数量、质量、结构和层次等方面达到协调平衡。

2.2.5 讨论并确定各项人力资源规划

(1) 人力资源部在完成酒店"人力资源规划供需平衡决策工作组"的工作之后，指定专门人员完成决策信息整理工作，并且制订《年度人力资源规划书制定时间安排计划》。

(2) 人力资源部召开制定人力资规划的专项工作会议。

2.2.6 编制人力资源规划书并在酒店内实施

(1) 人力资源部指派专人汇总全部人力资源规划具体项目计划，编制年度人力资源规划书，经人力资源部全体职员核对后，报酒店各职能部门负责人审议评定，并交由酒店人力资源部负责人审核通过后报请酒店总裁批准。

(2) 人力资源部负责在酒店内部酒店实施《酒店年度人力资源规划书》的沟通活动，确保全体职员知晓人力资源规划的内容，以保证人力资源规划工作的顺利实施。

2.3 职 务 分 析

2.3.1 职务分析及其作用

酒店人力资源管理，首先要通过酒店的职务工作分析，寻求人和事的最佳组合，并运用择员手段，提高员工的技能与技术，使其具有适合本行业特定劳动内容和劳动对象的行业素质，增强酒店的凝聚力。

职务描述要不要做？

酒店财务总监约翰·凯思十分恼火地来找酒店总经理杰拉尔德·琼斯。他说："杰拉尔德，你发的这份文件要求我在两周之内修改财务全部10项工作的职务描述？"

"对，有问题吗？"杰拉尔德问。约翰解释说"这是在浪费时间，尤其是我还有其他更重要的事情要做，它至少要花去我30个小时的时间。我们还有两周的内部审计检查工作未完成。你想让我放下这些去写职务描述？这办不到！"

"我们几年都没有检查这些职务描述了。它们需要做大修改。而且当它们被发到员工手里时，我还会听到各种意见。"

"职务描述修改好后怎么还会有各种意见呢？"杰拉尔德问道。约翰回答说："让人们注意工作说明的存在，可能会使一些人认为职务描述中没有规定的工作就不必做。而且我敢打赌，如果把我部门里的人实际正做的工作写进职务描述里，无形中就强调了一些工作的现实迫切性，同时也就忽视了另外一些工作。我现在可承担不起士气低落和工作混乱的后果。"

杰拉尔德答道："你的建议是什么呢，约翰？上面已命令我在两周内完成这项任务。"

"我一点也不想做这工作,"约翰说,"而且在审计工作期间绝对不做。难道你不能向上面反映一下,让它推迟到下个月?"

(资料来源:北京酒店网,news.bjhotel.cn,2009年)

思考:
1. 在建立工作说明以前,约翰和杰拉尔德忘了哪一步?该步骤为什么重要?
2. 评析约翰的这句话:"让人们注意工作说明的存在,可能会使一些人认为职务描述中没有规定的工作就不必做。"
3. 为什么要对职务描述进行修订?在修订时应该注意什么?

1. 职务分析的概念

职务工作分析,是通过对酒店内全部工作的各岗位构成因素进行分析研究,以判明各项工作的性质、内容、任务和环境条件以及承担该项工作的人的各方面素质标准,并将其结果制作成工作说明书和岗位责任制的过程。

2. 职务分析的意义

职务工作分析是酒店招聘和培训工作的基础。酒店在对员工提出工作要求之前,先要弄清这项工作的内容以及完成该项工作所应具备的条件,这将对酒店有效地进行人力资源开发与利用有着极为重要的意义。

1) 编制定员提供科学依据

在职务工作分析的基础上进行人员组合,能以工作内容、技术要求、岗位责任为标准,合理分配人力,协调班组及部门之间的关系,达到人员的最优组合。

2) 为录用员工提供客观标准

酒店根据工作的难易程度、职责要求、知识与技能等从事该项工作的要求,提出录用员工的标准。

3) 简化工作提高效率

职务工作分析使各项工作程序化、系统化,从而有利于消除不必要的工作环节,改进工作方法,提高工作效率。

4) 为确定员工的薪酬待遇提供客观依据

通过职务工作分析,弄清该项工作要求的技术熟练程度、复杂程度、教育程度以及职责要求,有利于根据工作确定薪酬待遇标准。

5) 有利于进行员工培训

通过职务工作分析,确定了工作的规格化、标准化与程序化,可以以统一的标准对职工进行培训,养成其按标准进行操作的习惯。

6) 为考核工作确定具体标准

职务工作分析明确了各项工作的权、责、规范和操作程序,为考核工作确定了具体标准,有利于酒店的质量检查和科学管理。

7) 有利于改善企业的内部人际关系

根据职务工作分析结果，职工工作明确、职责分明，考核和晋升制度有了科学依据，奖惩有了客观标准，从而减少了酒店人事管理的矛盾，促进酒店内部领导与员工之间、员工与员工之间的人际关系。进行科学的工作分析，进行合理的人事配合，以"事"为中心，因事设人，做到人尽其责，才尽其用。

酒店品牌的代言人

作为一名优秀的酒店管理者，要让每个员工都认识到自己是酒店的品牌的代言人。自己的一举一动，每个工作的细节都代表着酒店的整体形象。

如何消除工作分析中员工的恐惧心理

小王进入某酒店后有点找不到北，遇到需要解决的问题时，A 部门说"归 B 部门管"，B 部门称不知道，让他找 C 部门。总经理觉得有必要对岗位和责任进行梳理，建议人力资源部进行部门工作分析。人力资源部经理却摇摇头告诉他，员工对此发怵，不配合，工作分析很难进行。

人力资源专员小李接到指示，酒店在这个月将开展工作分析。人力资源部的每个成员自然成为工作分析小组成员，小李要负责销售部门各个岗位的工作分析。他决定先从普通的销售员开始，从下往上分析，把销售经理摆在最后。事实上，普通员工的态度并没有小李预期的那样配合。"工作分析？干吗用的？你们人力资源部还真是吃饱了没事干。"资历深厚的直接质疑小李。"哦，是不是要裁人啦？怎么突然要分析工作了呢？"胆小者支支吾吾，疑心重重。"真抱歉，手头忙，等过一阵再谈吧。"态度冷淡不配合的更不在少数。一周下来，小李精疲力竭，却收获寥寥。

【评析】

这主要是酒店准备不充分的问题。员工对小李工作或质疑或冷淡，问题并不在小李身上。员工对工作分析实施者态度冷淡，有抵触情绪，其实是员工对工作分析恐惧的一种表现。这个案例中，员工之所以对工作分析产生恐惧，主要原因就是事先没有作宣传动员。员工不清楚工作分析的原因、流程、目的，心里没底，自然对这项突如其来的工作不配合，对实施者也产生不信任感。

事前解释，明确目的。假如小王所在的酒店管理层决定要进行工作分析，那么就应该在分析工作实施前做好充分的准备与铺垫：成立工作分析小组，制订计划、步骤和目的。工作分析的主要目的，通常是为了设计、制定高效运行的酒店结构；制定考核标准及方案，科学开展绩效考核工作；制定公平合理的薪酬福利及奖励力度方案；使得人尽其才。如果酒店的总经理能在全体员工大会上，告诉大家工作分析的目的；让他们明白，这是一个客观公正的工作调查分析，并不是针对个人，要裁员或者降薪。消除了员工的心理障碍，后面小李们的工作也比较好做了。另外，人力资源部也需要把工作分析的执行步骤、方法告诉大家，将流程公开，让员工心中有数，因为鬼鬼祟祟、神神秘秘容易引起不安。

（资料来源：厦门网，http://www.xmnn.cn/，2006 年）

2.3.2 职务分析的方法

职务分析的方法是指工作分析过程中信息的收集方法。选择适当的工作分析方法，对信息的准确性与可靠性非常重要，选择什么方法取决于分析的对象、分析的内容、目标。没有一种方法能提供非常完善的信息，在实践中，往往是将几种方法综合运用。

1. 工作实践法

工作实践法是指工作分析人员直接参加从事某项工作，从而细致地体验、研究所做的工作，掌握工作要求的第一手资料的工作分析方法。

1) 工作实践法的优点

(1) 亲临现场可以客观了解和体会具体工作的实际任务以及在体力、技能、环境、社会等方面的要求。

(2) 可以弥补观察不到的工作内容和工作细节。

(3) 适用于短期内可以掌握的工作。

2) 工作实践法的缺点

(1) 由于现代酒店企业中的许多工作已经高度专业化，工作分析者往往不具备从事多项工作的专业知识、操作技能和业务经验，而无法采取这种方法。

(2) 对需要经过大量训练才能胜任的工作及危险性工作，这种方法也不适用。

2. 观察法

观察法是指有关人员直接到现场，亲自对一名或多名工作人员的操作进行观察、了解，并记录有关工作的内容、工作岗位之间的相互关系、人与工作的作用以及工作环境、条件等信息，并用文字或图表形式记录下来，然后进行分析与归纳总结，通常是一种隐蔽性的观察。

为了提高观察分析的效率，所有重要的工作内容与形式都要记录下来，而且应选择几个对象在不同的时间内进行观察。因为面对同样的工作任务，不同的工作者会表现出不同的行为方式，平衡后，有助于消除分析者对工作行为方式上的偏见。对于同一工作者在不同时间与空间的观察分析，也有助于消除工作情景与时间上的偏差。观察法适用于对体力工作者和事务性工作者，如搬运工、操作员、文秘等职位。适用于短时期的外显行为特征的分析，而不适合用于长时间的心理素质的分析。

由于不同的观察对象的工作周期和工作突发性事件所有不同，所以观察法可分为直接观察法、阶段观察法和工作表演法。

(1) 直接观察法。工作分析人员直接对员工工作的全过程进行观察，直接观察适用于工作周期很短的职位。如公寓管理员，他的工作基本上是以一天为一个周期，工作分析人员可以一整天跟随着公寓管理员进行直接工作观察。

(2) 阶段观察法。有些员工的工作具有较长的周期性，为了能完整地观察到员工的所有工作，必须分阶段进行观察。如行政文员，他需要在每年进行酒店各种执照的复核、定期进行办公用品及劳保用品的采购等工作,由于时间阶段跨度太大,职位分析工作无法拖延很长时间,这时采用"工作表演法"更为合适。

(3) 工作表演法。工作表演法对于工作周期很长和突发性事件较多的工作比较适合。如保安工作,除了有正常的工作程序以外,还有很多突发事件需要处理,如盘问可疑人员等,工作分析人员可以让保安人员表演盘问的过程,来进行该项工作的观察。

 小贴士

运用观察法应注意的问题

在使用观察法时,工作分析人员应事先准备好观察表格,以便随时进行记录。有条件的最好用安全闭路系统将员工的工作过程记录下来,以便进行分析。但要注意的是,观察和记录的工作行为要有代表性,并且尽量不要引起被观察者的注意,更不能干扰被观察者的工作。

3. 观察法的优、缺点

观察法的优点:客观、准确、信息广泛。通过对工作的直接观察能使分析人员更深入地了解工作要求,从而使所获得的信息较客观和准确,信息更广泛,包括工作活动内容、工作中的正式和非正式行为、工作人员的士气等。观察法适用于大量标准化的、周期短的、体力性为主的工作。观察法的缺点也显而易见,工作周期长,心理活动不易察觉。观察法不适用于工作周期长的和脑力劳动为主的工作,有些工作包括了许多思想和心理活动,使用此法不易观察到。另外,也要求观察者要有一定的实际操作经验。

4. 面谈法

面谈法是通过与被访问者面对面交流的方式收集工作分析所需资料的方法,也称访谈法或座谈法。

由于被访问的对象是那些最熟悉这项工作的人,所以经过周密设计的访谈可以获得很详细的工作分析资料。对于观察所不能获得的资料,也可由此对已获得的资料用此方法加以证实。该方法是目前在国内酒店企业中运用最广泛、最成熟、最有效的工作分析方法。面谈法适合于脑力职务者,如开发人员、设计人员、高层管理人员等。

1) 面谈的内容、形式

(1) 面谈的主要内容有:工作目标。酒店为什么设立这一职务,根据什么确定对职务的报酬。工作内容。任职者在酒店中有多大的作用,其行动对酒店产生的后果就有多大。工作的性质和范围。这是面谈的核心,主要了解该工作在酒店的关系,其上下属职能的关系,所需的一般技术知识、管理知识、人际关系知识,需要解决问题的性质以及自主权。工作责任。涉及酒店、战略政策、控制、执行等方面。

(2) 面谈的形式及适用范围。

① 个别员工面谈法。个别员工面谈法是找一个员工进行工作谈话以收集有关资料的方

法。该方法适用于大量员工做相同或相似工作的情况，这可以以较低的成本了解到大量员工的工作信息。利用访谈法收集信息时应遵循下列3大原则：问题必须与岗位分析目的相关、问题必须清晰明确、问题要在被访谈者的知识和信息范围内，见表2-6。

表2-6 岗位分析访谈记录表

岗位名称		访谈时间	年　月　日
访谈对象			
姓　　名		职　　位	
所在部门		联系方式	
访谈人员			
姓　　名		职　　位	
所在部门		联系方式	
访谈问题		主题提炼与总结	
部门经理意见	签名：　　日期：	员工意见	签名：　　日期：

② 集体员工面谈法。集体员工面谈法是找多个员工进行工作谈话以收集有关信息资料的方法。该方法适合于较小的集体共同作业的信息的了解，集体成员之间可以相互补充所要了解的信息。

③ 主管领导面谈法。主管领导面谈法是找一个或多个主管领导谈话以收集有关信息资料的方法，主管对工作的了解往往是全面的，与主管面谈可以节省工作分析的时间。

 小贴士

进行面谈应注意的问题

由于主管与任职人员的角度不同，分析人员必须把双方的资料合并在一起，予以独立的观察与证实。因此，应该把这3种方式加以综合运用，这样才能对工作分析真正做到透彻了解，避免偏差。

所提问题要和工作分析的目的有关。工作分析人员语言表达和逻辑思维能力应较强，语言表达要清楚，所提问题必须清晰、明确，含义准确。为避免遗漏问题，保证面谈的质量，应该准备好面谈问题提纲，按照预定的计划进行。所提问题和谈话内容不能超出被谈话人的知识和信息范围。要注意营造一种良好的气氛，使双方都感到轻松愉快。所提问题和谈话内容不能引起被谈话人的不满，或涉及被谈话人的隐私。在进行面谈时，分析人员应该启发和引导，应避免发表个人看法和观点，如果与其认识不同，不要争论。面谈结束以后，要将收集到的信息资料请任职者及其主管领导浏览核对一遍，要注意对获得的资料进行检查与核对，并有针对性地做出适度的修改与补充。必须通过被访者认可的方式与他们建立融洽的关系。

2) 面谈法的优、缺点

(1) 面谈法的优点。方便、准确和收集信息广泛。由于是面对面的交谈，能了解到在酒店结构和工作流程图表中看不到的工作活动和信息。按照提问单系统地了解有关问题，可避免跑题。与任职者沟通后工作分析的结果，他们更容易接受。尤其适用于对文字理解有困难的人。

(2) 面谈法的缺点。分析人员对某一工作主观想法会影响对被访者的回答及对分析结果的正确判断。问题回答者从自身利益的出发提供的信息不客观，会导致工作信息失真。面谈工作费时费力，调查工作所花时间较长，调查工作所需人员也相对较多。若分析人员和被调查者相互不信任，该方法的准确性会受到影响。

可见，面谈法不能单独作为信息收集的方法，只适合与其他方法一起使用。

5. 问卷调查法

它是将事先设计好的问卷提供给被调查者，要求被调查者按照要求填写以获取有关其工作信息的一种快速而有效的方法，它也是一种应用非常普遍的岗位分析方法。

1) 问卷调查法的形式

一般来说，问卷法可以分为以下两种。

(1) 结构性问卷。结构性问卷是一种给出问题(如工作职责)和要求回答问题的各种备选答案，要求被调查根据自己对实际情况的判断进行选择回答的问卷方式。

(2) 开放性问卷。开放性问卷是一种只有问题，而没有给出问题的各种备选答案，需要由被调查者根据自己的判断来填写的问卷方式，例如"描述你的主要工作任务"。

不同的提问方式所获取的信息重点不尽相同，它们有各自的优点和缺点。在实际运用中，有效的调查问卷都是由这两种问题有机组合而成的。

2) 问卷调查法的优、缺点

(1) 问卷调查法的优点有：较标准化、数量化，适合于用计算机对结果进行统计分析。可以快速高效地从众多任职者中获取大量的信息，比面谈法省时，省力，可在生产和工作时间之外填写，不至于影响正常工作，更适用于收集管理性工作的信息。

(2) 问卷调查法的缺点为：问卷编制的技术要求较高，难度较大，要确保员工能够明确每一个问题的意思。不同任职者因对问卷中同样问题理解的差异，会产生信息资料的误差。问卷的回收率偏低，与被调查者的配合态度有关，也与问卷的编制有关。只适宜于对文字有理解能力并有一定表达能力的人。有时员工因为缺乏表达能力对工作的描述不够全面和准确，从而影响问卷调查的质量。

延长酒店生命周期的方法

要想延长酒店的生命周期，酒店经营者必须鼓励、引导员工参与决策和管理，为酒店发展献计献策。在提高员工参与意识及相关能力的同时，也在潜移默化地向员工渗透酒店的经营理念，从而增强酒店的凝聚力和向心力，以满足顾客对酒店有形产品的心理期望。

酒店人力资源管理

应用案例

事后大地震

人力资源经理曹某刚从某外资酒店跳槽到一家民营酒店,发现民营酒店管理有些混乱,员工职责不清,工作流程也不科学。她希望进行工作分析,重新安排酒店架构。一听是外资酒店的管理做法,老板马上点头答应,还很配合地作了宣传和动员。

曹某和工作分析小组的成员,积极筹备一番后开始行动。不料,员工的反应和态度出乎意料地不配合。"我们部门可是最忙的部门了,我一个人就要干3个人的活。""我每天都要加班到9点以后才回去,你们可别再给我加工作量了。"

经过多方了解后,曹某才知道,她的前任也做过工作分析。不但做了工作分析,还立即根据分析结果进行了大调整。不但删减了大量的人员和岗位,还对员工的工作量都做了调整,几乎每个人都被分配到更多工作。有了前车之鉴,大家忙不迭地夸大自己的工作量,生怕工作分析把自己"分析掉了"。

1. 症结在哪里?

工作分析的目的是人力资源规划,避免浪费,之后还应该有跟进。但曹某的前任操之过急,在工作分析后马上进行大规模的人事调整,裁员、增加工作量,使员工对工作分析产生了误会,并把工作分析简单地等同于裁员增效的前奏。当再次进行工作分析时,员工自然是如临大敌,惴惴不安。

2. 怎样开展酒店工作分析?

及时跟进、适当调整工作分析的作用,不仅仅在于核定人力资源成本,明确员工各自的工作职责和工作范围,也是为了制订合理的员工培训、发展计划;为员工提供科学的职业生涯发展咨询,这些都对员工有很大的益处。曹某前任的做法过于简单粗暴,给员工带来恐惧也不足为奇。最好能按照结果,分步进行全面的调整,且调整幅度不应太大,动作也不宜过于迅速。但是,千万不能没有下文。如果这样,员工会怀疑工作分析的作用和意义,下次再做时,他们不是恐惧不安,而是根本不当回事。

2.3.3 职务分析的要素与基本程序

1. 职务工作分析的要素

进行职务工作分析,必须弄清楚每一项工作的具体要素及其职责要求。工作分析一般包括以下5个方面的内容。

1) 职位

职务工作分析首要要确定工作名称、职位。根据工作性质、工作繁简程度、责任轻重及资格要求等方面,确定各项工作名称并进行归类。

2) 内容

用恰当的动词,把该项工作所要做的内容描述出来。

3) 要求

根据工作内容和性质要求,确定工作方法与步骤,指定完成工作的具体时间和岗位职责,说明工作的性质和重要性。它包括"如何做""为何做""何时做"3方面的要求。

4) 为谁做——确定责任

工作为谁做的问题，是确定该项工作的隶属关系，明确工作内容之间的联系及职责要求。

5) 需要何种技能

技能要求包含所需的人员素质、技能技术、劳动工具等方面的内容。

确定了工作分析的要素之后，为了确保工作分析的顺利进行，提高分析效率，还要进一步确定工作分析的步骤或程序。

2. 职务工作分析的基本程序

职务工作分析的基本程序包括以下几个方面。

1) 确定工作性质

按照工作的内容及处理工作所需要的学识、技能、经验，分析工作性质，如酒店一线服务工作：总台、客房、餐厅、酒吧等；技术类：工程、洗衣、调酒、后厨等；行政管理类：各级管理人员和经理办公室人员等。

2) 确定工作内容和程序

分析工作内容，确定完成该项工作的程序和方法，明确所需的工具、设备等，并对各项工作内容分类。

3) 确定工作责任

按照工作内容和程序，确定该项工作的责任程度和上下左右的隶属关系以及职责要求。

4) 确定学识、技能等岗位要求

根据工作性质、内容、责任来确定完成该项工作所需要的教育程度、技术能力和工作经验等，如总台服务在文化程度、容貌、身高、体重、礼节、语言交际等各个方面均有相应的要求。

小贴士

谁应负责

通常，每一种行政职务，不论高低，应该是委派给某个特定个人的职责。当任何人都不知道谁应负责的时候，责任就等于零。

5) 编制职务描述书

编制职务的工作说明是对工作分析结果的文字叙述，它是有关工作范围、任务、责任、技能、工作环境以及所需人员种类的详细描述。

编制职务描述书的主要内容包括工作名称；工作方法、程序和技能要求；物理环境：如正常的温度、适当的光线、噪声程度、通风设施、安全措施以及工作位置和地理位置说明；社会环境：同一工种的人员构成；职业说明：指该项工作的工资制度、工作时间、付酬方法、工作的季节性、晋升的概况以及与其他工作的关系等。

 小贴士

职务分析的 8 个要素(6W2H)

(1) WHO：谁从事此项工作，责任人是谁，对人员的学历及文化程度、专业知识与技能、经验以及职业化素质等资格要求。

(2) WHAT：做什么，即本职工作或工作内容是什么，负什么责任。

(3) WHOM：为谁做，即顾客是谁。这里的顾客不仅指外部顾客，也指酒店内部顾客，包括与从事该职务的人有直接关系的人，即直接上级、下级、同事、客户。

(4) WHY：为什么做，即职务对其从事者的意义所在。

(5) WHEN：工作的时间要求。

(6) WHERE：工作的地点环境。

(7) HOW：如何从事此项工作，即工作的程序。

(8) HOW MUCH：为此项职务所需支付的费用报酬。

2.3.4 职务描述书的撰写

职务描述书又称岗位说明书或工作说明书，它是对每一工作的性质、任务、责任、环境、处理方法及对工作人员的资格条件的要求所做的书面记录。它是对职务工作分析的各种调查资料加以整理、分析、判断所得的结论编写成的一种文件，也是工作分析的结果。

职务描述书目前已经成为现代酒店人力资源管理的核心工具，几乎人力资源管理的全部工作，如员工招聘、培训规划、绩效考核、薪酬设计、人力资源规划，甚至员工职业生涯规划等，都是在围绕它展开的。可见编制一份详细、完整、科学的职务描述书对酒店人力资源管理者的重要程度。酒店的招聘录用、工作分派、签订劳动合同等都需要以职务描述书为依据。

1. 职务描述书的内容

1) 工作说明的具体内容

(1) 基本信息，包括职务名称、职务编号、所属部门、职务等级、制定日期等。

(2) 工作活动和工作程序，包括工作摘要、工作范围、职责范围、工作设备及工具、工作流程、人际交往、管理状态等。

(3) 工作环境，包括工作场所、工作环境的危险、职业病、工作时间、工作环境的舒适程度等。

(4) 任职资格，包括年龄要求、学历要求、工作经验要求、性格要求等。

2) 工作规范的具体内容

(1) 基本素质，包括最低学历、专长领域、工作经验、接受的培训教育、特殊才能等。

(2) 生理素质，包括体能要求、健康状况、感觉器官的灵敏性等。

(3) 综合素质，包括语言表达能力、团队合作能力、进取心、职业道德素质、人际交往能力、性格、气质、兴趣等。

3) 职务描述书的要素

规范的酒店职务描述书(工作说明书)从结构上包含以下要素。

(1) 表头格式。注明酒店中各职务名称、归属部门、隶属关系、级别、编号等。

(2) 任职条件。描述某职务所需的相关知识和学历要求、培训经历和相关工作经验及其他条件。

(3) 工作要求。主要描述该职务对一个合格员工在工作上的具体要求，这主要是从工作本身的性质、量、范围、时效性等方面进行全方位考虑。

(4) 责任范围。描述该职务所承负的主要责任及其影响范围。

(5) 管理结构。描述实施管理的性质、管理人员或员工性质，包括水平、类型、管理的多样性、职务权限、直接和间接管理员工的层次和数量。这给任职者一个非常清晰的工作内容和管理范围。

(6) 工作关系。根据职务在酒店中的地位和协作职务的数量，来描述完成此项工作需要与酒店其他部门(人员)的联系要求，描述其相互关系的重要性和发生频率等。

(7) 操作技能。描述完成该项工作对任职者的灵活性、精确性、速度和协调性的要求及所要求的技能水平，描述操作技能对于此项工作的重要性程度如何，技能应如何改善和提升。

需要说明的是，这几项要素贯穿于酒店所制定的职务描述书中，而并非一定按顺序罗列。由于岗位不同、编写格式不同，职务描述书会呈现不同的模式。职务描述书的外在形式是根据一项工作编写一份相应的书面材料，可以用表格显示，也可以用文字进行叙述。

2. 职务描述书的编制

职务描述书的编制过程一般都是先进行岗位分析、调查，发放大量的岗位调查问卷，再根据调查和分析的结果进行编制。职务描述书的详尽程度或具体项目需视职务描述书使用目的而定。如果职务描述书是用来教导人员如何工作的，则职务描述书对工作内容须详加说明。如果工作分析的目的是工作评价，则应着重说明工作职务的繁简及责任的轻重。

进行岗位调查能获得工作分析的第一手资料，但全部依靠调查结果编制出来的职务描述书是不能完全信任的。因为站在被调查者(员工)立场来讲，他的出发点是怎样保全自身的利益，对于很多问题会采取回避或自我保护的态度，所以得不到真实结果。因此，编制职务描述书应以科学的分析、研究、判断为主(当然要求编者具有丰富的理论与实际操作经验)，以摸底调查为辅，并且调查者最好为该岗位的主管，以求得真实的数据。

 小贴士

保持稳定的员工队伍，保证服务品质

加强员工的稳定性，不是在员工已经出问题的时候才着手，而是应从员工职务描述的时候或从进入酒店的时候就开始。因为影响员工的稳定性因素复杂多样，而员工自身条件及心理素质也在不断变化。员工的稳定是相对的，酒店应有以多样的职务分析描述的方法、手段及较明确的人员流动性指标，有计划地实现员工的稳定，使人力资源配置和结构始终在较理想的状态。

本章小结

人力资源规划是酒店建立战略型人力资源管理体系的前瞻性保障，通过对酒店人力资源的供需分析，预见人才需求的数量和质量要求，以此确定人力资源工作策略。人力资源规划咨询服务从酒店战略出发，详尽分析酒店所处行业和地域等外部环境，透彻了解酒店现有的人力资源基础，结合强大的数据基础，准确预测酒店未来发展所需的各类人力资源的数量、质量、结构等方面的要求，结合市场供需确定酒店人力资源工作策略，制定切实可行的人力资源规划方案。

复习思考

一、关键术语

人力资源规划　　人力资源需求预测　　职务分析　　岗位说明书

二、课上讨论

1．人力资源规划有哪些作用？
2．如何进行人力资源需求预测？
3．什么是人力资源供求平衡？
4．什么是职务分析最佳的时机？
5．人力资源规划都有哪些程序？
6．岗位说明书有什么作用？
7．人力资源供给预测的常用方法有哪些？

三、经验性练习

1．实践内容

登录酒店人力资源网站，查阅酒店人力资源规划的相关资料，讨论并分析针对大、中、小酒店如何制定酒店人力资源规划。

2．实践课程学时

2学时。

3．实践目的

通过网站搜集和分析资料，掌握酒店人力资源规划程序和基本方法。

4．实践环节

第一步：以组为单位(2～3人一组)，登录相关网站，查阅相关资料。

第二步：以组为单位，讨论酒店人力资源规划的重要性。

5．技能要求

(1) 能够熟练应用互联网查阅资料。

(2) 能够分析酒店人力资源规划案例的优、缺点。

(3) 能够通过案例学习，归纳出采用酒店人力资源规划的程序与方法。

6．实践成果

(1) 能够识别酒店人力资源规划出现的问题。

(2) 能够了解解决问题的方法。

(3) 能够分析产生问题的原因。

四、案例分析题

A酒店员工李明，大学毕业后就在一家知名的酒店做总经理助理，其间，有不少酒店想挖他，而且薪水开得很高，但是都遭到了他的拒绝。这么好的机会，他为什么放弃呢？原来，早在2010年，该酒店就已针对主动辞职员工设立"回聘"制度。

2016年，李明曾向酒店主动提出辞职，当他临走前，总经理对他说："你是名优秀的员工，只要你想回来，我们永远欢迎你，以后若有什么困难，尽管来找我。"这些话，使李明备感温暖，铭记于心。第二年，他又回到了A酒店，并且比以前更加努力地投入工作。他常常对同事说，他喜欢这里的工作环境。总经理待人和气，对于下属的工作从不多加指责，如果有不同意见和建议，总经理总是非常委婉地提出来，然后一同商量解决，给员工的承诺也能一一兑现；酒店的同事非常热情，如果在工作中遇到困难，他们都尽心尽力地提供帮助。在这种良好的环境下工作，谁又愿意离开呢？

思考：

1．A酒店面对人才流失采取了什么措施？

2．试列举几例留住人才的好方法。

第3章 酒店招聘与甄选

学习目标

知识目标	能力目标
(1) 了解招聘的含义和招聘渠道的种类 (2) 掌握不同甄选方法的特点和适用条件 (3) 理解招聘的过程、遵循的原则 (4) 了解内外部招聘的特点 (5) 理解酒店招聘特殊问题 (6) 掌握笔试和面试的程序、技巧 (7) 掌握员工入职程序 (8) 了解信度和效度的含义	(1) 能够基于战略眼光，从酒店组织的长远发展角度看问题 (2) 能够制订员工招募计划 (3) 能够为员工招聘选择合适的渠道 (4) 能够设计较为合理的人员甄选体系 (5) 能够确定知识测试、心理测验等甄选的方向和内容 (6) 能够通过面试，对被试者做出客观评价

第3章 酒店招聘与甄选

酒店员工招聘出"新招"

某酒店在人才市场的招聘专位来了两位女生应聘者和一位男生应聘者,通过了解和面试,两位女生已从事酒店业一年余,男生刚踏出校门,显然,两位女生被录用的可能性较大。面试结束后,3个人在等待电梯,准备离开招聘现场。电梯门开了,只见一位着西装的先生在电梯里帮助操作开关按钮,男生让两位女生进去后,也随后进了轿厢,并向帮助他们的先生道了一声"谢谢"。出电梯后,着西装的先生请这位男生留下,通知他被录取了。一个简单的礼让,一句简单的"谢谢",却决定了3个同时应聘者的去与留。

还有一家酒店招聘新员工时,要求应聘者必须填写《××酒店应聘表》,表中醒目位置设置了一栏"父母的姓名和父母的出生年月日",要求应聘者必须填写,否则,不予录用。据该酒店人力资源部主管介绍,此举是教育和引导员工从入职起就要学会感恩,记住父母的出生年月日,到时给父母送上一份问候和感谢,其所在的酒店相关部门也会真诚地为他们的父母送去一份养育之恩的感谢与问候。

(资料来源:职业餐饮网,2015年10月20日)

案例评析:我国酒店业发展带动消费增长明显,已成为拉动消费的重要力量。在酒店业飞速发展的大好前景下,却出现了东边日出西边雨的现象,酒店业正在面临人力资源短缺的问题。员工招聘是酒店高素质员工团队建设和形成的第一道门槛,无论是酒店开业集中招聘,还是常规性招聘新员工,酒店都将其视为重中之重的工作。很多酒店已经意识到造成人力资源管理问题的症结所在,开始研究如何才能招好人、用好人、留住人。从招聘员工入手,认真做好酒店人力资源规划,分析酒店的招聘需求,找到考评的原则,按照考评的程序,选择适合酒店和员工特点的考评方法进行考评,一方面,有利于实现酒店的战略目标;另一方面,有利于员工的能力开发与职业发展。只有健全人力资源管理制度,让员工与酒店一起发展,才能培养员工的忠诚度,才能解决酒店的人力资源问题,最终实现酒店的战略目标。

案例思考:酒店如何才能招好人、用好人、留住人?

在酒店行业目前人力资源紧缺的状况下,传统的在报纸上发布一个广告,等着别人来投简历、面试、笔试、直到录用的程序,已经很难招聘到合适的人选,甚至连期望的人数都难以保证,这是非常严峻的问题。要改变这种状况,酒店可以换个角度思考,把招聘看作一个市场工作。也就是把招聘看作一个平台,通过这个平台来完成信息传递、品牌形象树立、酒店文化理念推广的使命,这也是人力资源管理跃升为酒店战略管理的重要内容。

3.1 招 聘

建立在人才市场和竞争酒店信息调查基础上有计划、有目标的招聘工作,只有从酒店战略层面重新审视,才能够使供需双方的需要紧密对接。

3.1.1 招聘的意义

招聘是指一个组织为了满足自己的运行和发展，吸引各类人才前来应聘，并从中挑选合适人选的过程。

在整个酒店人力资源管理工作中，招聘工作是一项基础性的工作。所谓基础性，一是指全部的管理工作建筑在招聘之上，离开了这些员工，就谈不上别的管理工作，诸如培训、薪酬、绩效等，都是在找到了需要的员工以后的事；二是指一个酒店今后发展得好不好，很大程度上取决于酒店内各部门员工的努力和配合，招聘工作中的挑选正是为了能找到适合酒店运行和发展要求的员工。如果把一个酒店看作是一个球队的话，那么酒店在市场竞争中的胜败与员工的关系就和球队在赛场上的胜败与球员的关系一样。招聘的全部意义在于获取酒店的竞争优势。

招聘工作在酒店人力资源管理中，除了是一项基础工作外，还是一项日常工作，原因是酒店员工的流动性比较大。按照星级酒店的要求，符合条件的员工往往有较多的选择工作机会，而工作机会相对较多的员工流动性恰恰较高。所以，对酒店人力资源管理人员来说，有效的招聘，是保证酒店正常运转的重要前提。

3.1.2 制订招聘计划

制订招聘计划是酒店招聘工作能够顺利完成的重要步骤。凡事预则立，有了计划，工作才更有头绪，才能更好地实现目标。制订招聘计划，酒店首先应确定招聘时间、招聘渠道及招聘经费预算等事项。

1. 招聘时间的选择

招聘时间的选择对酒店招聘成本有着很大的影响，并且极大地影响招聘的质量和效果，因此，酒店实施招聘前应做好时间上的具体安排。招聘时间的选择，酒店除了要结合实际的人力资源需求状况之外，还要把握以下两个原则：把握人才供应的高峰期时机、计划好招聘过程的时间花费。

2. 招聘渠道的选择

招聘工作的效果在很大程度上取决于有多少合格的应聘者前来应聘，来应聘的人越多，酒店选择到合适人才的可能性就越大，因此，合理地选择招聘渠道显得非常重要。招聘渠道的选择决定了招聘对象的来源、范围、整体质量、数量等。

按招聘对象的来源划分，招聘渠道分为内部招聘渠道和外部招聘渠道。酒店应根据招聘的职位、人员素质要求、到岗时间等特点，选择合适的招聘渠道。

3. 筛选人数的确定

酒店发布招聘广告后，将会有大量的求职者前来应聘，酒店须对所有应聘者通过简历筛选、笔试、面试等各个环节的考核，最终决定录用的人选。

在制订招聘计划时,酒店应根据确定的录用人数预测应筛选的人数,以保证需要的人才及时到位。例如,根据酒店以往的招聘经验,如果酒店欲招聘 1 名办公室主任,则需要有 2 个人进行试用期的考核,由此推断,需要有 4 个人进入复试阶段的考核。8 个人进入第一轮的面试考核,再逐步推断出应收集简历的数量等信息。

4. 招聘经费的预算

招聘经费是酒店招聘工作顺利实施的保障,因此,人力资源部门要根据酒店人员的需求情况,提前做好招聘经费预算,以保证经费的及时到位,防止因经费不足而影响招聘工作的顺利进行,还可以避免招聘过程中某一环节过多地占用资金。

5. 编制招聘计划表

确定了招聘时间、招聘渠道、筛选人数及招聘经费等招聘信息后,酒店人力资源部门应编制招聘计划表,作为招聘工作实施的指导。

3.1.3 招聘实施的时机

缺少厨师的酒店

锦江连锁酒店的人事经理蔡小姐在骄阳似火的七月走进人才市场的招聘部,要求尽快找一批熟练的二级厨师,因为他们酒店的连锁店今年新开了 12 家,分布在市区的主要长途车站和码头附近,24 小时不断的客流使生意很好,而厨师人手无法跟上,只能让客人去酒店外就餐,影响了客人的情绪,长久下去,会影响入住率。望着蔡经理焦急的脸,人才市场的王小姐真想说:早些时候你干吗去了?难道你不知道这个时候没有这么多熟练厨师可找吗?

思考:什么时候招聘最合适?

酒店招聘的最合适实施时机,可以从组织内部角度和外部环境两方面考虑。

从酒店内部角度看,酒店是一个按照市场要求不断变化的酒店,那么,工作岗位一旦发生真正空缺了,进行招聘是最合适的。这种空缺的发生可能是老职工退休——自然减员引起的,也可能是有人跳槽——人员流动引起的,更可能是业务的扩展需要新人补充。但是,如果一旦到了工作空缺发生时再急急忙忙地去找人,实在不是件令人愉快的事。该在何时招聘,在人力资源规划一章中有所涉及,这里不再详说。

从外部环境看,各类学校毕业生分配都是在上半年进行,如果需要补充的是各种层次的毕业生的话,上半年的第一季度到各类学校进行招聘活动是最合适的。一般院校的毕业实习都是安排在 12 月份,因此可以在 10 月份就与院校接洽,便于招聘宣讲或者参加 11 月份的校园招聘会。如果需要补充的是其他酒店的各级熟练员工的话,那么年终之前是让人重新选择的关口。

像本节案例中出现的锦江连锁酒店的工作空缺,其实在年初就应该做好准备,因为那时是员工跳槽的时候,有很多人员可以选择。而到了年终,即使偶尔有人来应聘,也不一定是合适的人选。

小贴士

什么是工作空缺？

工作空缺就是某个工作岗位无人出任，该岗位即成为空缺，真正的空缺是指需要通过招人才能弥补的，而不是通过内部调剂或加班可以克服的。确认工作空缺是招聘的前期准备。有时候，我们把可以雇用临时工或工作外包解决的工作空缺称为应急性空缺，把不能雇用临时工解决的工作空缺称为核心职位空缺，关键岗位和敏感部门的工作空缺一般都是第二类的。

提示

当工作空缺被确认时，招聘就必须进行，否则，酒店的运行和发展就会受到制约。

3.1.4 招聘流程

人员招聘工作是个连续的过程，包括确定招聘计划、发布招聘信息、接待和甄别应聘人员、发出录取通知书和评价招聘效益5个方面。

1. 制订招聘计划

进行招聘工作前，必须先弄清楚以下几个问题。
(1) 什么岗位缺少人？
(2) 缺少几个？
(3) 这些人需要具备怎样的条件？
(4) 将在何时需要他们上岗工作？
(5) 将从什么地方得到这些人力资源的补充？

那么，到哪里去获得这些问题的答案呢？从人力资源规划和职务分析中我们可以寻找到答案。

从第2章中我们已经知道，酒店人力资源规划通常包括3个方面的工作。

(1) 酒店人员需求的预测。根据酒店发展战略、发展目标及酒店内外环境的变化预测酒店未来一段时期对各种人力资源的需求。

(2) 酒店内部人员供给的预测。对本酒店内现有人力资源的状况和特点进行测算、分析酒店内人力资源流动的情况。

(3) 酒店内部人力资源供需比较。把本酒店人力资源需求的预测数与在同期内酒店本身可提供的人力资源数进行对比分析，既可从中找出某时期内人员的短缺或过剩，还可具体了解到某一具体岗位上员工余缺的情况，从而知道需要招聘具有哪些知识、能力的员工。

从以上内容中不难看出，招聘计划与人力资源规划密不可分。招聘计划除了上述内容外，还包括：此项招聘的目的、应聘职务描述和人员的标准和条件、招聘对象的来源、传播招聘信息的方式、招聘酒店人员、参与面试人员、招聘的时间、新员工进入酒店的时间、招聘经费预算等。制订招聘计划是一项复杂的工作，大型酒店常聘请酒店外部的人力资源管理专家制订和执行招聘计划；中小型酒店通常由人力资源部做此项工作。

2. 发布招聘信息

1) 招聘广告设计原则

在招聘广告设计中，人力资源管理工作者通过大量实践总结出了一条原则："注意——兴趣——愿望——行动"原则。

(1) 注意是指在一份报纸上，你可能会看到很多招聘广告，那么哪些广告会引起你的注意呢？一定是那些色彩鲜艳、内容新颖、独特、与其他广告不同的广告。比如，在众多的小字体的豆腐块儿中有一个字体较大、篇幅较大的广告，或者是使用了吸引人的标题的广告，或者使用了与众不同的色彩的广告，再有就是位置显著的广告。因此，要想使别人注意到你的广告，制作时就要在上述几方面多加考虑。酒店招聘广告的宣传有时候可以利用酒店本身的宣传来同步进行，如图3.1所示。

图 3.1 如家酒店集团招聘广告

(2) 兴趣是指使求职者对广告产生兴趣。枯燥而平直的广告词可能很少引起人们的兴趣，而撰写生动、煽情、能引起人们共鸣的广告语言加上巧妙、新颖的表现方式则很容易令人感兴趣。例如，"你愿意与世界著名的酒店共同发展吗？你愿意让自己辛勤的付出拥有意想不到的回报吗？""加入某某酒店，你将拥有崭新的明天"等这样的广告语常常会令求职者兴趣大增。

(3) 愿望是指求职者申请工作的愿望是与他们的需求联系在一起的。通过强调酒店或职位中吸引人的一些因素，例如培训与发展的机会、挑战性的工作内容、优越的薪酬福利、充满合作氛围的团队等，可以激发求职者对工作的愿望。为了有针对性地吸引读者，在发布招聘广告之前，要对本单位或职位欲吸引的对象是哪些人做一番调查，使广告达到符合所要吸引的对象的群体特点。

(4) 行动是指要具有吸引或方便读者采取行动的特点。在招聘广告中，应该含有让求职者与酒店联系的内容。例如，"如果您具备上述的任职资格，并且愿意接受挑战性的工作任务，那么请您在一周之内将简历以及其他应聘材料寄往如下地址……""想要了解最新职位空缺，欢迎点击×××酒店网站"，这样的内容都可以使对感兴趣的职位候选人看了之后立刻采取行动，方便求职者就是增加了酒店挑选的范围，如图3.2所示。

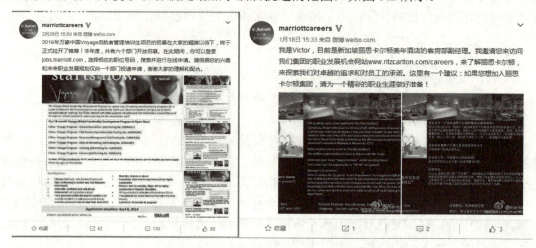

图 3.2　万豪酒店集团开通微博进行招聘

2）撰写广告注意事项

在撰写招聘广告时，具体还应该注意下列几点。

(1) 真实。这是编写招聘广告的首要原则。发布信息的酒店必须保证招聘广告的内容客观、真实，并且要对虚假内容承担法律责任。对广告中所涉及的人选人员的劳动合同、薪酬、福利等政策必须兑现。

(2) 合法。广告中出现的内容要符合国家和地方的法律法规和政策，不能以酒店的规章制度代替国家和地方的法律法规和政策。如果酒店的要求与国家的法规相冲突，必须删除。

(3) 简洁。广告的语言要简洁明了，重点突出招聘岗位名称、任职资格等内容以及联系方式。对酒店的介绍要概括，以免影响广告效果和长度。

3）广告的主要内容

一般来说，招聘广告的内容包括以下几部分：关于酒店情况的介绍、关于职位情况的介绍、应聘者要做哪些准备、应聘的方式和联系方式。

(1) 关于酒店情况的介绍。招聘广告中的酒店介绍要以最概括的语言介绍本单位最具有特色和富有吸引力的特点，不可以搞成像在做酒店宣传。如果能在广告中使用酒店的标识，那是最好不过的了，可以让看到广告的读者留下深刻的印象。

(2) 关于职位情况的介绍。招聘广告中对职位的介绍通常包括职位名称、所属部门、主要工作职责、任职资格要求等。起草招聘广告时必须仔细研究职位说明书。但要注意的是招聘广告中的职位情况介绍应该从读者的角度出发来考虑，以读者能够理解和感兴趣为主，切不可照搬职位说明书。

(3) 应聘者要做哪些准备。在招聘广告中应该注明应聘者应准备哪些材料，例如中英文简历、学历学位证书复印件、资格证书复印件、身份证复印件、照片等以及提供薪金要求和户口所在地等信息。

(4) 关于应聘的方式和联系方式。应聘方式大多采用将简历和应聘材料通过信件、电子邮件、传真等方式发送到酒店，因此需要提供酒店的通信地址、传真号码或者电子邮件地址，如果人手紧张，可不必提供电话号码。另外，应该提供应聘的时间范围或截止日期。

4) 媒体的选择

(1) 网上招聘。通过因特网进行招聘，是酒店业首选的招聘方式，由于这种方法具有信息传播范围广、速度快、成本低、时间周期长、联系快捷方便等优点，且不受时间、地域的限制，因而被广泛采用。无论是招聘单位、求职者，还是就业中介机构均通过信息网络来达到目的。许多大型酒店、酒店中的计算机管理岗位人才及中高级人才的招聘多采用这种方法。网络招聘以其招聘范围广，信息量大，可挑选余地大，应聘人员素质高，招聘效果好，费用低，获得了越来越多的认可。

(2) 校园招聘。大多数酒店，尤其是高端酒店品牌都与大专院校建立有密切的校企合作关系，做校园宣讲，通过品牌和企业文化的传播，吸引优秀人才加入酒店，是目前重要的招聘手段。

(3) 参加招聘会。有时，酒店也会参加定期举办的劳动力市场招聘会。在招聘会上，酒店可以布置海报、标语、旗帜，可以向他们散发招聘宣传材料。

(4) 报纸、杂志。报纸的纸质和印刷质量可能会对广告设计造成限制。因此，一般情况下，报纸招聘广告比较适合于在某个特定地区的招聘，适合候选人数量较大的职位，适合新建酒店的餐厅、客房、酒吧的服务人员。杂志接触目标群体的概率比较大，便于保存，纸质和印刷质量相对于报纸要好，但广告的预约期较长，申请职位的期限也会比较长，同时发行的地域可能较为分散。因此，一般情况下，杂志招聘广告比较适用于寻找的职位合格候选人相对集中在某个专业领域内的情况、适合空缺职位并非迫切需要补充且地区分布较广的情况，如酒店的会计、计算机控制系统的操作员、机电设备维修等后勤保障部门人员的招聘。

(5) 广播电视。广播电视可能产生有较强冲击力的视听效果，容易给人留下深刻的印象，但广告的时间较短，且不便保留，费用一般也比较昂贵。因此，一般情况下，广播电视招聘广告比较适用于当单位迅速扩大影响、需要招聘大量人员时，尤其适用于引起求职者关注、将单位形象的宣传与人员招聘同时进行的情况，如新建酒店的员工招聘。

在所有这些媒体中，在线招聘凭借其传播速度快、范围广、查询方便等优点受到了越来越多企业的青睐。在媒体选择上的另一个趋势，就是在自己的单位主页上做广告，许多酒店都在主页上开辟了"职业机会"模块，这样酒店就可以把大量的信息放在主页上供应聘者查询，这对那些知名度较高、主页访问量较大的酒店是一种很好的选择。

3. 招聘渠道

应聘者来源主要有以下几种。

(1) 内部职工调配。很多酒店存在内部劳动力市场，当酒店的一个职位空缺时，先在酒店内部职工中寻找合适的人选，通过推荐、考试、调动等方法实现新的人事匹配。内部职工作为应聘者对酒店来说有明显的优点：第一，可以简化程序，降低招聘成本；第二，由于酒店与职工互相了解，可以降低招聘风险，尤其是关键岗位的招聘；第三，可以激励员工和为员工的成长提供空间；第四，可以减少岗位培训中的部分费用。

当然，内部职工作为应聘者也存在不可避免的缺点：第一，可选的余地小，会造成短时间内空缺的职位无人胜任；第二，对应聘者有先入为主的印象，妨碍了公平竞争的原则；第三，当候选人是领导或主管推荐时，极易产生任人唯亲的现象，给以后的管理带来困难；第四，不利于组织在公众中的形象宣传，也不利于吸收优秀人才和引入新鲜思想。遵循机会均等、任人唯贤和用人所长的原则，可以较大程度地扬长避短。集团化管理的酒店，管理岗位的招聘绝大部分以集团内部调配为主，以利于酒店品牌文化的传承。

(2) 熟人介绍。与内部职工来源相比，熟人介绍更多地用于专业性较强的岗位。其优点与内部职工来源部分相似，如熟人对双方比较了解，招聘后的离职率较低，费用便宜；但同样有选择余地小、容易造成任人唯亲的缺点。要克服这些缺点，有这样一些方法：介绍人和被介绍人尽量不处于上下级关系；鼓励职工多介绍有能力的人，使选择面扩大；熟人的面尽可能地广泛，不局限于几个领导干部。

(3) 公开市场招聘。这是近几年来很多酒店采用的方法。来源于公开市场招聘的应聘者大都是某一方面的专业人员或领导，他们的自身情况差异较大，需要招聘人员具备一定的选择能力。公开市场招聘的优点是：选择的余地大，有利于吸收优秀人才和引入新鲜思想；容易避免偏见，便于以后的管理；有利于组织在公众中的形象宣传。公开市场招聘的缺点是：招聘手续和程序复杂严格，招聘成本较高；由于酒店与职工缺乏相互了解，招聘风险即离职率较高；可能影响原有员工的积极性，不利于为其成长提供空间；需要较长时间的培训和适应。

(4) 人才服务中心。这里讲的人才服务中心是个广义的概念，包括劳务市场、人才交流中心、人才咨询公司、猎头公司等。来源于这些机构介绍的应聘者一般具有专业特长，个人的情况也较复杂，同样需要招聘人员慎重考虑。只是这些应聘者一般已经过人才机构的初步审查、筛选，酒店可以重点考核其专业能力，当然招聘的费用也因此而上升。

(5) 慕名登记者。这部分求职者最大的优点有两个：一是节约招聘成本；二是与酒店的文化磨合期短。缺点也很明显，一是酒店处于守株待兔的被动状态，只适合于长期需要招人的岗位；二是来登记的不一定是酒店需要的，人和事的匹配度很低。

4. 面试和选拔

此项工作主要是指在招聘过程中对职务申请人的面试和选拔过程的管理。招聘人员一般首先要审查申请表，初步筛选出那些满足最低应聘条件的人员，然后安排与候选人面谈，同时让其参加一些相关的测验，对测试合格的应聘者进行背景调查；再从中优选出应聘人员接受分管经理或高级行政管理人员的面谈；最后通知合格人员做健康检查。这个阶段对应聘者的评判是控制招聘效率的关键。

5. 背景调查和体检

背景调查就是审查求职者申请材料和个人简历是否真实完整，以获得求职者的较全面的信息。背景调查需要注意公正性、准确性，防止挫伤酒店内员工的积极性，以免给组织带来不必要的损失。背景调查的方法包括打电话、访谈、要求提供推荐信等。背景调查核实也可以聘请调查代理机构进行，这些代理机构通过对求职者过去的雇主、邻居、亲戚和证明人书面或口头上的沟通来收集资料。

背景调查需遵循以下原则：只调查与工作有关的情况，并且用书面形式记录，为的是证明将来的录用或拒绝是有依据的。调查内容是对应聘者所填写的客观内容的调查核实，不对应聘者的性格等方面的主观评价内容进行调查。要求接受调查的单位尽可能使用公开记录来评价员工的工作情况，提高调查材料的可靠程度。一般来说，应聘者的直接上司的评价要比人力资源部门更为可信。调查者尽量采用事先设计好的结构化的调查表格，确保不会因时间、兴趣等干扰而遗漏重要问题。

 小贴士

如何识别假文凭

文凭反映的是一个人的受教育程度，与文凭相对应的是文凭持有者的学识和能力。这种信息的传送途径有很多时候是不畅通的，求职者有着不为用人单位所知的关于自身真假的便利，容易造成酒店对信息的选择错误。实际上，酒店用人更为看重的是应聘者的学识和人品，文凭仅仅是参考。因此，假文凭持有者丧失的不仅是学历的优势，同时更丧失了人格优势。

当假文凭做工比较粗糙时，如纸质硬度不够、学校公章模糊、钢印不清晰，用肉眼可以识别出来。但目前的假文凭往往有着和真文凭一样的精良制作，简单地凭肉眼很难识别，我们可用国家教育部最近建立的全国高等教学学历网络查询系统，对20世纪90年代以来的毕业生上网查询。

更重要的是要求面试考官有一定的专业知识，能根据文凭中提供的专业信息提一些专业性的问题，通过应聘者对问题的回答，判断其文凭的真假。如果面试考官对专业不甚了解怎么办呢？使用提问技巧，同样也能判断。如和应聘者聊聊他提供的学校的情况，对他说你毕业的学校我很熟悉，那里有个很受同学喜欢的餐厅(或者影院，或者图书馆等)。根据应聘者对聊天内容的反应，判断应聘者是否是该校的毕业生。通过对应聘者学识、常识和能力的提问来鉴别文凭的真假的方法，不仅能考察出文凭的真假，还能考察出应聘者的真才实学。

6. 录用及通知

这一阶段是酒店与正式新受聘人共同签订劳动合同，并向应聘者发出上班试工的通知。通常通知中应写明新员工的上班时间、地点与向谁报到。决定录用人员、通知被录用人员、试用合同的签订、员工的初始安排、试用、正式录用等是这个阶段的主要工作。

1) 录用通知

(1) 录用通知。录取名单确定后，张榜公布，公开录用，以提高透明度。通知被录用者在通知被录用者方面，最重要的原则是及时。过去由于酒店管理工作的官僚作风，录用通知晚发了一天，从而使酒店损失重要的人力资源的案例经常出现。因此，录用决策一旦做出，就应该马上通知被录用者。在录用通知书中，应该讲清楚什么时候开始报到，在什么地点报到；应该附上如何抵达报到地点的详细说明和其他应该说明的信息。当然，还不要忘记欢迎新员工加入单位。在通知中，让被录用的人知道他们的到来对于组织提高竞争力有很重要的意义，这对于被录用者是一个很好的吸引手段。对于被录用者，应该用相同的方法通知他们被录用了，不要有的人用电话通知，有的人用信函通知。公开和一致地对待所有被录用者，能够给人留下组织招聘工作严密有序的好印象。

(2) 办理录用手续。单位招用员工，应向区县劳动人事行政主管部门办理录用手续，证明录用职工具有合法性，受到国家有关部门的承认，并且使招聘工作接受当地劳动人事部门的业务监督。单位办理招聘录用手续应向劳动行政主管部门报送员工登记表。填写内容包括职工姓名、年龄、性别、种族、籍贯、文化程度、政治面貌、个人简历、考核结果、单位同意录用的意见等。报经劳动行政主管部门审查同意，在登记表上加盖同意录用的印章，录用手续即办理完毕。

如何回绝落选者

回绝落选者在选择过程中的任一阶段，求职者都可能被拒绝。如果初步面试表明求职者明显不符合要求时，对其伤害可能较小。对大多数人来说，求职过程是最不愉快的经历之一。大多数单位认识到了这一点，并努力使应聘者尽可能保持平静。但是，告诉人们他们未被录用仍然是件伤神的事。一般而言，人们会选择写一封拒绝信的方法通知应聘者。当选拔过程允许花在一个人身上的时间较多时，酒店人事职员可以与求职者坐下来解释为何录用了其他人。但是，由于时间限制，很多单位采取了写一封拒绝信的做法。信件比当面谈话少一些被拒绝的耻辱感及应聘者对单位产生否定情绪的机会。很多人经过一段时间后，都会接受未被选中的事实。

应该采用同样的方式通知所有你未录用的应聘者。每一个参加了面试的人都应该得到及时的回答。如果是以信件的形式来通知，那么千万不要使用明信片的形式，因为明信片没有私密性，会令人尴尬。

一般来说，正如及时通知被录用者对酒店有重要意义一样，及时通知求职者被拒绝了对其个人而言也是相当重要的，这样可以使被拒绝者尽快安排新的求职或与别的单位进一步联系。

2) 签订合同

(1) 员工安排与试用。员工进入酒店后，酒店一般都会为其安排合适的职位。大部分员工的职位是按照招聘的要求和应聘者的意愿来安排的。安置工作的原则是将人与事的多种差异得到最佳配合。人员安排即人员试用的开始。试用是对员工的能力与潜力、个人品质与心理素质的进一步考核。根据合同期限的情况，一般试用期为3～6个月。

试用期间，员工要与酒店签订相应的试用合同。员工试用合同是对员工利益的保障。试用合同应包括以下主要内容：试用的职位、试用的期限与福利、员工在试用期应接受的培训、员工在试用期的工作绩效目标与应承担的义务和责任、员工在试用期应享受的权利、员工转正的条件、试用期酒店解聘员工的条件与承担的义务和责任、员工辞职的条件与义务、员工试用期被延长的条件等。

(2) 正式录用。员工的正式录用即通常所称的"转正"，是指试用期满且合格的员工正式成为该酒店成员的过程。员工能否被正式录用关键在于试用部门对其考核的结果如何，酒店对试用员工应本着公平、择优的原则进行录用。

7. 对招聘工作的评估

这是整个招聘过程的最后阶段。对招聘过程进行总结和评价，并将有关资料整理归档。评价指标有招聘成本的核算和对录用人员的评估。核算招聘成本是用经济指标衡量招聘的效率，招聘的费用支出低，而录用的人员数量多，说明招聘的成本低。如果在低成本条件下，能招聘到高质量的人才，则表明此次招聘效率较高。

录用人员评估有录用比和应聘比两个指标。录用比是此次招聘录用人员与应聘人员之比。录用比较小，说明录用人员是从相对较多的应聘者中挑选出来的人员，录用人员的素质可能较高。应聘比是反映应聘人员与计划招聘人数之比，它是说明招聘信息的发布效果。应聘比大，表明招聘的宣传效果好，应聘的人数多，竞争激烈，组织可能选拔出高质量的人员。

3.2 甄　　选

我们曾经在前文讲到，从应聘人员中选拔合格的人员是要经过各种测试的，具体来说，有这样一些基本的测试方法：笔试——主要考察应聘人员的文化素质和操作知识的理论部分；面试——主要考察应聘人员的心理素质、临场应变能力和基本人际交往能力；情景模拟——主要考察应聘人员在未来工作中处理日常事务的能力。下面对上述 3 种测试方法作一些介绍。

3.2.1 笔试

什么是笔试？笔试是指让应聘者在试卷上用笔来回答事先准备好的题目，然后根据应聘者答题的正确程度给予成绩的选拔方式。

通过笔试，可以了解应聘人员的文化素质、文字表达能力、逻辑思维能力、计算能力和操作技能的理论部分。在笔试之前，可以委托职业学校的老师为选拔工作的考试出题，人力资源部经理应该把具体的考察要求告诉出题老师，这样考题将会有较大的针对性，不会出现高分低能的弊病而耽误选拔工作。笔试的题目形式灵活，如作为问答题可以有："谈谈你对酒店的印象""你想象中的酒店优秀员工应该是怎样的"。作为计算题可以有：计算酒店的开房率、计算酒店的赢利水平、计算酒店的成本等。

3.2.2 面试

面试是现代人员选拔中的基本方法，它是在特定时间、地点进行的，有着预先设计好的明确目的和程序的谈话，通过主试者与被试者双方面对面的观察、交谈等双向沟通方式，了解应试人员的素质状况、能力特征及求职动机等的一系列考核技术。

面试要达到的总的目的，是从众多的应聘者中选拔出符合酒店要求的员工，它可由下列具体的小目标组成。

(1) 了解在应聘表格中没有提到或互相出现矛盾的地方。

(2) 核实组织感兴趣的一系列应聘者的个人信息。

(3) 了解应聘者的工作态度、技术能力和性格特征。

(4) 了解应聘者是否适合本酒店的文化，这是选拔管理者时必须搞清的。

1．面试的种类

1) 结构化面试

结构化面试即提前准备好问题和各种可能的答案，要求应聘者在问卷上选择答案。结构化程度最高的面试方法是设计一个计算机化的程序来提问，并记录应聘者的回答，然后进行数量分析，给出录用决策的程序化结果。结构化面试在职务分析的基础上提出与工作有关的问题，设计出应聘者可能给出的各种答案。因此，面试考官可根据应聘者的回答迅速对应聘者做出不理想、一般、良好或优异等各种简洁的结论，所以说结构化面试是一种比较规范的面试形式。如可以设计如下的结构化的面试表(见表3-1)。

求职面试指导的目的是帮助酒店进行员工选拔和配置。若用于某一职位的全体应聘者，则可帮助你对应聘者进行比较，并且可能提供比非结构化面试更客观的信息。因为这是一般性指导，所有项目可能并不都适用于每一种情形。问号后面的空格写出被面试者的回答。

表3-1 结构化面试表

① 对了解工作兴趣的提问		
姓名	应聘职位	
你认为工作(职位)包含什么？		
你为什么应聘这一工作(职位)？		
你具有什么工作的资格条件？		
你的工资要求是多少？		
你为什么要到我们酒店？		
对我们酒店有哪些了解？		
② 对被面试者当前工作状况的了解		
你现在工作吗？	是	否
如果没工作，你失业多久了？		
你为什么失业？		
如果你在工作，为什么应聘本职位？		
你什么时候能开始和我们一起工作？		
③ 对被面试者工作经历的了解(从求职者当前或最后职位开始往后，所有时期都应计算。依据求职者的年龄，至少追溯12年，军事服务也视为工作)		
在从事最后一项工作前你做什么工作？		
地址：		

续表

就业日期从		到	
你的职责是什么？			
你是否在该公司中一直从事同样的工作？	是	否	
如果不是，说明你从事的各种工作，每一工作的就职时间及担负的主要责任。	从	到	
	从	到	
	从	到	

你现在的收入是多少？	
你最后或当前主管的姓名	
对于那份工作你最喜欢的是什么方面？	
你最不喜欢的是什么方面？	
你为什么要离开？	
在过去的5年里，你是否曾经失业过？	是/否
为寻找工作你做了什么努力？	
你具有其他能帮助你胜任本职位的经历和培训吗？	
解释你是在什么地方和怎样获取这一经历或培训的	

④ 对被面试者教育背景的了解

你接受过哪些能够帮助你从事所应聘工作的教育和训练？	
说明你接受的任何正规教育(如果相关，面试考官可用技术培训代替)	

⑤ 对被面试者业余活动的了解

业余时间你干什么？	
兼职工作	
竞技运动	
娱乐活动	
俱乐部	
其他要说明的	

⑥ 对被面试者个人问题的了解

你愿意迁至新地方吗？	是	否
你愿意出差吗？	是	否
你愿意出差的最长时间是多少？		
你怎样看待周末加班？		
自我评价		
你认为你的优点是什么？		
你认为你的缺点是什么？		

续表

⑦ 面试考官的印象	一般1	较好2	好	很好4	评语
个人特征					
个人外貌					
举止、姿态					
表达能力					
与面试考官的合作					
工作关键能力					
工作经历					
工作相关知识面					
人际关系					

面试考官　　　　　　　　　　　　　　　　　　　　　　　　　　日期

2) 非结构化面试

在非结构化面试中，面试官可以完全任意地与应聘者讨论各种话题。面试的问题没有事先安排的需要遵守的框架。因此，面试可能根据不同的应聘者问出完全不同的问题，面试的话题也会围绕不同方向展开。当然，问题必须是和应聘录用有关的。在非结构化面试中，面试官可以根据应聘者对上一个问题具体回答来决定下一个问题问什么，也可以根据应聘者的回答对某些问题进行追问，以了解更深入的信息。

非结构化面试的优、缺点：非结构化面试的优点在于面试官和应聘者在谈话过程中都比较自然。由于不是事先设计好的，所以问起来不会显得前后没有联系和唐突。面试官可比较全面地了解应聘者的情况，应聘者也感觉更随便、更自在，回答问题时也可能容易敞开心扉。非结构化面试的缺点在于：由于对不同的应聘者问不同的问题，可能会影响到面试的信度和效度，其中最大的问题在于，这种面试可能会遗漏重要的问题。

信度和效度

信度指的是可靠性程度，通过某项测验或方法所得的多次结果的稳定性与一致性。效度是指有效性，测试到的各种结果和真实情况的符合程度。如招聘打字员的时候，测得的打字速度和准确性的效度是较高的。但招聘销售员的时候，测得的推广能力效度就不如打字员。

2. 面试的技巧

我决不会到这个酒店上班

陈先生到一家中外合资的酒店面试，主考官是一个中国通的外方代表。陈先生刚坐下，主考官就对他说："谢谢你今天来参加面试，我一共问你 10 个问题，请你如实回答。"10 个问题答完之后，陈先生就想：终于轮到我发问了，我问一问酒店的情况吧。结果没等他开口，那个外方的主考官就对他说："好，今天面试就到这儿，谢谢你。你出去时，顺便把第二个人给我带进来，好不好？"陈先生出了大门就想：我决不会来这个酒店上班。

思考： 为什么会导致这种情况？

1) 掌握面试进度

每个人的时间都很有限，作为面试官会很忙，但是坐在对面的应聘者可能会更忙，面试结束后他还急着要去见客户、出差、和老板谈话。所以，如果约好了是 1 小时左右的面试时间，大家就要通过共同努力把时间控制得当。那么，由谁掌握面试的主动权呢？应该说，主考官是起主要作用的导向者，负责掌握面试的进度。但是也应该给应聘者机会让其发表自己的意见。那么，如何才能有效地控制面试的进度呢？正确的方法是，先从简历中找出不清楚的地方，然后专门对这些问题进行重点提问，从而使重要的问题得到落实，掌握谈话的主动权。在此，介绍一些相关的谈话技巧来进行进度的控制。

（1）利用总结性问话。当感觉到应聘者说得太多时，可以非常自然地插话说："喔，你刚才说的是在团队工作方面的一些事情，对吗？"对方肯定会说对。由此，马上将话锋一转那么，你对这方面的问题怎么看，有什么见解呢？用总结性的问话把谈话岔过去。

（2）运用肢体语言。同样一句话您刚才的问题说得非常好。在表达时如果辅以不同的肢体语言，那么表达的意思会大不相同。

① 手心向下：正常人看到此情景时，相当于收到这样的信息："就讲到这儿吧，虽然他认为我刚才说的好。"——这是表示对方说话太多的暗示动作。

② 手心向上：收到这个信息时，接收者的反应是："他还想听，我还要再说一些。"——这是在邀请对方继续的暗示动作。

③ 短暂的停顿，对方收到的信息是主考官还没听够，我还需要再说一点。——这也是在邀请对方继续的暗示动作。

2) 胜任特征分析

应用案例

该应聘者能胜任吗？

某酒店在面试酒店销售员时，要求应聘者讲述过去的销售情况。应聘者回答说："实际上，我是当时那个酒店最好的销售员之一，销售出去的客房是别人的好几倍，而且特别擅长处理困难问题。"

思考： 你认为从这个人的回答里，是否能够听出关于他以往的行为表现？他的个人评价可以作为胜任的依据吗？

所谓胜任特征，是指那些直接影响工作绩效的一系列能力、个性和工作风格。在能力方面，认知能力是关键能力。认知能力是指一个人分析和思考问题的能力。包括发现问题解决问题的能力、项目管理能力、决策能力、利用时间和资源的能力。另外，技术应用能力、人际交往能力、项目开拓能力都是工作的胜任特征。

不同的工作有不同的胜任特征，只有具备这些特定能力的人才会胜任工作。一份工作有很多胜任特征，但最关键的只有一两个，我们要做的就是这一两个特征分析。

有很多胜任特征是许多工作共有的，如人际交往能力，销售工作非常需要，人事工作非常需要，前厅和餐厅工作也同样需要，但是对能力的要求程度可能不同。

不同的工作有不同的胜任特征，称为胜任特征发现；从很多胜任特征中找到关键的一两个特征，称为胜任特征界定；不同的工作对胜任特征的能力程度有不同的要求，称为胜任特征水平评估。

刚才的那个应聘者，他自己介绍说有很好的销售业绩，那么销售员应该有什么样的胜任特征。通过工作分析我们已经知道，销售工作有大量的机会和客户交流，需要有一定的市场判断能力和与人交流的能力，当然还要具备许多其他能力，如对产品的宣传能力、对客户和价格的记忆能力等，但是关键能力是市场判断能力和与人交流的能力。那么，我们就界定出这两种能力是销售员应该有的工作胜任特征。

最后，再来讨论销售员的与人交流能力需要达到哪种程度。

与人交流能力可以这样定义：在人际交流中理解他人的言语、情感、行为的含义和原因的能力。而这种能力可以做下列程度上的区分：

有些人缺乏对他人的理解，经常误解他人的情绪和行为，有社会知觉定势，如对性别、文化等。有些人能理解他人的目前情感，但不一定理解原因。有些人不仅能理解他人的目前情感，也理解基本原因。有些人不仅能理解他人的情感，还能够改变他人的情感状态。有些的人能够理解他人情感、行为的原因，并理解潜在的问题或做出合适的处理。

3) 面试提问技巧

(1) 结构化面试的提问技巧。

① 追问法：面试过程中，如果需要对一些问题进行深入的探讨，我们可以根据实际情况对问题的回答做适当的追问。例如，发现应聘者对于某个问题回答不够详细时，就可以说："对不起，我可能没听清楚，刚才问的这个问题，你回答的意思是不是……"用更通俗易懂的方式对问题进行提问，有助于应聘者和你一起讨论。

② 重述法：如果应聘者没听清楚，可以对问题进行重述："我刚才可能没说清楚，再说一遍，我的问题是希望你讲一下在处理客户关系中具体做了哪些事情。"这样避免了应聘者对有些重要行为的忽略。

③ 跳过法：有的应聘者面试经验少，当他发现主考官很专业时，心里会很紧张，当被问及过去的行为时，既不能撒谎，又不敢实话实说，结果表现得很局促，说不出话来。这时面试官可以采取跳过法，即用轻松的口吻说："没关系，这个问题咱们先不管它。你对别的事情怎么看呢……"暂时跳过令人尴尬的问题，以缓解紧张的气氛。但是，如果这个问题涉及一个非常关键的胜任能力，那么，面试结束前无论如何也要回到这个问题上来，因为关键问题是不能放弃的。

在结构化面试中，一般认为只要按照表格中的问题排列，逐一问下来就可以了，其实还需要做好：遵循已确定的面试表，不再临时任意修改；系统化地探寻问题的答案，可以运用各种问话技巧；直接在面试表上做记录；提问题时口气接近谈话方式，自然从容；准确收集有关胜任能力的具体表现。

(2) 非结构化面试的提问技巧。

① 开放式发问：希望应聘者自由地发表意见或看法。开放式发问又分为无限开放式发问和有限开放式发问。前者的问话没有特定的答复范围，目的只是让对方讲话。如请你谈谈自己的工作经验吧。有限开放式发问即对回答的范围和方向有所限制。如你在原来那个公司完成工作任务时常遭遇到的困难是什么？开放式发问一般在面谈开始阶段或讨论某一方面问题的起始阶段运用。

② 封闭式发问：希望对方就问题做出明确的答复。封闭式发问要比开放式发问更深入、更直接。典型的封闭式发问就是只让对方回答"是"或"否"。如果延长时间，是否会有助于你顺利完成销售任务？"封闭式发问可以表示两种不同的意思。一方面，如果在对方答复后立即提出一些和答复有关的封闭式问话，即表示面谈者对他的答复十分注意；另一方面，如果一直问些封闭式问题就表示面谈者不想让对方多表示意见，或对他的答复不感兴趣。

③ 诱导式发问：用诱导的方式让对方回答某个问题或同意某种观点。如："你对这一点怎么看？"或"你同意我的观点吗？"但运用时一定要把握好分寸。否则，会给应征者以紧张感，使其被迫回答一些他认为面谈者想听而并非他自己真正想说的话，从而不能获得有价值的资料。

4) 面试中常犯的几个错误

面试中倾听得到的信息总比通过自己说话所得到的要多。但是对于这么重要的倾听，我们仍会出现以下几种情形。

(1) 打断对方的谈话。在应聘者侃侃而谈时很不礼貌地一下子打断："你刚才说什么，再说一遍。"或者，"你说的就到这儿。你对下一个问题怎么看？"粗暴地打断别人的谈话，不听完全部过程，这种做法会给对方留下没教养的坏印象。

(2) 面试时做其他工作。某些经理在面试时显得工作非常忙，一会儿看表，一会儿接电话，一会儿签字……这些都会给应聘者造成不良的印象，认为经理不重视他或是对他不尊重，即使以后录用了他，他也会觉得自己的岗位很不重要。

(3) 只听自己希望了解的信息。招聘一个餐厅经理时，已经设计好了 5 个胜任特征，其中"善于与别人和谐相处"是很重要的一项。在面试过程中，一听应聘者说到"沟通""团队合作"时，就眼睛发亮。实际上，如果只听他说团队精神、沟通能力，便会忽视其他更为重要的信息。而且他说的只是两个概念，如果没有事实作为依据的话，完全证明不了此人是一个好的餐厅管理人员。如果只注意到了自己想听的重要特征，而忽略了其他相关信息，会得出非常错误的面试结论。

(4) 忽略非语言信号。面对面交谈时，肢体语言偶尔更能真切地表达应聘者的真实意思。忽略非语言信号是一个非常错误的倾听习惯。比如，有的应聘者回答时眼光始终不与面试官接触，我们在考虑应聘者害羞紧张的同时，更应该考虑他的回答是否真实，对他应聘的岗位是否有诚意，为人是否开朗、热情。如果我们不能探究到真实情况，这个应聘者只能挂起来，另作考察。

（5）处理信息时机不当。经常有面试官在听应聘者叙述或者自己做记录时，心里嘀咕"这个人说的不太好""这方面不太合适""我不想要他"……实际上，正确的方法是：不要当场处理类似的信息，而应在整个面试过程中侧重于倾听和记录，等进行了详细分析后再下结论。

（6）提问方式不当。在应该用开放式提问时用了封闭式提问，如有家酒店的老总对应聘销售经理的人问了 3 个重要问题：这个职位要带领十几个人的队伍，你认为自己有领导能力吗？这个职位要到处交流、沟通，你有团队精神吗？这个职位压力很大，要经常出差，你能适应高压下工作吗？

这个应聘者其实领导能力和团队精神都不错，但没法多说，因为明显的，老总希望他这些方面是好的；这个应聘者很不喜欢出差，但是老总的问话给了他暗示，他只能说喜欢出差，否则他只能被淘汰。作为老总，除了告诉应聘者他的希望以外，什么都没有考察出来。

想一想

如果你是面试官，应该怎么问，才能得到真实的信息？

5）结束面试时应该注意的要点

应该允许应聘者有时间提问题，这既是为了体现对应聘者的尊重，使其无论被录用与否，都能够对酒店产生一个良好的印象，也是进一步了解应聘者的机会。要介绍面试的后续内容说明此次面试后，下一步的程序安排和大概时间，使应聘者做到心中有数。要对应聘者表示感谢。哪怕当时就知道此人绝对不会被聘用，也应真诚地感谢他，毕竟对方是来支持你的工作的。要做好总结工作，在下一位应聘者进来之前，应该及时把上一个应聘者的记录做好，以免结束后张冠李戴。

6）面试中人力资源部门和用人部门的分工

人力资源部门既是面试工作的组织者，又是招聘活动的组织者，主要做好下列工作：面试人员的确定；面试时间、地点的确定；面试表格的设计；就面试内容与用人部门协商；培训用人部门的面试官，使其掌握面试基本知识，与人力资源部在面试时保持一致；确定应聘者的基本素质是否符合职务要求；做出录用的建议。

用人部门是招聘活动的主要参与者和受益者，他们的任务是：向人力资源部门提供职务所需的基本能力要求；对应聘者进行各种类型的测试，确定其工作能力；做出录用的决定。

3.2.3 心理测试

心理测试是指通过心理学的方法对应聘者的个性、兴趣、能力和动机等心理素质进行测试，达到选择符合工作要求的员工的目的。心理测试包括个性测试、能力测试和职业取向测试。

个性是指一个人具有的独特的、稳定的对现实的态度和行为方式。对应聘者个性测试的目的是寻找某些对未来绩效具有预测效用或与工作相匹配的特征，如酒店大堂员工应该有这样一些心理特征：机警、善于识别人物、反应灵敏、友善礼貌、易接近等；客房管理的员工应该有这样一些心理特征：善于识别人物、动作灵敏、友善礼貌、耐心周到、不怕脏累等。其实，上述特征是酒店许多岗位的基本心理素质要求，也是服务性工作的基本心理素质。这里的能力指一个人所拥有的语言能力、非语言能力、理解能力和推理能力，心理测试中的能力不包括操作能力和身体技能。

根据酒店工作的要求，心理测试可在招聘新员工时作为选拔工具，也可在员工晋升和安置时作为测试工具，但一般不单独使用，而是和其他测试方法如笔试结合使用，这样有助于全面准确地反映员工的能力和基本素质。

有关招退工的部分条例和规定

招聘员工除了按照酒店自己的规划和发展要求来操作外，还受到国家劳动人事政策的调控和限制，每年年初国务院发布的《年度国家发展统计报告》中关于"当前国家人力资源状况和发展计划"的内容，就是制定和调整这些相关政策和条例的依据。为此，必须了解有关条例和规定。由于全国各地区的差异性。各地制定的条例和规定既要考虑一般性，又要考虑特殊性，这里选择某城市的条例和规定，作为学习招聘技能的一个重要方面。限于篇幅，下面有选择地给予介绍。

一、高校毕业生就业指导中心集体户口办理办法

1. 办理落户流程

(1) 凭《关于同意接收非本地生源高校毕业生的通知》(以下简称《通知》)到就业指导中心领取或通过中心网站下载落户所需相关表格及材料，但有些凭证必须到就业指导中心领取。

(2) 查询档案到达情况：就业的非本地生源毕业生可在学校档案寄出 3 周后凭《通知》到中心查询档案到达情况或在中心网站 www.firstjob.com.cn 或通过声讯电话查询.，查询出的档案编号应填写在凭证的左上角"档案编号"栏。

(3) 经查询档案已确定到达者，凭《通知》报到，凭《(非)本地生源高校毕业生委托保管档案申请表》(以下简称《保管档案表》)、《受理凭证》、报到证复印件、户口迁移证、《委托入户中心集体户口申请表》(以下简称《入户申请表》)、身份证复印件、身份证照片 1 张(照片背面应写上姓名)和其他相关材料到受理处进行档案、户籍编号及登记，办理落户事宜。

2. 办理落户所需材料

(1) 《通知》第一联原件。

(2) 完整填写并由委托单位盖章的《保管档案表》。委托单位必须与《报到证》和《通知》上的单位一致，《保管档案表》可凭《通知》到中心领取或通过中心网站下载。

(3) 毕业生《报到证》复印件的就业单位应与《通知》上的单位一致，若有不一致处须办理相关更正手续。

(4) 完整填写并由委托单位盖章的《入户申请表》，委托单位必须与《报到证》和《通知》上的单位一致，《入户申请表》可凭《通知》到中心领取或通过中心网站下载。

(5) 居民身份证复印件。身份证上除住址外的各项内容须与《户口迁移证》上一致，若有不一致处须先更正一致后办理。

(6)《户口迁移证》原件，应在《户口迁移证》有效期内落户，并核对姓名、出生年月、民族、身份证号码是否填写且准确，迁移证上的籍贯、出生地必须写到县市一级。

(7) 身份证专用照片1张(照片可到各公安分局拍摄，照片背面应写上姓名)，若需办理身份证须另交身份证照片1张(手续另办)。

(8) 由个人确认签名的未曾练习法轮功的《声明》和落户中心集体户口注意事项的《告知单》。《声明》和《告知单》可凭《通知》到中心领取或通过中心网站下载。

(9) 已婚者还需附《结婚证》复印件1份。

(10)《受理凭证》。《受理凭证》可在备全以上材料后到中心领取并填写，无须单位盖章。

3. 落户后相关事务受理

(1) 办理户籍证明。

(2) 办理户籍迁移必须在办理完落户手续后的若干个工作日，方可办理开具《户籍证明》。

① 落户中心满1年后户口可迁出，申请人事先须征得迁往地警署(派出所)和户主同意，迁入后到中心办理登记手续。

② 落户中心不满1年的，因本人结婚或购房等原因需将户口迁出者，应到中心办理登记手续，需带材料："户籍、档案受理凭证"，《中心集体户口人员户籍迁出申请表》(此表可到中心领取或通过中心网站下载，未更换单位的带好单位同意迁出户籍的证明或在"申请表"上盖章，已更换单位的带好原单位解除关系证明并由本人在"申请表"上签名)、结婚证、配偶户口本或房产证。

(3) 办理户籍注销、恢复。落户在本中心，出国期限超过6个月的人员离境前应办理户籍注销手续，归国后可办理恢复户籍手续。

① 注销户籍：凭户籍档案受理凭证、签证原件及复印件、护照原件及复印件、身份证原件到中心办理，由中心提供户籍所在地警署(派出所)出具的一张户籍注销证明，请妥善保管。

② 恢复户籍：凭户籍注销证明到户籍所在地公安分局出入境管理处开出境人员恢复户口通知单，然后再凭通知单到本中心恢复户籍。

(4) 毕业生身份证办理。

① 常规身份证办理：落户中心人员需办理新身份证，必须凭"户籍、档案受理凭证"和身份证照片1张在中心申请办理并填写《申请换领居民身份证登记表》，制作期为3个月，领新证时需出示"户籍、档案受理凭证"《申请换领居民身份证登记表》副联、原身份证(如旧身份证遗失，须出示单位证明)，身份证办理情况可通过声讯电话查询。

② 快速办理：落户中心人员，原身份证遗失，在办理公证、贷款、升学、就业和申领护照等权益事项时，急需使用居民身份证的，可申请办理"快证"，需由用人单位出具申请人身份证遗失、因何事急需使用身份证的理由及申请补办"快证"的证明和本人申请，身份证照片3张，要带好"户籍、档案受理凭证"本中心为其办妥"快证"材料，若干工作日后由其本人携带申办材料到指定地点办理。

③ 临时身份证办理：落户中心人员，原身份证遗失，因外出办理乘飞机、车船和投宿旅馆手续的，由酒店出具因申请人身份证遗失、但由于何时赴何地出差而需补办临时身份证的证明，以及本人申请、身份证照片2张办理，并带好"户籍、档案受理凭证"，本中心为其办妥临时证材料，若干工作日后由其本人携带申办材料到指定地点领取。

第 3 章　酒店招聘与甄选

二、非本地生源高校毕业生进城就业申请手续

1. 受理对象

录用非本地生源毕业生的本市用人单位、非本地生源应届毕业生。

2. 受理时间

当年1月3日～10月31日。

3. 非本地生源应届高校毕业生进城就业申请程序

(1) 用人单位凭《市用人单位信息登记凭证》向市高校毕业生就业指导中心领取《非本地生源应届高校毕业生进城就业申请表》(以下简称《申请表》)或通过市就业指导中心网址下载。

(2) 学生向已达成就业意向的用人单位索取《申请表》，根据要求如实填写个人资料栏目。

(3) 用人单位根据要求如实填写本单位资料栏目，把《申请表》交给学生。

(4) 学生凭《申请表》向学校索取教务处出具的成绩单，并将《申请表》、就业协议书、推荐表、在校期间获奖证书、外语和计算机等级证书以及有关材料交学校就业管理部门审核。

(5) 学校根据《申请表》的要求对学生提供的材料进行审核，并在《申请表》上盖章签字。学校主要审核以下内容：

① 学生递交的材料是否属实；

② 学生在校期间奖惩情况。

学生将经学校审核的非本地生源应届高校毕业生进城就业《申请表》、个人推荐表原件和就业协议书、在校期间的获奖证书、外语和计算机等级证书的复印件以及有关材料交用人单位审核；用人单位在确认毕业生递交材料齐全和符合要求后签字盖章，并由用人单位把全部材料送市高校毕业生就业指导中心，报市高校毕业生就业办公室审批。

4. 用人单位领取、填写《非本地生源应届高校毕业生进某城市就业申请表》须知

(1) 毕业生和用人单位按申请表要求，在毕业生个人资料栏和用人单位资料栏中如实填写。

(2) 填表的单位与办理需求信息登记的用人单位必须一致。

(3) "生源地"栏应填写学生在高校入学前户籍所在地的省、自治区、直辖市名称。

(4) 外语证书的等级以教育部认证的等级为准；计算机证书的等级以省市级教育行政部门认证的等级为准。

(5) "获荣誉称号记录"栏目中，如没有获得荣誉称号的填"无"，获荣誉称号的指获得过校级以上(含校级)的奖励。

(6) 学校就业主管部门要认真审核毕业生填写的个人资料，特别是对学生的毕业年份、有无违纪违法情况予以确认，并签字盖章。

5. 递交《非本地生源应届高校毕业生进某城市就业申请表》要求

(1) 递交《非本地生源应届高校毕业生进某城市就业申请表》时间《非本地生源应届高校毕业生进某城市就业申请表》受理时间为每年1月3日开始，截止到当年的10月31日。

(2)《非本地生源应届高校毕业生进某城市就业申请表》材料要求材料请按以下顺序排列，复印材料统一用A4纸。

① 由学校就业主管部门和用人酒店盖章的《非本地生源应届高校毕业生进某城市就业申请表》。

② 毕业生(含毕业研究生)的推荐表原件(此表须学校就业主管部门盖章推荐有效)。

③ 毕业生与用人酒店签订并由学校就业主管部门鉴证盖章的就业协议书原件。

酒店人力资源管理

④ 父母一方由本地迁往外地的，必须附父母一方当年户籍迁出警署出具的户口迁出证明原件及学校出具的父母与子女的关系证明原件；父母一方户籍已迁入本地的，提供父母户口迁入本地的户籍证明。

本 章 小 结

招聘工作在饭店管理中的意义在于，它是保证饭店正常运转的重要前提。当然，那是指有效的招聘。

招聘流程包括确定招聘计划、发布招聘信息、接待和选拔应聘人员、发出录取通知书、评价招聘效益。其中招聘计划是招聘工作的指导，招聘信息的合理发布，是找到合适人选的前提，面试是招聘工作的重要环节，是选拔人才的基础，通过面试表格的设计，我们可以基本了解面试提问的内容。面试的目的是了解和发现应聘者在招聘申请书中无法提供的与工作有关的信息，如职位胜任特征，并以此为依据选拔和录用员工。因此，无论是结构化的面试还是非结构化的面试，目的都是相同的。面试中的许多技能，是人力资源工作者长期实践的经验，它涉及很多心理学和社会学的知识，值得我们好好学习，细细体会。

面试工作是整个招聘工作的一个环节，而招聘是为饭店各部门提供人员支持的，所以面试必然会和他们发生大量联系，处理好和用人部门的关系，是面试能否顺利的一个重要方面。招聘中不仅要考虑饭店的需要，而且要考虑国家的人事政策和劳动法规。

复 习 思 考

一、关键术语

招聘　甄选　招聘评估　内部招聘　外部招聘　信度　效度

二、课上讨论

1. 如何运用科学的手段吸引人才、选拔适合酒店的人才？
2. 为什么说招聘工作是酒店成败的关键因素？
3. 内部招聘和外部招聘应该在什么条件下应用？
4. 招聘程序怎样安排才是科学合理的？
5. 为什么说甄选是招聘工作的关键环节？
6. 如何运用科学的甄选手段确定人选？
7. 如何设计和组织面试？
8. 如何应对面试？

三、经验性练习

1．实践内容
登录酒店官方网站，查阅相关资料，讨论并分析。
2．实践课程学时
2 学时。
3．实践目的
通过网站搜集和分析资料，掌握相关知识技能。
4．实践环节
第一步：以组为单位(2～3 人一组)，登录相关网站，查阅相关资料。
第二步：以组为单位，讨论。
5．技能要求
(1) 能够熟练使用互联网查阅资料。
(2) 能够分析应聘相关的案例。
(3) 能够通过案例学习，归纳应具备的技能。

四、实践体验

1．假如你是一家酒店的餐饮(客房)部门经理，马上进入经营旺季，请提出你部门的季节性用工需求计划。
2．每年 12 月份是酒店校园招聘的集中时间，请为某酒店人力资源部制订一份校园招聘计划书。
3．设计和组织一次模拟面试，体会一下面试组织实施过程。

五、案例分析题

某酒店总经理李某从国内某知名高校招聘了高才生小王担任其秘书，由于这个年轻小伙子亲和力强、反应敏捷、口齿伶俐，且文字功底好，文秘工作做得十分出色，深得李某喜爱。两年后，李某认为该给小王一个发展的机会，于是把他任命为酒店人力资源部经理，属下有十多位员工。谁知在半年内，先后有 3 名下属离职，部门工作一片混乱，业务部门对人力资源部也抱怨颇多。原来小王从学校直接到酒店担任高管秘书，并不熟悉基层业务，从未从事过管理工作的他与同级、下属的沟通方式很不到位，决策理想化，让下属都觉得非常难受；同时，他个人认为工作只需向总经理汇报，推行人力资源政策时没有必要征求业务部门的意见，于是，开展的一系列 HR 工作只会徒增业务部门的工作负担却收效甚微……在各种内部压力下，小王也引咎递交了辞职信。

分析：
1．小王应不应该辞职？其辞职的主要原因是什么？
2．总经理李某在招聘中出现了什么问题？

第4章 酒店培训与激励

>>>>> 学习目标

知识目标	能力目标
(1) 掌握酒店员工培训的重大意义 (2) 了解培训需求的分析方法 (3) 掌握制订培训计划的主要内容 (4) 了解培训计划制订的影响因素 (5) 掌握实施培训计划的主要工作 (6) 掌握酒店员工培训的内容 (7) 掌握酒店员工培训的方法 (8) 掌握员工培训各种方法的优、缺点 (9) 掌握培训评估的不同类型 (10) 了解激励的特征、作用 (11) 掌握不同类型的激励方法 (12) 掌握运用激励手段的注意事项	(1) 进行全面透彻的培训需求分析 (2) 能够选择恰当的方法进行员工培训 (3) 能够合理安排员工培训过程并制订完整的培训计划 (4) 能够进行培训方案设计 (5) 能够运用科学的方法评估培训效果 (6) 能够采用合理有效的方法对员工进行激励

第4章 酒店培训与激励

―――――― 开篇微型案例 ――――――

是什么让员工辞职

某酒店 A 事业部的人力资源总监告诉培训经理乔芬，A 事业部业绩明显下滑，他觉得问题是由销售人员的流失率过高引起的，而且认为这个问题可以通过加强销售培训来解决。

乔芬通过调研，发现员工流失是其他问题的症状。绩效分析表明发现，事业部最基本的收入来源依赖于销售人员，每个销售人员被指派在一个区域开展工作，他们为指派地区的所有产品销售点提供销售服务，并以此获取佣金。有的销售人员负责的区域非常大，比如整个上海市。事实上，一个销售人员是不可能在这么大区域提供有效服务的。销售人员绩效难以达标，于是纷纷选择离职。

乔芬通过数据对比，确定员工流失在 A 事业部已经是一个很严重的问题，这个问题并不是由于缺乏知识、技能、态度、能力导致，问题是因为销售人员在工作环境中遇到障碍引起。于是她建议重新划分合适的销售服务区域，她的建议得到了事业部经理和人力资源总监的支持。

案例评析：培训经理要清晰的一点是，培训不是万能的解决方案。对酒店来说，培训是达成目标的一种解决方案。只要是方案，就有它的适用范围。比如对于"知识、技能、态度、能力"的短缺，培训是目前通用的较快的解决方案。而其他要素，包括工作环境、激励、潜力的提升，需要其他更有效的解决方案。

案例思考：酒店如何开展培训，培训的方法、技巧又有哪些？

目前的酒店业，已发展到由为顾客提供满意服务上升到提供令顾客惊喜的服务境界，提供这样的服务必须要有一支优秀的员工队伍来实现。培训与开发员工的技能和潜能，不仅能为酒店带来更高水平的服务绩效，还会帮助酒店吸引和留住最好的员工。由此培训与开发员工，使其成为出类拔萃的服务人才，就成为酒店将自己和竞争对手区别开来的关键之一。

4.1 培训需求分析

酒店是劳动密集型的服务行业，服务的竞争就是人才的竞争。做好员工的培训工作，不仅有助于酒店员工掌握服务、管理工作的知识和技能，而且对提高酒店服务质量和树立良好的社会声誉都有着重要的影响。只有愿意投资做好酒店培训工作的企业，才能增强自己在社会中的竞争优势。

4.1.1 酒店员工培训的意义

1. 有利于酒店提高服务质量

酒店要在激烈的竞争中立于不败之地，很重要的因素就是要造就能驾驭不断发展的科技和先进工作方法的高素质员工队伍。同时，培训又可使员工在职业道德和使命感意识上有所提高，增强酒店的凝聚力和向心力，充分发挥员工的积极性和创造性，将热情、规范、优质、高效率、高质量的服务视为自己的责任和义务，从而提高服务质量。

酒店工作其实是一项需要员工具有八面玲珑的技巧的工作，每人每天都需要面对各种各样的客人，员工只要有一点失误或不称职都有可能失去顾客。通过培训，可以使员工掌握良好的技能、工作方法及行业知识，使员工工作起来得心应手，增强自信。

2. 有利于员工自身发展

培训不仅对酒店有利，对员工自身来说也是有益的。无论身在什么职位，每个员工都有一种追求自我发展的欲望，如果满足不了这种欲望，员工会觉得工作没劲、生活乏味，最终导致员工流失，尤其是优秀员工。通过培训，可使员工学到许多新知识和较为先进的工作方法以及操作技能、技巧、增长本领、提高服务效率，进而增加个人收入。通过培训，还可使员工增强工作自豪感、充满自信心，能相对独立和自由地做出决策。

3. 有利于降低劳动力成本

随着科技的不断发展，酒店的各项设备资源的引进与维护都需要很大的财政开销。对酒店来说，有些损耗和浪费是可以避免的。如提高对员工的培训，可以使其很好地了解并使用这些设备，延长维修期。而且，如果能够经常地、及时地对员工进行有计划、有针对性的培训，会使其提高认识，积极进取，有利于降低劳动力成本和提高服务质量。

4.1.2 调研培训需求

在进行培训之前进行培训需求调研，有助于了解培训人员的工作需求，增强学习热情，进而达到培训的预期效果。

调研培训需求的途径很多，下面介绍几种常见的需求分析方法。

1. 员工培训需求调查表

这是酒店中使用最普遍的方法之一。问卷调查表格的设计是一个十分重要的环节，需要投入一定的精力和时间。这种表格由员工填写后，交由酒店管理部门进行分析汇总。

2. 工作难点困惑

在酒店日常工作中，经常会在不同时段遇到不同类型的工作难点，这些困惑不但影响员工的工作动力、工作效率，长时间还会影响部门群体的工作氛围，作为管理人员如果能针对员工工作难点的困惑进行有效培训，使得问题得以解决，才能取得双赢。

3. 投诉分析

对于投诉率发生很高的工作内容、工作行为，就要对投诉事件的原因和后果进行分析。

首先分析投诉发生的事件的原因，再评估投诉处理的后果，最后依据以上分析设定培训的项目、内容、目标等。

4. 小组讨论

根据酒店规模的大小，可以考虑使用团队座谈法来进行培训需求的分析。员工数目较大的企业，采用此法较多。一个团队一般由 8~10 个人组成，同培训组织者就一问题展开讨论，集思广益。

酒店还可通过举办员工生日会、联谊会等形式，与员工进行沟通交流。让每一位热爱酒店的员工通过参与活动，体会酒店家的温馨，让他们尽情表现，听他们的心声，鼓励他们为酒店献计献策，让他们看到自己工作的价值，同时酒店也能收获员工最宝贵的需求信息。

4.1.3 制订培训计划

制订培训计划是培训工作的核心任务，它的作用就如同驾车外出旅行时的道路指南。有了培训计划，培训者才有了明确的目标，有了方向，知道起点、终点及所要经过地方的确切位置。计划制订得是否合理，会直接影响培训效果。

1. 影响培训计划制订的因素

1) 管理者的重视

管理人员的参与、支持的重视程度，直接影响了培训对培训人员的影响。各部门管理者对于下级员工的能力及所需何种培训，较人力资源管理部门更为了解，获取各级管理人员的重视，对计划的成功有很大的帮助。

2) 时间

在制订培训计划时，必须准确预测培训所需时间，培训时段尽量不要占用员工个人时间，编排课程及培训方法必须依照预先拟定的时间表执行。

3) 员工的参与

让员工参与设计和决定培训计划，可使课程设计更切合员工的真实需要，还可加深员工对培训的了解，增强他们对培训计划的兴趣和承诺。

4) 成本

培训计划必须符合组织的资金预算。有些计划可能很理想，但如果需要大量的培训经费，就会让培训计划落空。能否确保经费使用和合理地分配，不仅关系到培训的规模效果，而且也关系到培训师与培训员工能否用很好的心态来对待培训。

2. 培训计划制订的步骤

1) 培训需求分析

酒店搜集大量的事实资料、报告和建议，并对其进行培训需求分析。

2) 确立培训的目标和内容

根据所分析的培训需求进一步明确培训的目标,主要包括改善服务态度、掌握操作规范、提高服务效率、学会解决错综复杂的宾客纠纷。

3) 选择培训内容与方法

培训的内容一定要符合实际需要,培训方法要灵活多样,根据不同员工的特点,以及不同的岗位、不同的部门工作特点,选择适当的培训方法。

4) 制定培训方案

培训方案包括培训目标及要求、培训时间、培训地点、培训对象、培训师资,详细的培训内容、培训方法等。方案要清晰,便于培训部门和员工提前做好本部门、本岗位的工作安排。

5) 培训实施

利用酒店培训资源,开展培训,并利用一系列的控制措施(如培训签到、流动检查等),监督培训计划的顺利开展。

6) 培训评价

在培训结束后,培训部门运用科学比较的方法,将培训需求与培训目标联系起来,检测培训课程的实施是否有效。

应用案例

随着酒店的迅速发展,对专业人才的需求也日益迫切,如何打造一支训练有素、勤恳敬业的员工队伍,怎样才能不断提升酒店的管理水平和服务水平,对酒店将来的发展都有着重要意义。面对2015年济南市的酒店业市场,既是机遇又有挑战,作为人力资源部要做好员工培训工作。2016年,酒店的培训计划有如下设想。

1. 新员工入职培训

培训时间:三天的时间,每天两小时。

培训对象:每个月新上岗的员工和上月培训没有通过考试的员工。

培训者:人力资源部。

培训内容:以《员工手册》和《酒店应知应会》为主,介绍酒店的过去和未来及规章制度、酒店知识与概况、酒店业与旅游业的关系、酒店旅游业发展趋势与前景;介绍酒店的礼仪礼貌、服务意识与人际关系、酒店消防与安全知识培训等。

2. 外语培训

培训时间:全年培训(根据需要调剂)。

培训对象:酒店一线面客部门与二线热爱英语的员工均可参加培训。

培训内容:酒店英语。

培训者:人力资源部。

3. 礼仪礼貌培训

培训时间:根据需要可单独举行也可以与员工入职培训结合。

第4章 酒店培训与激励

培训对象：酒店全体员工。

培训内容：由人力资源部选定培训内容，着重提高酒店员工的服务意识与质量。

培训者：人力资源部。

4. 急救知识培训

培训时间：每半年一次。

培训对象：酒店全体员工。

培训内容：发生意外伤害时的紧急救治疗与预防措施。如烫伤、烧伤等急救措施。

培训者：外聘医务专家。

5. 中国文化知识讲座

讲座时间：每季度一次。

培训对象：酒店全体员工。

讲座内容：以济南和山东的文化知识为主，同时介绍中国的文化与艺术、中国山水、名胜景点的欣赏、各大宗教知识等。

培训者：可以由人力资源部培训，也可以聘请专家培训。

6. 酒店美容健身讲座

培训时间：每季度一次。

培训对象：酒店全体员工(自愿参加)。

培训内容：酒店的员工怎么化妆、日常生活中的护肤、美容学问。

培训者：从外部邀请这方面专业人士或者酒店内的部门领导。

7. 沟通交流培训

培训时间：每季度一次。

培训对象：酒店全体员工。

培训内容：加强部门之间交流的方式方法。

培训者：人力资源部。

8. 消防知识培训

培训时间：每半年一次。

培训对象：部门员工。

培训内容：基本消防知识和酒店内的安全保卫知识。

培训者：保安主管。

9. 部门知识和技能培训

培训时间：每个月部门领导制订培训计划。

培训对象：部门员工。

培训内容：根据实际需要和领导要求制定培训内容。

培训者：部门领导。

培训计划由人力资源部制订，由人力资源部和一线部门共同完成，月末制订下月培训计划，报领导批示。

4.2 培训的内容与方法

酒店员工培训就是要酒店员工树立宾客至上、为酒店经营管理服务的理念。在培训内容的确定上要注重学用相结合，适当的培训方法可以激发员工的学习热情和工作动力，使其记忆深刻，从而取得良好的培训效果。

4.2.1 培训内容的确定

酒店在实施培训时，对于不同的阶段、不同的培训对象、不同的专题项目，需要进行具体的界定。总的来说，培训的内容主要包括以下几个方面。

1. 职业意识培训

酒店业是一个劳动密集型的服务性行业，酒店服务在酒店业中占有举足轻重的地位。在市场经济社会，酒店服务意识是服务工作的灵魂，是服务质量的关键，是员工素质的标志。因此，在酒店业中应特别重视和培养员工的职业服务意识。职业意识是指能自觉、主动地、发自内心地为他人和社会提供有经济价值的劳动，包括服务意识、质量意识、制度意识和团队意识。职业服务意识的培养有助于服务人员清楚什么是优质的服务，明确自己的职责，最大限度地发挥自己的创造力，努力为顾客提供周到满意的服务。

在酒店服务性工作中，会遇到各种各样的突发事件，员工的职业素养直接影响其解决问题的方向和角度，学会冷静对待、克服急躁情绪，多积累经验，勤勤恳恳工作，做到"干一行，爱一行，精一行"。

2. 职业知识培训

作为酒店员工要了解多方面的文化知识和专业领域知识，是做好服务管理工作的保障，也是员工培训的重要内容。基础文化知识涉及经济、地理、交通、历史、文化、法律、旅游景区、休闲购物等知识；专业知识包括酒店概况、酒店经营特色、礼貌礼节、服务程序与标准、岗位职责、规章制度、食品卫生、酒水知识、安全知识等。对员工系列知识的培训，不仅有助于员工做好本职工作，而且有利于提高员工素质与服务质量水平。

3. 职业技能培训

酒店根据职业岗位的工作要求，明确各岗位的专业技能，包括餐饮六大服务技能、客房卫生清扫技能、大堂助理处理宾客关系技能、安全部消防灭火技能、工程部设备设施安装技能等，操作技能培训要按照一定的规范、标准、程序进行训练，紧密结合本岗位工作进行。

同时，酒店也可开展部门之间的交叉培训，为培养一专多能的复合型人才做好准备。

第4章 酒店培训与激励

4. 职业技巧培训

为了增强员工的意志力、自信心，酒店还应向员工提供职业服务技巧培训，培养员工如何观察客人、如何拉近与客人之间的关系、如何提供微笑服务，即看的技巧、听的技巧、笑的技巧。这样才能使员工工作更加得心应手、心态得到调整、意志品质得到提升、潜能得到开发，从而提升了员工的主动服务意识，增强其抗挫折能力和自控能力。

应用案例

迪士尼非常注重员工的满意度。迪士尼大学门口有一块很醒目的、嵌着闪亮星星的牌子，上面写着"Welcome to Disney University——Where you are the star"（欢迎来到迪士尼世界，在这里你就是那颗闪烁的星星）。老师授课时也非常注重员工的参与度，并且注重学习的游戏性。这些细节保证了员工拥有快乐的心情，并且最终将这种快乐带给游客。迪士尼的培训主要分三阶段。

第一阶段的 Tradition 是在迪士尼大学完成的。迪士尼的培训课程丰富多彩，涵盖各种语言培训、个人职业发展、Merchantainment(购物＋娱乐，一种标准的体验经济营销方式)等。迪士尼大学还训练员工观察每一位顾客，以便根据不同顾客对欢乐的不同感受，主动提供相应的服务。当课程结束时，老师对员工说："你们即将走上舞台，记住神奇的迪士尼，创造并分享神奇的一刻，每天的迪士尼都不同一般，不一样的天气，不一样的观众，但迪士尼的服务及演艺水准始终是一样的。"

有一个小细节也许能够说明 Tradition 这个阶段的重要性。在迪士尼，员工在公园里经常被小朋友问这样的问题："公园里有几只米老鼠？"问问题的小朋友也许在早上刚进公园时遇到了米老鼠，就和米老鼠合影了；中午这位小朋友到了公园的另外一个区用餐时又遇到了一只米老鼠；也许还会在另外一处遇到另外一只。我们的答案是什么呢？3只，或者更多？正确的答案是："一只米老鼠，他跑到这吃奶酪来了。"这是一句"真实的谎言"。在所有的小朋友心目中，米老鼠只有一只，那是他们心中的英雄、偶像，而这个偶像只有一个。如果我们给小朋友的答案是2只，或者说3只，那他会认为他见到的米老鼠一定有一只或者全都是假的。如果是这样，他的迪士尼之旅会是很失望的，我们为此所做的各种表演、道具、环境、气氛营造等努力都将付之东流。

第二阶段是 Discovery Day(探索迪士尼)的培训。这一部分的重点是让员工通过实地考察熟悉迪士尼的文化，到各个公园实地考察，参与各项娱乐活动。

第三阶段是 On-work Training(在岗培训)。这是员工的 Show Time。当然，不是叫员工上台唱歌跳舞，这只是迪士尼的形象说法而已。在岗培训从入职开始就未曾间断过，这些培训包括：技能培训、紧急事变应付、如遇到炸弹恐吓、Y2K 的应变、游客满意服务(GSM)等。

4.2.2 培训方法的选择

常见的培训方法如下。

1. 讲授法

讲授法是一种传统的培训方法，也是最常见的一种培训方法。通过培训师向培训员工授课，以达到培训目的的培训方法。

这种方法的优点是运用方便，适用于培训规模比较大的培训，经济高效；容易掌握和控制学习的进度；有利于被培训员工系统地接受知识。其缺点是由于主要是单向性的信息传递，缺乏培训师与员工之间的交流和反馈；学过的知识不易被巩固，故常被运用于一些理论性知识的培训。

2. 案例法

案例法指通过为参加培训的培训员工提供一个酒店案例的书面描述，然后让其在分析案例的基础上提出解决问题的建议并相互交流的培训方法。案例法是由美国哈佛管理学院所推出的，目前广泛应用于企业管理人员(特别是中层管理人员)的培训，其目的是训练他们具有良好的决策能力，帮助他们学习如何在紧急状况下处理各类事件。

这种方法的优点是培训员工参与性强，变培训员工被动接受为主动参与；将培训员工解决问题能力的提高融入知识传授中，有利于使培训员工参与酒店实际问题的解决；容易使培训员工养成积极参与和向他人学习的习惯；教学方式生动具体，直观易学。其缺点在于案例的准备时间较长，案例的选择要经过反复推敲，具有典型性，且对培训师和培训员工的要求都比较高。

3. 讨论法

讨论法是对某一专题进行深入讨论的一种培训方法。讨论前要建立明确的目标并做充分的准备，让每一位培训员工都了解培训的目标；控制好讨论会的气氛，使培训员工对讨论的问题发生内在的兴趣，并启发他们积极思考。据研究，这种方法对提高培训员工的责任感，改变工作态度特别有效。

这种方法的优点是强调培训员工的积极参与，主动提出问题，积极思考，激发了学习兴趣；讨论过程中，培训师与员工之间，培训员工与培训员工之间的信息可以多向传递，有利于培训员工发现自己的不足，开阔思路。其缺点在于讨论题目的选择是否恰当，将直接影响培训的效果；不利于员工系统地掌握知识和技能。

4. 角色扮演法

角色扮演法是指让培训参加者在一个模拟的工作环境中分别扮演不同角色，通过角色演练，使其他培训员工看到事态发展多种可能的倾向，从而提高处理各种问题的能力。这种方法比较适用于训练仪表仪态和言谈举止等人际关系技能，如电话应对、销售技巧、突发事件处理等基本技能。角色扮演法与讲授法、讨论法结合使用，会产生更好的效果。

这种方法的优点是培训员工参与性强，培训师与员工之间的互动交流充分，可以提高员工培训的积极性；通过扮演和观察其他培训员工的扮演行为，可以学习各种交流技能；特定的模拟环境和主题有利于增强培训的效果；通过培训指导，可以及时认识自身不足并进行改正。其缺点在于扮演中的问题分析仅限于个人，不具有普遍性；容易影响培训员工的态度而不易影响其行为。

5. 高效辅导法

这种方法是由一位有经验的技术能手或直接主管人员在工作岗位上对培训员工进行培训。辅导者教给培训员工如何做，提出如何做好的建议，并对培训员工进行鼓励。使用这种方法时应注意以下几点。

(1) 积极聆听员工对问题的陈述不做任何评判，帮助员工客观地分析问题。

(2) 以解决问题为导向，高效辅导法就是在帮助员工探求事实真相，帮助员工找到解决问题的方法，并掌握相应技能和知识。

(3) 帮助员工树立信心，员工在遇到问题的瓶颈时，可能会产生挫败感或焦虑，因此辅导者的心理支持作用必不可少。

(4) 积极寻求反馈，员工的反馈信息也能帮助辅导者进行反思，从而提高自身的辅导技巧。

这种方法的优点是能在培训者与培训对象之间形成良好的关系，有助于工作的开展；一旦辅导者调动、提升、退休、辞职时，酒店还有不可或缺的后备力量。其缺点在于有些辅导者不愿意倾尽全力将其所能传授他人。

6. 视听培训法

利用现代化的视听技术设备对员工进行培训，如投影仪、录像机、电视机、电影播放器、计算机等多媒体工具，以增加培训效果，提高培训的趣味性和生动性。播放前要清楚地说明培训的目的，可以边看边讨论，以增加理解，讨论后培训师做重点总结。

这种方法的优点是运用了视觉和听觉的感知方式，直观鲜明，给人印象深刻；视听材料可反复使用，更好地适应了培训员工的个体差异和不同水平的要求。其缺点在于选择合适的视听教材不太容易，一般可作为培训的辅助手段。

7. 工作轮换法

这是一种在职培训的方法，通过有计划地让员工轮换担任不同工作，使其获得不同岗位的工作经验，一般多用于培养新进入酒店的年轻管理人员或有管理潜力的未来的管理人员。

这种方法的优点是工作轮换能识别培训对象的长处和弱点，从而更好地开发员工的所长；也能丰富培训对象的工作经历，增进对各部门工作的了解，对培训后完成跨部门合作性的工作打下基础。其缺点在于如果员工在每个轮换的工作岗位上停留时间较短，所学的知识和技能就不会太精通；它仅适合于一般直线管理人员，不适用于职能管理人员的培训。

4.2.3 培训效果的评估

1. 培训效果评估的含义

培训效果评估是根据组织目标和需求，运用科学的理论、方法和程序从培训项目中收集数据并分析，从而确定培训的价值和质量的过程。

培训效果评估的指标主要有以下几个方面。

(1) 认知成果,用于衡量培训员工从培训中学到了什么,可用笔试来衡量培训员工对培训项目中强调的原则、事实、技术、程序或过程的熟悉程度。

(2) 技能成果,它用来评估技能的获得与学习效果,技能在工作中的应用如何。

(3) 情感成果,它包含态度和动机在内的成果。

(4) 绩效成果,它用来决策酒店为培训计划所支付的培训费用。

(5) 投资回报,它是培训带来的资金收益与培训成本的比较。

 小贴士

培训效果评估的几个关键性问题

(1) 有没有发生变化。

(2) 这种变化是否由培训引起。由于培训员工培训前后的行为和态度变化,不仅仅取决于培训过程本身,还取决于组织环境的变化,培训期间个体的成长成熟、培训员工对培训的认知等多种因素的复合作用,因此,必须设法从诸多变异中区分出培训本身的影响。

(3) 这种变化与组织目标的实现是否有积极的关系。如果对这一问题不加以澄清,就无法了解培训重点是否和培训需要一致。

(4) 下一批培训员工完成同样的培训后,是否还能发生类似的变化。简单地说,就是培训的效果问题。用通俗的语言来讲,则是确定培训方案的推广应用价值——是仅仅局限于某个特殊群体,还是可以推而广之,可以应用到其他的群体和组织。

(5) 用什么标准(效标)评价培训是否有效。

(6) 用什么方法测量出培训员工培训前后行为和态度的变化。

(7) 需要通过什么样的实验设计来区分出培训产生的影响。

因此,培训评估是一个环环相扣的、极其复杂的系统过程。培训评估的核心内容是培训项目及其效果。

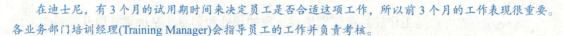
应用案例

在迪士尼,有3个月的试用期时间来决定员工是否合适这项工作,所以前3个月的工作表现很重要。各业务部门培训经理(Training Manager)会指导员工的工作并负责考核。

迪士尼有一个专门的部门被称为"战略信息及商业分析部门"(Strategic Information and Business Analysis Division)。该部门的工作人员通常被员工称为Secret Shopper(神秘游客)。他们会不定期对各个娱乐点、各个部门的员工进行明察暗访。他们通常会扮成一个普通客人,在和你接触的过程中,询问员工必须掌握的专业知识,观察员工在岗位上的表现是否符合工作流程,查看员工对工作环境的维护,记录员工对客人、对小孩的态度等。在之后的一周内,被"盯"上的员工所在的部门负责人和员工本人会收到这份评估报告。这个调查不是针对某一个人,任何一个人都有可能被当作调查对象。也许你运气好,那天不上班,这样你的同事就会被调查,在一年里你也许会被"盯"上好几回。工作有时也像打比赛一样,自己表现不佳,或者不在状态时,会给自己带来麻烦,所以在迪士尼工作,主客观上都是要积极和努力向上的。

2. 培训评估的分类

(1) 按照评估进行的时间划分，培训评估分为即时评估、中期评估和长期评估。即时评估可用来判断培训刚结束时知识、技能和行为的改变，如"技能提高了吗？""理解要求了吗？"中期评估用来判断培训中所学知识、技能和行为在工作中是否已得到改变和应用。长期评估是评估培训对员工与组织的长期影响，通常比较困难，如"员工通过培训对组织确实做出了贡献了吗？""培训带来的变化有哪些？"

(2) 按照评估方式划分，培训评估分为正式评估和非正式评估。

正式评估通常具有详细的评估方案、测度工具和评判标准。其优点在于在数据和实施的基础上做出判断，使评估的结论更有说服力，更易将评估结论用书面形式表现出来，如记录和报告等，并与最初的计划比较核对。

非正式评估是主观性的，它往往根据"觉得怎样"进行评判，而不是用事实和数字加以证明。其优点则在于可以更真实准确地反映出培训对象的态度变化，不会给培训对象造成太大的压力；其方便易行，不需要耗费太多的时间和资源。

(3) 按照评估的划分，培训评估分为建设性评估和总结性评估。

建设性评估是一种非正式的主观的评估。它不以是否保留培训项目为目的，而是以改进培训项目为目的的评估。可以帮助培训员工明白自己的进步，从而使其产生某种满足感和成就感，这些感受将在培训对象接下来的工作学习中，发挥巨大的激励作用。

总结性评估是正式的、客观的和终结性的。是在培训结束时，对培训对象的学习效果和培训项目本身的有效性进行的评估，它只能用于决定培训项目的取舍和决定是否给培训对象某种资格。

柯克帕特里克四层次评估法，见表4-1。

表4-1 柯克帕特里克四层次评估法

评估级别	一级评估	二级评估	三级评估	四级评估
	反应层评估	学习层评估	行为层评估	结果层评估
评估目的	受训者满意度程度	知识、技能、态度、行为方式的转变	工作中行为的改进	受训者获得的经营业绩
主要内容	观察学员的反应	检查学员的学习成果	衡量培训前后的工作表现	衡量公司经营业绩的变化
重点评估内容	项目设计的针对性：学员认同培训方案及培训目标吗？培训内容的新颖性及实用性：学员喜欢培训课程吗？学员认为课程内容对自己有用吗	学习成果：学员在培训中学到了什么？	行为变化：培训后学员行为有无变化	学员培训对组织绩效的影响：组织是否因为学员的培训而经营得更好

续表

重点评估内容	教师授课：学员对教师授课的态度、内容、方式等有什么意见及要求 培训设施：学员对辅助教学的网络、计算机、多媒体等教学设施及运转情况满意	学习质量：培训前后，学员在知识及技能方面有多大程度的提高	知识应用：学员是否在工作中应用所学知识	
询问的问题	① 受训者是否喜欢该培训课程？ ② 课程对受训者是否有用？ ③ 对培训讲师及培训设施等有何意见？ ④ 课堂反应是否积极	① 受训者在培训项目中学到了什么？ ② 培训前后，受训者知识、理论、技能有多大程度的提高？	① 受训者在学习上是否有改善行为？ ② 受训者在工作中是否用到培训内容？	① 行为的改变对组织的影响是否积极？ ② 组织是否因为培训而经营得更好？
评估方法	问卷调查、访谈	笔试、论文、课题研究、实际操作、工作模拟	访谈、问卷调查、测试、绩效考核、观察	问卷调查、生产效率、准确率、事故率、士气
衡量方法	问卷、评估调查表填写、评估访谈	评估调查表填写、笔试、绩效考核、案例研究	由上级、同事、客户、下属进行绩效考核、测试、观察绩效记录	考察质量、事故、生产率、工作动力、市场扩展、客户关系维护
评估时间	培训中或培训结束时	培训结束时	培训后 3~6 个月	6 个月以上
评价人员	学员	学员和培训人员	学员、学员上下级、同事、客户	学员、学员上级

4.3 激励管理

酒店行业是员工流失率比较大的一个行业，一方面是因为其工作内容简单、机械、重复，部分工作缺乏恒常性，且要求标准高；另一方面是因为工作时间不固定，常有加班、调班、调休等情况，给员工的生活和心理带来了不安定因素。久而久之，被压抑、被命令、不理解的情绪使得员工由被动服从变为主动放弃。一个成功、优秀的酒店管理组织应该建立一个公平公正的激励体系，让员工找到家的感觉，有着为这个家越来越好而努力工作的劲头，靠酒店文化营造家的温馨，这样才能培养出有强大凝聚力和战斗力的优秀员工队伍。

4.3.1 激励的概念

简单来说，激励就是激发和鼓励的意思。在管理心理学中，其含义为调动人们积极性的过程，就是激发人的心理动机，使人的内在动力向着期望目标的方向前进的心理活动过程。

4.3.2 激励的特征

1. 目的性

任何激励行为都具有某种目的，这个目的可能是一个结果，也可能是一个过程，但必须是一个现实的、明确的目的。因此，从这个意义上讲，虽然一般来说激励是管理者的工作，但任何希望达到某种目的的人都可以将激励作为手段。

2. 导向性

激励是人们内心对某种需要的追求，但人不是孤立的，而是在特定的社会环境中生活的，这个环境对人的行动同样起着影响作用。

3. 主动性

激励是对人的需要或动机施加影响，从而强化、引导或改变人们的行为。激励活动正是对人的需要或动机施加影响，从而强化、引导或改变人们的行为。作为激励对象的人类行为都是由某种动机引起的，而人类有目的的行为的动机都是出于对某种需要的追求。

因此，从本质上说，激励所产生的人的行为是主动、自觉的行为，而不是被动、强迫的行为。

4. 持续性

激励是导向满足某些需要或动机的行为。它是一个由多种复杂的内在和外在因素交织起来持续作用和影响的复杂过程。未满足的需要是产生激励的起点，进而导致某种行为，行为的结果可能使需要得到满足，之后再产生对新的需要的追求。满足了一个需要还可能会引起满足更多需要的愿望，因此，激励是一个持续反复的过程。

因此，为了引导人的行动达到激励的目的，管理人员既可以在了解人的需要基础上，创造条件促进这些需要的满足，也可以采取措施改变其行动所处的环境。

4.3.3 激励的作用

美国学者弗朗西斯曾说过："你可以买到一个人的时间，你可以雇到一个人到指定的岗位工作，你可以买到按时或按日计算的操作技术，但你买不到创造性，你买不到全身心的投入，你不得不设法争取这些。"这正揭示了激励对一个企业的重要作用。

在现代酒店人力资源管理中，员工激励可以激发员工的自主性和潜在动力，增强员工的群体意识，提高对酒店的归属感和集体荣誉感，从而为提高整个酒店的经济效益，实现酒店的整体经营目标而努力工作。

1. 实现酒店目标的需要

酒店的目标靠员工的行为来实现，而员工的行为要靠积极性来推动。人的积极性是实现酒店目标影响因素中最为关键的因素。如何激励员工，调动积极性，就要学会运用恰当的方法和技巧。

任何酒店员工在实现酒店目标的过程中，都需要酒店向他提供必要的工作条件，当缺乏某些工作条件时，其工作情绪就会受到很大的影响。

如某酒店一名员工想要得到更多的报酬，他可以更加努力地工作，也可以考虑保持现状而业余再做一份工作，甚至可以跳槽到另一家收入更高的酒店。他也有可能会违反酒店的纪律，以不正当的手段谋取更高的收入。这时，管理人员可以通过沟通以及采用相应的激励措施来避免其不良动机，从而将其动机引导到对酒店目标有利的行为上来。

2. 工作绩效提升的需要

工作绩效的高低通常取决于两个因素：第一是能不能，即胜任还是不胜任，是否具有承担工作的能力；第二是干不干，即是否愿意从事某项工作，并努力而有干劲。相关研究发现，受到充分激励的员工在一般岗位上，其潜能可以发挥其实际工作能力的80%，而缺乏积极激励的员工仅能发挥其实际工作能力的 20%~30%。古今中外的思想家、政治家、军事家、管理学家都十分重视激发人的积极性，它可以激发员工的创造性和进取心，提高员工努力的程度，从而为企业带来更好的效益。

3. 培养优秀人才的需要

培养优秀的员工队伍不仅可以通过培训的方法来实现，也可运用激励的方法来达到。准确而适度的激励，会大大增加下属的工作热情，开发员工的潜在能力，增强工作敬业精神，提高团队协作效率。科学的激励制度包含一种竞争精神，它的运行能够创造出一种良性的竞争环境，对优秀的员工给予表扬，可以通过丰厚的福利待遇、各种优惠政策、快捷的晋升途径来体现。这些措施有助于企业内部形成良好的风气，鼓励员工提高自身素养，从而为酒店培养一批高素质、业务能力强的优秀员工队伍。

应用案例

一家寻求新发展的国营酒店，打破常规从人力市场上聘请了一位经理。该经理工作兢兢业业，酒店也付给其高薪和高福利。拿住宿条件来说，虽然也是员工宿舍，但是酒店想方设法空出一间单独的宿舍并配好简单家具，以保证该经理的休息，该经理也很满意。但是有一天总经理的师傅来了(该总经理是厨师出身)，在该经理不知情的前提下，就安排其师傅住进该经理的宿舍，并且还认为这是对该经理的信任和赏识。但是该经理下班后，进入宿舍先是吓了一跳，然后异常生气，认为酒店不懂得尊重员工，侵犯了他的隐私权，就在酒店还在笑话该经理小题大做之时，该经理已经愤然辞职。本是双赢的局面，就因为这样一件"看似小事"的事件化为乌有。这也带给人们启示：高管人员应该先学会如何尊重人才，才能留住人才，从而提升管理水平。

4.3.4 激励方法的选择

激励是对员工需求的满足。员工的需求是多种多样的，那么激励的途径也是多种多样的，主要包括正激励和反激励两种。

1. 正激励

正激励是采用表扬、奖励、升迁以及信任等积极手段,去奖励和鼓励员工的工作热情。它通过满足员工的物质、社交、自尊、自我发展和自我实现的需要,调动员工的工作积极性。其激励强度大,维持时间长,主要包括几个方面。

1) 物质激励

经济学家和绝大多数管理者认为金钱奖励应放在高于其他物质奖励的地位。而行为科学家则倾向于把金钱放在次要地位。不论哪一种观点更有效,都告诉我们金钱能够成为和应该成为一种激励因素。

物质激励主要包括工资奖金和公共各种福利。它不仅可以满足员工的基本需要,员工收入及生活水平的提高,也影响着其在社会的地位、社会交往等其他需要的满足。薪资结构的合理设计,可以更好地调动员工的积极性,福利制度的完善可以鼓励员工多为企业做贡献。有些酒店在缴纳员工的正常养老保险、失业保险、医疗保险、公积金外,还增加了生育保险、工伤保险、国内外旅游计划、生日聚会等,这些福利都增强了员工的工作动力,企业内部形成了良好的竞争环境,吸引了大量优秀人才的加入。随着企业产权结构的变化,股权激励成了一种新型的激励方式,让员工获得股权,参与企业决策,分享利润,承担风险,把员工的利益与企业的利益紧密地联系在一起。

管理新思考

金钱的激励

对于不同的人,金钱的重要性不同。金钱,对那些抚养一个家庭的人来说要比那些已经"功成名就"的、在金钱的需要方面已不再是那么迫切的人,其重要性要大得多。金钱是获得最低生活标准的主要手段,虽然这种最低标准随着人们日益富裕而有提高的趋势。例如,一个人过去曾满足于一所小住房和一辆廉价汽车,可能现在却要有一所又大又舒服的房子和一辆豪华轿车才能使他得到同样的满意。即使在这些方面,也还不能一概而论。对于某些人来说,金钱总是极端重要的,而对另外一些人可能从来就不那么看重。

在大多数工商业和其他企事业中,金钱实际上是用来为保持一个组织机构配备足够人员的手段,而并不作为主要的激励因素,这是十分正确的。各种企业在他们的行业和地区范围内使工资和奖金具有竞争性,以便吸引和留住他们的员工。

金钱作为一种激励因素,往往十分注意确保企业各类管理层的管理人员在相应的级别上得到相同的或大体相同的薪酬,这样做的好处是大家可参照职位相当的人的收入来评价自己的薪酬。

2) 目标激励

目标激励是利用一定目标对动机的刺激作用,达到调动人的积极性的目的。一位哲学家曾说过:"目标和起点之间隔着坎坷和荆棘;理想与现实的矛盾只能用奋斗去统一;困难,会使弱者望而却步,却使强者更加斗志昂扬;远大目标不会像黄莺一样歌唱着向我们飞来,却要我们像雄鹰一样勇猛地向他飞去。只有不懈地奋斗，才可以飞到光辉的顶峰。"目标激励的优势主要表现在以下几个方面。

(1) 能使员工个人利益与企业组织目标相统一。
(2) 能使员工看到自己的价值和责任，一旦目标实现就会获得一种满足感。
(3) 有利于组织内部的意见沟通，减少达到目标的阻力。

在运用目标激励时，应该努力提高目标的价值，科学地设计目标，将总目标和阶段性目标有机地统一起来。

3) 情感激励

情感激励法被管理学家称为"爱的经济学"，无须投入资本，只要投入关心、爱护、同情、支持、信任、体贴、友情、鼓励等情感因素，就能获得汇报。感情因素对员工的工作积极性影响重大。管理者加强与员工的感情沟通，关心员工、尊重员工、与员工之间建立亲切平等的感情，让员工体会到管理者的关心、企业的温暖，从而激发员工责任感和爱企如家的精神。

尽管人的情感是一种复杂的心理活动，但是情感激励这种活动仍然可以通过语言、面部表情、眼神、动作表现出来。管理者与员工的谈话往往会带有浓厚的感情色彩，进而引起员工的心理反应，管理者要尊重对方，平易近人，以诚相待，能融洽上下级的关系，才能形成激励。

4) 模范激励

模范激励也称为典型示范，是指通过先进人物的优秀思想、良好行为与典型事迹来影响和改变个体或群体的行为和观念的一种激励方法。模范的力量是无穷的，因为人总是希望获得他人的认可，从而会自觉的模仿模范人物的行为，促成良好的思想品质与行为的习惯的养成。管理者的良好言行本身也是一种模范力量，其对员工的影响，也可以促进一个企业内部良好风气的形成。

管理新思考

老板用你的魅力吸引人才

现在的企业竞争是团队的竞争，也是人才的竞争。老板要想使自己的企业吸引更多的人才，实现企业的远大使命和目标，就必须做好以下几个方面的工作。

1. 企业的使命和愿景必须高远

企业的使命和愿景有多高、有多大，完全决定了企业未来的发展空间有多大，企业能做多大、走多远。高远的企业使命和愿景会吸引同样有远大志向和抱负的有志之士来加盟，和企业一起时间共理想。如果老板没有把企业的使命和愿景定得高远，有高远志向的人才就会因为企业没有远大志向而不能产生共鸣，也就丧失了加入的意愿。所谓栽下梧桐树，引得凤凰来，在这方面老板切不可保守、低调。

2. 企业所从事的产业必须要有足够的发展空间

当今中国经济发展迅猛，市场形势日新月异，产业格局变化非常快。企业老板也好，人才也好，都希望能找到一个发展前景广阔，能做大、做强、做长的产业。企业老板一旦选择了这样的产业，自然就会有英雄所见略同的人才来加盟。

3. 老板自身的胸怀和格局必须高大

老板自身的素质决定着企业的未来。人才在企业里是和老板自身的素质对企业内部人才是最直接的。很多企业人才的流失大多都是老板自身素质的问题，倒是一些问题处理不当。老板的胸怀越宽广、格局越高，容纳的人才也就会越多，企业的人力资源的竞争力也就会越强。

4. 企业的团队机制必须有吸引力

老板要想吸引更多的人才就必须建立有吸引力的团队机制。这种机制要有足够的竞争性和挑战性，能让真正的人才通过自身努力在企业里的职位和薪酬都能得到相应的提升，这种机制让真正的人才把企业当成自我实现的最佳场所，并能得到相匹配的荣誉和财富。

5) 参与激励

就是为了发掘员工的潜能，鼓励员工对企业成功做更多的努力而涉及的一种参与过程，其常见的形式有代表参与、策划设计参与、利润分享等。通过员工参与影响他们的决策和增加他们的自主性与对工作生活的控制，员工对组织会更忠诚，积极性会更高，工作效率会更好，对自己更满意。

6) 培训激励

现代酒店管理中，越来越多的企业把培训作为对员工的一项福利，对员工进行激励。通过培训不仅能提高员工实现目标的能力，而且为其承担更重要的任务和提升到高一级岗位创造了条件。

7) 荣誉激励

荣誉能体现一个人的社会存在的价值，同时也是一个人更高层次的一种需要。对一些工作表现突出，具有代表性的优秀员工，给予必要的荣誉，如"优秀员工""微笑大使""工作能手"等，都是很好的精神激励。一方面是对优秀员工尊重的需要，代表酒店对他的认可，激发更高的工作热情；另一方面也可以对其他员工起到鼓舞作用，培养群体的集体荣誉感和团队精神。

2. 反激励

现代的社会是一个快速发展的社会，有发展就会有竞争，只有在竞争中才会有进步，在实施正激励的同时，反激励自然也不可忽视。反激励就是用批评、惩罚、处分等行为控制的手段，使每个员工都能恪尽职守，从心理学上讲，就是使员工产生恐惧心理和危机意识。

反面激励只是一种手段而非目的，不能滥用。管理者在运用惩罚激励方式时，一定要客观具体，应该就事论事。既要注意恰如其分地利用批评、惩罚等手段，使员工产生一种内疚心理，并把消极因素转化为积极因素，又要注意在与下属的沟通、批评、协调方面，方式单一直接会给员工造成过大的心理压力，使危机感超过安全感，造成员工的逆反心理，出现不利于部门管理工作的行为。

以上只是激励的常见做法，在实际工作中，酒店的管理者应该针对酒店行业的特点，从实际出发综合运用不同方法，以求收到事半功倍的效果。

4.3.5 运用激励手段时注意事项

在运用激励方法进行员工激励时，还应该注意以下几点。

1. 根据员工的个性特征采用不同的激励手段

俗话说："你可以拉一头牛到河边，但无法强迫它低头喝水。"激励是研究一个人完成一项工作的内在心理意愿。内在的看不见的原动力，造成了外在的行为，就像大家都看到鸭子在水面上快速前进，却看不见它双脚在水面下拼命地拨动。

对员工分类很重要，因为不同的激励方式能够激励不同类型的员工。只有激励方法得当，才能收到预期效果。

1) 竞争型员工

竞争型的员工在激励竞赛中表现特别活跃。他们需要各种形式的定额，需要有办法记录成绩，而竞赛则是最有效的方式。要激励竞争型的员工最简单的办法就是把胜利的含义很清楚地告诉他。作为管理者都知道优秀的员工、销售人员他们本身已经具备强大的内在驱动力，这种驱动力可以引导，可以塑造，但却教不出来，因而可通过竞赛的形式，来激发他们的潜在动力。

2) 成就型员工

成就型的员工是理想的服务、销售人员，他们对标准要求严格。只要整个团队能取得成绩，他们不在乎归谁，是优秀的团队成员。激励成就型员工的方式一种是要确保他们不断地受到挑战；另一种是不去管他们，因为成就型员工会像管理者那样进行战略思考，制定目标并担负责任。

3) 自我欣赏型员工

自我欣赏型员工突出的特点是他们感到自己很重要，因此，激励这种类型员工的最简单方式是让他们如愿以偿，比如让他们带几个实习生来激励他们不断进取。当实习生达到了标准，也就证明了他们工作效果。

4) 服务型员工

服务型员工通常花很多时间接待顾客并与顾客联系，但是他们的个性决定他们的业绩不会很大，因而他们通常不受重视，激励这些默默无闻的员工的一个方式是公开宣传他们的事迹，在大会上进行表扬。

2. 正激励与反激励的综合运用

正、反激励都是必要而有效的，不仅会作用于当事人，而且会间接地影响周围其他人。通过树立正面的榜样和反面的例子，扶正祛邪，形成一种好风气，使整个群体和组织行为更积极、更富有生机。而反激励具有一定的消极作用，容易使员工产生挫折的心理和挫折的行为，应该慎用。因此，管理者在激励时应该把正激励与反激励巧妙地结合起来，坚持以正激励为主，反激励为辅的原则。

3. 适当控制期望值

一般来说，在岗位竞赛的动员阶段，应该提高广大员工的期望值，使大家都以积极的热烈响应竞赛。当工作中遇到困难和挫折，信心不足时，则应及时地加以鼓励，克服困难，使下降的期望值重新升高；当进入评比发奖阶段时，这时员工的期望值往往普遍偏高，及时对员工的期望心理疏导，使期望值降到比较接近实际的水平，否则会诱发一系列挫折心理和行为。

4. 注重奖励频率和奖励时机

奖励频率过高和过低，都会削弱激励效果，奖励时机又直接影响激励效果。奖励频率和奖励时机的选择要从实际出发。

(1) 对于比较简单、较易完成的任务，奖励频率宜高；对于十分复杂、难度较大的任务，奖励频率宜低。

(2) 对于目标任务明确，需长期方可见效的工作，奖励频率宜高；对于目标任务不明确，需长期方可完成的任务，奖励频率宜低。

(3) 在劳动条件和人事环境较差、工作满意度不高的企业，奖励频率宜高；在劳动条件和人事环境较好，工作满意度较高的企业，奖励频率宜低。

应用案例

麦当劳的员工激励

在麦当劳里，人们有一个普遍的信念：只要付出了努力，必有保障获得相应的地位和报酬。麦当劳的用人方法就是让打工者也相信他们能够得到相应的地位和报酬。

1. 公开化的职位与酬劳

一走进麦当劳餐厅后面的办公室，首先映入人们眼帘的是一张大布告板。布告板上方写着"新观念"3个大字。这个布告板经常成为计时工作人员的话题。布告板的左侧是"职位和工资"，写着餐厅所有的工作人员的姓名和职位。职位分为 A 级组长（ASW）、组长（SW）、接待员（STAR）、见习员（TN）等，还用英文字母的 A、B、C 代表计时工作人员的等级。在工资栏上，通常用的记载方法是以 C 级为基准。组长的工资是 C 级的 1.25 倍，A 级组长是 C 级的 1.5 倍，而且一年可以分得两次红利。这种把地位和工资公开化和透明化的做法能够让每个计时工作人员逐步体会到，上司和他们的同伴之间不可能有私下交易。大家的眼睛都是雪亮的。只要努力工作，必然可以获得相应的地位和报酬。

2. 不受限制的晋升

麦当劳的环境能够让每个服务员始终牢记公司理念。服务员一走进休息室，首先映入眼帘的是一块"观念交流园地"公告栏。上面记载着餐厅内所有的工作人员的姓名、职级。在"训练进度表"上还记载有每个服务员的进店日期以及他们所学习的教材和学习进度。此外，服务员的帽子颜色、制服形式、名牌的用途和形状、参加会议的名单、营业时分配的位置、安排工作时间的长短、计时卡摆放的位置，等等，都代表着服务在餐厅中的身份和地位，都让服务员时刻记住，在麦当劳这个世界里，只要你努力向上，在技术和服务能力上取得了进步，必定能够获得相当的满足和成就感。更为重要的是，在麦当劳工作的计时员工也有可能会当上经理。

3. "多头评价"制度

根据业绩提升职位和增加工薪是重要的刺激因素。尽管所有的餐厅都会这样做，但麦当劳的业绩考核制度是独特的。麦当劳餐厅每个月进行一次考核。考核表上分为质量、服务、清洁、劳务管理、训练、书面作业、自我管理、仪容等8项。每项均有一个评分。在表格的下端是意见栏，分为4项：对下属的影响力、对顾客和管理以及对店面的影响力、提案、总评估。麦当劳建立了独特的业绩评估制度，凡是在加薪或升级的时候，必须经过以下的程序：自我推荐、公开评价、预先设定目标、事后晤谈、定期评价。虽然业绩评价的实质性人物是餐厅的中心经理，但麦当劳实行的是"多头评价"制度，即作为管理组成员的计时经理和组长等都参加评价。

中心经理一般是在每月的25日填写考核表以前征求管理的意见。公布考核结果以后要进行个别谈话。这种做法使服务人员感到自己受到了关心，因而增强了工作的热情，愿意为获得下一次更佳的评价而努力，这本身就是在激励工作人员向下一个位置挑战。

本章小结

本章介绍了酒店员工培训的意义，不仅有利于酒店提高服务质量、员工自身发展和降低劳动力成本。在进行培训之前进行培训需求调研，主要有几种常见的需求分析方法，即员工培训需求调查表、工作难点困惑、投诉分析、小组讨论及举办员工生日会、联谊会等形式，与员工进行沟通交流。

制订培训计划是培训工作的核心任务，了解计划制订的影响因素和计划制订的程序直接影响培训效果。了解培训的内容，主要是了解职业意识培训、职业知识培训、职业技能培训、职业技巧培训，并掌握不同的培训方法，这些方法有讲授法、案例法、讨论法、角色扮演法、高效辅导法、视听培训法、工作轮换法。此外，还要了解培训效果评估的含义、指标及分类。

一个成功、优秀的酒店管理组织应该建立一个公平公正的激励体系，这样才能培养出有强大凝聚力和战斗力的优秀员工队伍。因此，要了解激励的含义、特征，理解激励的作用；实现酒店目标的需要，工作绩效提升的需要，培养优秀人才的需要。

酒店员工的需求是多种多样的，那么激励的途径也是多种多样的，主要有正激励和反激励两种。正激励的方法有物质激励、目标激励、情感激励、模范激励、参与激励、培训激励、荣誉激励；反激励就是用批评、惩罚、处分等行为控制的手段，使每个员工都能恪尽职守，从心理学上讲，就是使员工产生恐惧心理和危机意识。在运用激励方法进行员工激励时，还应掌握一些注意事项。

复习思考

一、关键术语

讲授法　　案例法　　角色扮演法　　工作轮换法　　培训效果评估　　激励

二、课上讨论

1. 酒店员工培训的意义是什么？
2. 如何制订培训计划？
3. 酒店员工培训的主要内容包括哪些方面？
4. 论述酒店员工培训的方法及其优、缺点？
5. 培训评估的种类包括哪些？
6. 激励的特征、作用是什么？
7. 如何进行激励方法的选择？
8. 运用激励方法的注意事项有哪些？

三、经验性练习

1. 实践内容

登录酒店官方网站，查阅相关资料，讨论并分析。

2. 实践课程学时

2学时。

3. 实践目的：通过网站搜集和分析资料，掌握相关知识技能。
4. 实践环节

第一步：以组为单位(两三人一组)，登录相关网站，查阅相关资料。

第二步：以组为单位，讨论。

5. 技能要求

(1) 能够熟练应用互联网查阅资料。

(2) 能够分析培训相关的案例。

(3) 能够通过案例学习，归纳应具备的技能。

四、实践体验

1. 选择一家熟悉的酒店，试将自己作为培训师，为这家酒店做一个完整的培训体系。
2. 设计一个如何挽留客人的激励方案。

五、案例分析题

沃尔玛对员工利益的关心有一套详细而具体的实施方案。公司将"员工是合伙人"这一概念具体化为3个互相补充的计划：利润分享计划、员工购股计划和损耗奖励计划。1971年，沃尔玛开始实施第一个计划，保证每个在沃尔玛公司工作了一年以上，以及每年至少工作1000个小时的员工都有资格分享公司利润。沃尔玛运用一个与利润增长相关的公式，把每个够格的员工的工资按一定百分比放入这个计划，员工离开公司时可以取走这个份额的现金或相应的股票。沃尔玛还让员工通过工资扣除的方式，以低于市值15%的价格购买股票，现在，沃尔玛已有80%以上的员工借助这两个计划拥有了沃尔玛公司

酒店人力资源管理

的股票。另外，沃尔玛还对有效控制损耗的分店进行奖励，使得沃尔玛的损耗率降至零售业平均水平的一半。

分析：
1. 沃尔玛运用了何种激励方式？
2. 沃尔玛的经验在酒店人力资源管理中有何启示？

第5章 酒店绩效考评

学习目标

知识目标	能力目标
(1) 了解绩效考评的概念	(1) 能够针对绩效管理的要求开展绩效考评工作
(2) 掌握考评指标确定的原则	(2) 能够选择恰当的方法并按照科学的程序进行员工绩效评估
(3) 了解考评指标的分类与内容	
(4) 理解绩效考评方法的正确选择	(3) 会根据绩效评估的结果与员工进行有效的反馈面谈
(5) 了解员工绩效考评的程序	
(6) 了解员工绩效考评结果分析的步骤	(4) 能评价酒店员工绩效考评的效果并加以效果
(7) 掌握考评结果反馈应遵循的原则	
(8) 熟悉绩效评估结果的正确运用	

开篇微型案例

是什么让员工辞职

某酒店在绩效考评中，普遍采用的是上级对下级审查式的考评，考评者作为下属员工的直接上司，其与员工的私人关系好坏、个人偏见或态度等非客观因素将在很大程度上影响考评的客观性，这样就造成了"领导说你行，你就行，不行也行；领导说你不行，你就不行，行也不行。"的局面，这样的考评者，从领导角度由一家之言是很难给出令人信服的考评建议的，结果造成上下级关系紧张，员工甚至是优秀的员工纷纷辞职。

案例评析： 作为考评者，不应仅仅是员工的上司，还应包括考评者的同事、下属、被考评者本人及客人等。要客观地、全面地评估一名员工，需要多方面的观察、判断，这样实施全面的综合考评，才能得出相对客观、全面精确的考评意见。单一的考评人员往往因为缺乏足够长的时间和足够多的机会充分了解员工行为，同时也可能缺乏正确的方法来对员工的表现做出全面科学的评估，所以导致考评结果失真，员工不满，纷纷离职，给酒店带来了重大损失。

案例思考： 酒店应如何进行有效的绩效考评，留住员工并提高绩效？

绩效考评是酒店人力资源管理不可缺少的工具，同时它也是现代人力资源管理的重点。考评的目的不仅仅是奖惩员工，同时改善员工的工作表现，提高员工的工作满意度和未来成就感，从而实现酒店的经营目标。

5.1 明确绩效考评的指标与方法

对于大中型酒店来说，要能够有效地进行考评，评估员工的绩效，不仅仅要掌握员工的工作表现、工作业绩，还必须为员工提供全面发展和充分展示自我的空间，以促进人力资源管理的顺利进行。因为对于服务行业来说，在员工为顾客提供服务和产品的过程中，会遇到各种突发情况。同时不仅要考评结果，而且要考评过程，考评收益增长，考评潜力增长，从而保证绩效考评的战略导向。

5.1.1 绩效考评的概念

绩效考评又称绩效评估。对于其定义，学术界主要有两种观点，一种是把绩效看作一种结果，即结果性绩效，往往可以用产出、目标、指标、任务等词表示；另一种则把绩效看作个体的过程性行为，即过程性绩效。过程性绩效较主观，评估结果较难衡量。

考评是考查和评估的总称。考评为评估提供了事实依据，只有基于客观考评基础上的评估才是公平合理的；考评的结果也只有通过评估才能得以进一步的运用。否则，为了考评而考评是无意义的。

因此，绩效考评是在员工工作一段时间或工作完成之后，对照工作说明书或绩效标准，采用科学的方法，检查和评定员工对职务所规定的职责履行程度以及员工个人的发展情况，对员工的工作过程和工作结果进行的评估，并将评定结果反馈给员工的过程。

酒店作为服务型行业，应采用工作过程和工作结果相结合的考评标准。有研究表明，现在绝大多数的行业和从业人员都不知道他们的工作是怎样被考评的。作为人力资源的管理人员，当你了解到你的下属员工也有这样的感受，那就应该先让他们熟悉一下考评的程序，并在每个新员工入职开始工作的时候，就告诉他们，我们企业将会怎样对他们的绩效进行考评。

绩效考评的程序如图 5.1 所示。

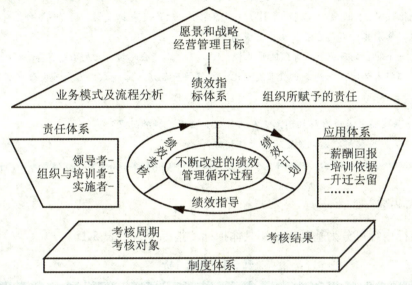

图 5.1　绩效考评的程序

5.1.2　绩效考评的指标分析

1. 指标确定的原则

为员工设置绩效考评指标时，要遵循如下原则。

(1) 绩效指标必须与旅游企业战略目标相符合，并能促进旅游企业财务业绩和运作效率。

(2) 绩效指标必须具有明确的业务计划及目标。

(3) 绩效指标必须能够影响被考评者，同时能测量和具有明确评估标准。

(4) 设置绩效指标时必须充分考虑其结果如何与个人收益挂钩。

2. 指标分类

按照指标层次分为宏观指标、中观指标和微观指标，或分为一级指标、二级指标和三级指标。指标层次不宜过多，一般分为两级。例如员工业绩是考评的一级指标，二级指标可细化为工作完成情况和工作态度等。

案例讨论

不明确的绩效指标

酒店经营状况好时,老板很高兴,说:"大家这么辛苦,给大家发点奖金吧,以资鼓励!"于是人力资源部制定发放政策报总经理批准,财务部据实发放。结果奖金发下来后,员工反而感到不开心了,工作表现好的、表现不好的都觉得不公平。于是,工作中有意无意出些差错,效率不升反而降,老板对工作结果越来越不满。酒店经营状况不好时,老板拉长脸问:"A 部门、B 部门,你们分别负责财务和销售,怎么收支不平衡呢?"A 部门说:"收入少,支出多,收支怎么能平衡啊?"B 部门说:"收入和去年差不多,今年市场竞争很残酷,再说我们部门今年员工士气高涨,上次您还表扬我们部门了啊!我们部门多辛苦啊,成天在外面跑,您看其他部门在酒店里多舒服啊!"

由此可见一个明显的现象,各部门暗暗比较,比工资、比办公环境、比加班情况等,明的比、暗的比,部门之间比、部门内部比,就是工作效果没人比,最终导致酒店人心涣散,人员流失效率居高不下。

【课堂讨论】
1. 酒店老板面临的是什么样的困惑呢?为什么会出现这样的结果?
2. 讨论一下,应如何有效地设置绩效考评指标?

3. 指标内容

按照指标内容可分为基础指标和具体指标。指标分析见表 5-1。

表 5-1 指标分析

基础指标			
德	能	勤	绩
思想素质、心理素质、职业道德等。如酒店服务员是否遵守酒店制定的规章制度,是否能坚守岗位、认真履行服务员角色应承担的职责,是否关心顾客、急他人之所急	一个人分析和解决问题的能力以及独立工作的能力,包括学识水平(知识水平、学历)、工作能力(特殊技术、管理能力)和身体能力(年龄和健康状况)	工作态度,包括事业心、出勤率、服务态度等。形式是指出勤率;内涵是指通过出勤率反映出的内在的事业心和工作态度等	工作绩效或实际贡献。员工的业绩主要用工作数量与质量来度量,如产量、消耗、合格率等硬指标来判断;管理者的绩效,运用多种指标进行综合分析,如人际关系改善、领导者威望提高等

具体指标是结合旅游企业具体岗位来确定具体职责。

5.1.3 绩效考评的方法选择

绩效考评方法多种多样,在使用选择时,应根据考评的具体目的,针对考评对象的工作性质和特点,优选适合的考评方法。常见的方法有:排序法、对偶比较法、强制分布法、图表尺度法、关键事件法、行为锚定等级评估法、目标管理法。

1. 排序法

排序法是一种较为常用的考评方法，按被考评人员每人绩效相对的优劣程度，通过比较，确定每人的相应等级或名次。它包括简单排序法和交替排序法。

1) 简单排序法

这种方法比较适合规模较小的组织，其方法简单、易操作、成本低，有利于区分绩效好和绩效差的员工。具体操作就是按照员工整体工作表现进行从好到差的分级排列，如按照出勤率、准备报告质量、出席会议记录等。

当被考评人数较多时，因分数差距不大，就很难区分每个员工的工作表现，易给被考评人员造成考评不公的印象，此时这种方法就不再适合了。

2) 交替排序法

这是一种较为高效地将成员之间进行排序的方法，其结果一目了然，排序法在短期内可以刺激一些员工努力工作。

具体操作是根据绩效考评标准和整体的工作表现，评选出绩效最优的和最差的，接下来从剩下的员工中挑选出次优和次差的，以此类推，将所有考评成员全部排序。

但因为这种方法是将员工之间进行比较，容易给员工造成心理压力，也会刺激员工积极或消极地监督挑剔他人的工作。

2. 对偶比较法

这是一种更为科学合理的绩效考评方法，多种因素综合考虑，它不仅仅全面反映一个员工工作表现的好坏，也能反映和其他员工相比工作情况完成得怎么样。其适用于不足10人的小规模考评，且工作绩效能够用数量来衡量的工作。当被考评人数增多时，因工作量较大，配对比较次数多，而不宜实行。

具体操作是将全体被考评员工，逐一进行配对比较排序，使得每一个考评要素下，每一个被考评者都和其他所有人进行了比较。计算每个员工的考评成绩，从而对员工的工作做出评估。对偶比较法考评表，见表5-2。

表5-2 对偶比较法考评表

对偶比较法对工作数量和工作质量的考评											
对"工作数量"所做的比较						对"工作质量"所做的比较					
对比对象	被考核员工姓名					对比对象	被考核员工的姓名				
	A	B	C	D	E		A	B	C	D	E
A		−	+	−	+	A		−	+	+	+
B	+		+	+	+	B	+		+	+	+
C	−	−		+	+	C	−	−		+	+
D	+	−	+		+	D	−	−	−		+
E	−	−	−	−		E	−	−	−	+	

3. 强制分布法

这种方法适用于相同职务人数较多的情况，能有效避免因考评人主观因素产生的考评误差，是在考评之前就已设定好绩效结果的比例，强制规定优秀员工与不合格员工的分布比例。强制分布法考评表，见表5-3

表5-3 强制分布法考评表

员工姓名：

考评因素	考评标准					考评结果
	优	良	中	可	差	优良中可差
工作知识	全部掌握	掌握大部分	掌握基本的	了解一些	了解很少	
工作质量	符合要求	很少出差错	一般符合	常不符合	很少符合	

主管签名：
日期：

4. 图表尺度法

这种方法是最普遍采用的一种方法，通过图表尺度填写打分的形式进行评定。

5. 关键事件法

这种方法是由美国弗拉赖根和贝勒斯两个学者共同创立的，是通过观察和书面记录员工的有关工作成败的关键性事件，对其关键行为和行为结果进行绩效程度考评的方法。这种考评方法可以应用在考评的全过程之中。

对每一事件的描述内容，包括如下几方面。

(1) 导致事件发生的原因和背景。
(2) 员工的特别有效或多余的行为。
(3) 关键行为的后果。
(4) 员工自己能否支配或控制上述后果。

具体操作是，管理者可以与被考评者进行一次面谈，询问一些问题，如"请问在过去的一年中，您在工作上所遇到比较重要的事件是怎样的？您认为解决这些事件的最为正确的行为是什么？最不恰当的行为是什么？您认为要解决这些事件应该具备哪些素质？"等，根据记录来分析并对其绩效水平进行考评。

关键事件判断测验测评结构模型如图5.2所示。

STAR法，是由4个英文单词的首字母表示的一种方法；由于STAR英文翻译后是星星的意思，所以又叫"星星法"。星星就像一个十字形，分成4个角，记录的一个事件也要从4个方面来写。

```
┌─────────────────────────────┐
│  管理价值观：客户导向         │
│            绩效导向           │
│  管理胜任力：组织协调能力     │
│            人际关系能力       │
│            管理决策能力       │
│            变革推进能力       │
│  思维胜任力：系统思考         │
│            创新思考           │
│            国际视野           │
└─────────────────────────────┘
```

图 5.2　关键事件判断测验测评结构模型

第一个 S 是 SITUATION——情境。这件事情发生时的情境是怎么样的？

第二个 T 是 TARGET——目标。他为什么要做这件事？

第三个 A 是 ACTION——行动。他当时采取什么行动？

第四个 R 是 RESULT——结果。他采取这个行动获得了什么结果？

连起这 4 个角就叫 STAR。

关键事件法在运用的时候，管理者将每一位被考评者在工作活动中所表现出来的非同寻常的好行为或非同寻常的不良行为(或事故)记录下来。要素记录表，见表 5-4。然后每 6 个月左右，大家坐在一起，根据所记录的关键事件来讨论工作绩效所反映出来的重点问题。

关键事件法通常可作为其他绩效考评方法的一种很好的补充，对于改进工作环境和提高员工操作效率等方面很有影响效应。

表 5-4　要事记录表

员工姓名：		
项目内容	时间	事件记录
遵从上级指导		
工作质量		
提出建议		
主管签名：		
日期：		

6. 行为锚定等级评估法

这是一种在图表尺度评估法与关键事件法的基础上，将其结合起来运用的评估方法。通过对被考评者的工作行为进行观察，用行为锚定评估的表格将各种水平的绩效加以量化，从而测定其绩效水平。

以酒店接待员岗位工作要求为例采用行为定位等级评估的方式测定。行为锚定等级评估表，见表 5-5。

表 5-5　行为锚定等级评估表

员工姓名：

项目	标准	得分	说明
① 岗前准备	1.0		
② 服务态度	2.5		
③ 工作程序	2.0		
④ 工作质量	2.0		
⑤ 工作效果	2.5		

主管签名：

日期：

7. 目标管理法

该种方法源于美国管理专家德鲁克，1954 年他在出版的《管理的实践》一书中，首先提出了"目标管理和自我控制"的主张，认为企业的目的和任务必须转化为目标。

目标管理是指由下级与上司共同决定具体的绩效目标，并且定期检查完成目标进展情况的一种管理方式。管理者通常很强调销售额、利润和成本这些能带来成果的结果指标。

因目标管理法的评估标准可直接反映员工的工作内容，结果易于观测，所以很少出现评估失误，也适合对员工提供建议，进行反馈和辅导。进行评定的过程也是员工共同参与的过程，因此，员工的工作积极性大为提高，增强了事业心和责任心。目标管理法评估表，见表 5-6。

表 5-6　目标管理法评估表

员工姓名：		考核时间段		考评主管	
考评目标	测后标准	目标实现状况		实现目标方法	
		目标要求	实现状况		
① 工作纪律	迟到次数	不迟到	仍然迟到一次	改变交通工具或提早上班出发时间	
② 团队精神	与同事争执次数	1 次	由 3 次减至不再发生	提高自我控制能力	
③ 服务质量	顾客赞扬次数	2 次	由 1 次增加到 3 次	提高服务意识	
……	……	……	……	……	

主管签名：

日期：

5.2　了解绩效考评的程序

要在酒店中成功开展绩效评估和反馈工作，必须做好考评的各个阶段的工作。

5.2.1　制订绩效计划

制订绩效计划是绩效考评工作的首要步骤，它直接影响考评工作的整体效果。

1. 确定参评人员

根据绩效考评的目的和要求，明确参与考评人员的范围。为了保证考评结果的公平公正，参评人员一般包括直接上级、所管辖下级、被考评者、同事、人事考评负责人。为了避免考评角度单一或个人主观因素导致结果不客观，考评人员应当了解被考评人员的职务要求、工作内容，以及职位考评标准和酒店的政策，熟知被考评人员的工作表现，做好与其有一定接触，了解其工作的特点，这直接关系到考评的客观公正性，从而保证考评工作客观公正地进行。

2. 明确考评时间

对员工进行考评是酒店人力资源管理的重要内容，考评虽然是人事部门的正常工作，但考评工作既不能太过频繁，又不能间隔时间太久，一般间隔半年或一年进行一次。如在完成一项重大的项目或任务之后，就可针对员工在这期间的表现进行一次考评。

定期实施绩效考评，建立系统的、完整的员工考评档案，依据考评结果进行奖惩，这对于提高酒店的管理水平、调动员工的工作积极性具有非常重大的意义。

3. 了解考评的工作要求

考评工作要做到考评内容与岗位要求相一致。如员工的主要工作职责和任务；判断完成绩效考评的标准；完成工作需要的权责；工作目标、任务的完成对部门的影响程度；员工实现绩效的目标等。

进行同一考评的条件和程序要始终保持一致，用以保证被考评的人员在相同的情况下参与考评，如考评的环境条件、考评的时间控制等。

5.2.2　实施绩效考评

绩效考评的实施是绩效考评管理活动的核心环节，是对员工在一定时期内的工作绩效进行的评估，是确定员工是否能达到预定的绩效标准的管理活动。主要包括以下几个方面。

(1) 考评前的各项组织准备工作，包括宣传工作、安排工作日程、明确考评人员、准备考评所需的工具材料。

(2) 绩效考评方法的选择。

(3) 绩效信息的收集整理与统计。
(4) 评估审核。

5.2.3 评估与反馈绩效考评结果

绩效考评结束后，人事部门应对考评结果进行评估，从各方面收集信息，以获取人们对考评工作在组织准备、实施过程、效果反馈等方面的意见和要求，为今后不断地改进考评工作创造条件。考评结果既可用于人事决策，也是对员工进行激励和培训的标准。

上级管理人员还应将绩效考评结果与员工进行沟通，使之明确绩效的不足和改进的方向及个人的特性和优点。不将考评结果反馈给被考评员工，考评就失去了它的重要激励、奖惩和培训的功能。结果反馈主要包括对员工个人素质、工作态度、服务质量、业务水平、和工作绩效的评定。会影响到员工在酒店工作中的地位、能力、人际关系、威信、薪资等问题，因而会带来较大的心理压力，掌握技巧和方法，以免挫伤员工的积极性。

绩效结果反馈给员工后，还要进行绩效改进和提高指导，它贯穿整个绩效管理过程。管理者帮助员工识别造成绩效不足的原因或改进提高的机会，帮助员工寻求解决方法，帮助员工提供相关知识技能，克服在工作中的障碍以提高绩效。

 小故事

猎狗的故事

一条猎狗将兔子赶出了窝，一直追赶它，追了很久竟然没有追上。猎人看到此情景，责怪地对猎狗说："你们两个之间个头小的反而跑得快得多。"猎狗回答说："你不知道我们两个跑的是完全不同的！我仅仅为了一顿饭而跑，它却是为了性命而跑呀！"

需求决定目标

猎人想了想："猎狗说的对啊，那我要想得到更多的猎物，得想个好法子。"于是，猎人又买来几条猎狗，凡是能够在打猎中捉到兔子的，就可以得到几根骨头，捉不到的就没有饭吃。这一招果然有用，猎狗们纷纷努力去追兔子，因为谁都不愿意看着别人有骨头吃，自己却没有吃的。

就这样过了一段时间，问题又出现了。大兔子非常难捉，小兔子比较好捉，但捉到大兔子得到的骨头和捉到小兔子得到的骨头差不多，有一些善于观察的猎狗们发现了这个问题，专门去捉小兔子。

慢慢地，大家都发现了这个窍门，都去捉小兔子了。猎人以为这些猎狗的技术不过关，于是专门针对它们进行了"如何快速捕捉大兔子"的专业训练。

经过训练之后，猎人发现猎狗捉的兔子仍然质量不高，就问猎狗们原因，猎狗们说："反正没有什么大的区别，为什么费那么大的劲去捉那些大兔子呢？"

管理哲理：激励引发动力。

猎人在猎狗中引进了竞争机制，这在一定时间内收到了效果。但是，随着时间的推移，骨头对猎狗们来说诱惑力越来越小。猎人经过思考后，决定不再将分骨头的数量与是否捉到兔子挂钩，而是采用每过一段时间就统计一次猎狗捉到的兔子的总重量，按照重量来考核猎狗。于是猎狗们捉到兔子的数量和重量都增加了。猎人很开心。

5.3 分析与运用绩效考评的结果

酒店人力资源绩效考评结果的分析是酒店考评结果分析人员通过对考评实施所获得的数据进行汇总分类，利用现代化的技术方法进行加工整理，得出考评结果的过程。它是酒店管理者和员工就结果进行反馈面谈的依据。考评结果管理包括：考评结果分析、考评结果反馈和考评结果运用。

5.3.1 考评结果分析

酒店人力资源部门可以根据不同的需要，进行不同的统计和分析。它有助于人力资源部门更科学地制定和实施各项人力资源管理政策，如招聘政策、选拔政策、培训政策等。具体步骤如下。

1. 汇总与分类考评数据

考评数据汇总与分类就是对不同考评人员对同一被考评人员的考评结果进行汇总，然后根据被考评者的特点，对考评结果汇总后进行分类。

2. 确定权重

权重就是加权系数。所谓加权就是强调某一考评指标在整体考评指标中所处的地位和重要程度，或者某一考评人员在所有考评人员中的地位和可信度，而赋予这一考评指标某一特征的过程。特征值一般用数字表示，称为加权系数。加权可以通过确定大小不同的权重，显示各类人员绩效的实际情况，提高考评的效度和信度。如一般情况下，同级考评结果要比管理者考评结果可信度高，管理者考评结果比下级考评的结果可信度高。

3. 计算考评结果

在获得大量考评数据统计和确定权重之后，可利用数理统计等方法计算出考评结果，通常采用求和、算术平均数等简单易行的数理统计方法。

4. 表述考评结果

考评结果还需要用一定方式表示出来，一般有以下 3 种方式。

(1) 数字表示法是考评结果最常见、最基本的形式，直接用考评结果的分值对被考评人员的绩效情况进行描述的方式。其优点是具有比较性，规格统一、数据最大的特点，并为实现计算机管理创造条件。其不足是数字不够直观，需与文字结合。

(2) 图线表示法是通过建立直角坐标系，利用已知数据，描述出图线来表示考评结果的方式。它具有简便、直观、形象、对比性强的特点，适用于人与人之间，群体与群体之间，个人与群体之间，个人或群体与评定标准之间的对比关系。

(3) 文字表示法是用文字描述的形式反映考评结果的方法。它建立在数字描述的基础上，具有较强的直观性，重点突出，内容集中，充分体现了定性与定量相结合的特点。

5.3.2 考评结果反馈

酒店人力资源绩效考评结果的反馈主要方式是面谈，考评结果反馈面谈是绩效考评结果管理的核心。有效的绩效反馈面谈不仅可以使考评人员与被考评人员就考评结果达成双方一致的看法，为下一步计划的制订打下良好的合作基础；还可以使员工认识到自己的成就与优势，激发工作积极性；也可以就员工有待改进的方面达成共识，促进员工工作方法的改进等。

由于组织内部岗位分工的不同和专业化程度的差异，在管理人员与员工之间存在着信息不对称的情形。为了不断提升员工关注的层级，努力实现组织内评估双方的信息均衡分布，在管理人员与员工之间进行反馈沟通应该是及时的、经常的，并应该遵循 SMART 原则。

1. S-specific

对于管理人员来说无论是赞扬还是批评，都应有具体、客观的结果或事实来支持，使员工明白哪些地方做得好，哪些地方还有差距。不着边际的泛泛而谈是面谈的最大忌讳，面谈要直接、具体，这样双方能抓住重点，以防其避重就轻。

2. M-motivate

面谈是一种双向的沟通，为了获得对方的真实想法，管理人员应当学会倾听，以便有机会思考解决问题的方法，同时还要鼓励员工多说话，充分表达自己的真实想法。

3. A-action

绩效反馈面谈中涉及的是工作绩效，是工作的一些事实表现，员工是怎么做的，采取了哪些行动与措施，效果如何，而不应讨论员工个人的性格，对其进行人身攻击。如销售经理与一名下属员工面谈本期销售业绩时说"你是全部门最差的销售员"，就不如换个角度进行表述"这次你的销售业绩可不理想啊，看看这些数据，你的排名是最后一位！"研究表明，对人的直面评判容易引起很强烈的反映。

4. R-reason

反馈面谈需要指出员工不足之处，但不需要批评，而应立足于帮助员工改进不足之处，指出绩效未达成的原因，帮助员工发展。管理人员如果能了解员工工作中的实际情形和困难，分析绩效未达成的原因，并给以辅助、建议，员工是能接受管理人员的意见甚至批评的。出于人的自卫心理，在反馈中面对批评，员工马上会做出抵抗反应，使得面谈无法深入下去。所以对于员工的优点要鼓励，对其不足要给予帮助，使其改正。

5. T-trust

没有信任，就没有交流，反馈面谈是管理人员与员工双方的沟通过程，沟通要想顺利进行，要想达到理解并达成共识，就必须营造一种彼此互相信任的氛围。缺乏信任的面谈会使双方都会感到紧张、烦躁，不敢放开说话，充满冷漠、敌意。管理者在建立彼此信任的环境中占有主导地位，如营造良好的面谈环境，把握好面谈时间，运用一些面谈的小技巧等。

管理人员在面谈中应把握以下技巧。

(1) 选择恰当的时间和地点。要避开上下班、开会等让人分心的时间段，与员工事先商讨双方都能接受的时间，远离办公室，选择安静、轻松的小会客厅，双方近距离而坐，给员工一种平等、轻松的感觉。

(2) 认真倾听。面谈中管理人员常犯的错误是自己在那儿喋喋不休，这样就会使面谈成为只有一个听众的演讲，而没有信息的交流。

调查表明，即使员工听了管理人员的谈话也最多只记了对方不足30%的内容，所以管理人员应尽量撇开自己的偏见，控制情绪，耐心地听取员工讲述并不时地概括或重复对方的谈话内容，鼓励员工继续讲下去，这样才能更全面地了解员工绩效的实际情况，帮助其分析原因，使面谈得以成功。

(3) 用语恰当。称赞员工多用"你们"、批评时用"我们"，这样的沟通方式很容易让人接受，如"你们九月份开发的项目，顾客非常感兴趣，董事会也注意到了""我们对产品的市场调查还不够，只做到了40%"。 为了员工更多地表达对绩效的看法，管理人员应多提一些开放性的问题，激起员工的兴趣，排除戒备心理，慢慢调动员工的主动性。

(4) 善于给员工下台阶。

应用案例

在面谈中，有时员工已经清楚自己做得不够好，在管理人员给出了具体的事例与记录后，却不好意思直接承认错误，作为管理人员就不要进一步追问，而应设法为对方挽留面子，可以这样说："我记得以前这一项你们做得相当好，这次可能大意了"，员工回答"是啊，是啊"。这样的做法，一方面为员工搭了个台阶，使其对管理人员心存感激，同时又引导员工承认自己的不足，使其改正，可谓一举两得。

(5) 以积极的方式结束面谈。面谈中不谈分歧，要肯定员工的工作付出，真诚希望对方工作绩效会有提高，并在随后的工作中抽空去鼓励员工，给予应有的关注。如果信任关系出现裂痕，或由于其他意外事情打断，应立即结束面谈。

应用案例

如果通过面谈顺利地实现了信息沟通，管理人员要尽量采取积极的、鼓舞人心的方式结束面谈，或紧握双手，或拍拍对方的肩膀，用亲切和蔼的语气表达"所有的问题都能解决，真令人高兴""辛苦了，好好干吧"。

5.3.3 考评结果运用

绩效评估是绩效管理循环中的一个重要环节，其最终目的都是通过对绩效评估结果的综合运用，来推动员工为企业创造更大的价值。绩效通常定义为员工通过努力所达成的对企业有价值的结果，或者员工所做出的有利于企业战略目标实现的行为。现代酒店对员工绩效考评的结果主要应用于以下几个方面。

1. 用于薪资决策

以个人绩效为导向的薪资计划，就是把对员工的绩效评估结果和其所获得的经济报酬紧密联系在一起，这是酒店在运用绩效评估结果时广泛采取的手段。这类计划的核心在于以员工个人的绩效评估结果为依据，来确定其在酒店的报酬收入。广义的绩效计划有很多类型，绩效奖金、绩效加薪是最常见的制度。

绩效奖金是酒店依据员工个人的绩效评估结果，确定奖金的发放标准并支付奖金的做法。绩效奖金的类型有很多种，计算方法通常也比较简单，常用的公式如下。

$$员工实际所得奖金 = 奖金总额 \times 奖金系数$$

奖金总额的确定没有一个统一的方法，对于销售人员可依据销售额或者销售利润来确定，对于行政支持人员可以基本工资为基数，确定一个浮动的绩效奖金额度。奖金系数则是由员工的绩效评估结果决定的。

绩效加薪是将基本薪酬的增加与员工所获得的评估等级联系在一起的绩效奖励计划。员工能否得到加薪以及加薪的比例高低通常取决于两个因素：第一个因素是员工的实际工资与市场工资的比较比率；第二个因素是他在绩效评估中所获得的评估等级。当然，在实际操作中，由于很难得到真实的市场工资数据，大部分酒店将员工现有的基本工资额作为加薪的基数。

应用案例

在某公司的绩效管理体系中，把员工的评估结果分为 S、A、B、C、D 5 个等级，相应的加薪比例为 10%、8%、5%、0%、−5%，假如基本工资为 2000 元，年终的评估等级为 S，则这个员工在下年度的基本工资就变成了 2200 元(获得了 200 元的加薪)。

绩效加薪和绩效奖金的不同之处在于，酒店支付给员工的绩效奖金不会自动累计到员工的基本工资之中，员工如果想再次获得同样的奖励，还必须像以前那样努力地工作。

绩效加薪可以激励员工为获得下一次加薪做持续努力，绩效奖金则体现了对员工的短期激励，这些绩效考评的结果为年终奖励的确定提供了很好的依据。

第 5 章　酒店绩效考评

2. 用于选拔晋升人才

除了把绩效评估结果和员工的薪酬待遇结合起来之外，利用绩效评估结果也可以促使员工的选拔与晋升。其核心在于使员工本人的素质和能力能够更好地与相应的工作相匹配。

选拔晋升人才常常是和绩效评估结果联系在一起的。酒店在对员工进行绩效评估时，不仅要评估他目前工作业绩的好坏，还要通过对员工能力的考察，进一步确认该员工未来的潜力。作为管理者还应明白，人与人之间所存在的绩效差异，除了他们自身的努力外，还和他们所处的工作系统本身有关系，这些工作系统包括同事关系、工作本身、顾客、所接受的管理和指导、所接受的监督以及外部环境条件等，这些要素在很大程度对员工的绩效都有很大的影响。对那些绩效非常好的员工，酒店可以通过晋升的方式给他们提供更大的舞台和机会，帮助他们获得更大的业绩。但选拔和晋升是一件谨慎的事，不宜通过一次考评结果就来做出决定，当该员工拥有连续的、稳定的绩效结果，才可以确定为晋升名单之列。

而对那些绩效不佳的员工，管理者应该认真分析其绩效不好的原因。如果是员工所具备的素质和能力与现有的工作任职资格不匹配，则可以考虑进行工作轮换；如果是员工个人不努力工作、消极怠工，就可以采取淘汰的方式。

3. 用于员工潜能开发

人力资源管理的核心就是人员的充分使用与管理。酒店人力资源绩效考评结果在面谈反馈给员工本人时，能够发现员工工作的优缺点及与酒店目标要求之间的差距，从而为及时调整员工个人发展计划与培训需要提供了依据。

除了可以通过绩效评估衡量员工的绩效业绩外，也可以利用绩效评估的信息来对员工能力进行开发。绩效评估系统必须能够向员工提供关于他们所存在的绩效问题以及可以被用来改善这些绩效问题的方法等方面的一些信息，包括使员工清楚地理解他们目前的绩效与期望绩效之间所存在的差异，帮助他们找到造成差异的原因以及制订改善绩效的行动计划。

对于能力不足的员工，可通过酒店有针对性的培训活动提高员工能力，开发其潜能。培训的一个主要出发点就是当员工的现有绩效评估结果和酒店对他们的期望绩效之间存在差距时，管理者就要考虑是否可以通过培训来改善员工的绩效水平，这就需要对绩效较差的员工进行分析，如果员工仅仅是缺乏完成工作所必需的能力和知识，那么就需要对他们进行培训。

分析绩效评估的结果不但能发现优秀人才，而且还能明确各人所长，各人所短，从而在人员使用中做到用人所长，避人之短，实现优化组合。

管理新思考

目前，我国许多企业接受并采用了国外流行的 360 度绩效考核方法。在 360 度绩效评估系统中，一个员工的行为或技能不仅要受到下属人员，而且还要受到其同事、顾客、上级、下级以及本人的评估。不过，国外的企业往往是将360度绩效考核用于员工培训与技能开发，而不是直接与薪酬挂钩。因此，这种概念的准确说法是360度绩效反馈，而不是360度绩效考核。360度绩效反馈系统的好处，是它从不同的角度来搜集关于绩效的信息，同时还可以使员工将自我评估与他人对自己的评估进行比较，帮助员工进行自我能力的评估。

本 章 小 结

本章介绍了绩效考评的概念，并对绩效考评的指标分析，明确了指标确定的原则、指标分类和指标内容。针对考评对象的工作性质和特点，介绍了优选适合的考评方法应如何选择，常见的方法有：排序法、对偶比较法、强制分布法、图表尺度法、关键事件法、行为锚定等级评估法、目标管理法。

要在酒店中成功开展绩效评估和反馈工作，还必须了解绩效考评工作程序，这样才能做好各个阶段的考评工作，包括制订绩效计划，即确定参评人员、明确考评时间、了解考评的工作要求；实施绩效考评；评估与反馈绩效结果。

考评结果管理包括：考评结果分析、考评结果反馈和考评结果运用。考评结果分析具体步骤如下：汇总与分类考评数据、确定权重、计算考评结果、表述考评结果。考评结果反馈应遵循SMART原则。管理人员在面谈中还应把握以下技巧：选择恰当的时间和地点、认真倾听、用语恰当、善于给员工下台阶、以积极的方式结束面谈。考评结果主要应用于薪资决策、选拔晋升人才、员工潜能开发。

员工绩效考评是酒店人事管理的一项重要任务，它贯穿于人力资源管理的全过程。定期对酒店员工的工作状况进行有序、公正、科学的考核评估，这对酒店人力资源的开发和利用，提高全体员工的素质，调动和发挥全体员工的积极性，有着重要的现实意义。

复 习 思 考

一、关键术语

绩效考评　　排序法　　关键事件法

二、课上讨论

1．确定绩效考评指标的原则有哪些？
2．论述绩效考评的方法及其优、缺点。
3．酒店员工绩效考评的程序是怎样的？
4．反馈面谈的技巧有哪些？

第5章 酒店绩效考评

三、经验性练习

1. 实践内容

登录酒店官方网站，查阅相关资料，讨论并分析。

2. 实践课程学时

2学时。

3. 实践目的

通过网站搜集和分析资料，掌握相关知识技能。

4. 实践环节

第一步：以组为单位(2~3人一组)，登录相关网站，查阅相关资料。

第二步：以组为单位，讨论。

5. 技能要求

(1) 能够熟练应用互联网查阅资料。

(2) 能够分析绩效评估相关的案例。

(3) 能够通过案例学习，归纳应具备的技能。

四、实践体验

1. 走访两家酒店，了解其绩效考评的做法，并进行小组讨论，做出评价结论。
2. 设计一段进入面谈主题之前的开场白。

 小提示

时间不宜过长，可以先谈谈工作以外的事情，如共同感兴趣的话题(球赛)、孩子学习、上下班交通问题等，拉近距离，消除紧张感。

五、案例分析

绩效考评的持续性

某酒店集团从前几年开始，一方面参加全国百家现代企业制度试点；另一方面着手从管理上进行突破。绩效考评工作是集团重点投入的一项工作。集团高层领导非常重视，人事部具体负责绩效考评的制度和实施。人事部在原有的考评制度基础上制定出了《中层干部考评办法》。考评的方式和程序通常包括被考评者填写述职报告、在本单位内召开全体职工大会进行述职、民意测评(范围涵盖全体职工)、向科级干部甚至全体职工征求意见(访谈)、考评小组进行汇总写出评估意见并征求主管副总的意见报公司总经理。

对中层干部的考核完成后，公司领导在年终总结会上进行说明，并将具体情况反馈给个人。尽管考核的方案中明确考评与人事的升迁、工资的升降等方面挂钩，但最后的结果总是不了了之，没有任何下文。

对于一般的员工的考评则由各部门的领导掌握。下属酒店的领导对于下属业务人员的

考评通常是从经营指标的完成情况来进行的；对于非业务人员的考评，无论是总公司还是子公司均由各部门的领导自由进行。

在第一年进行操作时，获得了比较大的成功。

进行到第二年，大家已经没有了第一次时的热情。第三年、第四年进行考评时，员工考虑前两年考评的结果出来后，业绩差的与业绩好的领导并没有任何区别，自己还得在他手下干活，领导来找他谈话，他也只能敷衍了事。被考评者认为年年都是那套考评方式，没有新意，只不过是领导布置的事情，不得不应付，从而失去积极性。

试分析：该酒店集团的绩效考评存在哪些不足，应该如何改进？

第6章 酒店薪酬管理与员工福利

>>>>> 学习目标

知识目标	能力目标
(1) 了解员工薪酬及福利的含义 (2) 了解员工对于薪酬的需求 (3) 了解薪酬调查重要性及依据 (4) 了解酒店业现行薪酬体系的特点 (5) 理解酒店薪酬设立的特殊性 (6) 掌握薪酬体系设立程序和技巧 (7) 掌握员工福利的类型 (8) 掌握薪酬福利预算及控制	(1) 能够为员工薪酬福利方案制定提供合理的市场调查依据 (2) 能够制定员工薪酬福利方案 (3) 能够制定合理的人力成本预算 (4) 能够通过对人力成本的合理控制,完成对员工的薪酬激励

开篇微型案例

该如何选择？

一个35岁的白领为在两个工作里面做选择而困惑。一个是年薪30万的制片总监，一个是年薪10万的市场策划。她喜欢后者的节奏与内容，却被前面的工资吸引。仔细算了一下她的工作时间：前者是每天加班，节假日无休，每天工作近15个小时，后者则是8小时规律的生活。这样算下来，两者的时薪差不多，只是那份"好工作"把三年的活放到一年来作罢了。

案例思考：工资的第一个秘密，年薪、月薪是相当有欺骗性的东西。真正起作用的是时薪——你一定要看看自己的单位时间是否更加值钱。

6.1 员工薪酬管理

薪酬管理作为酒店管理的一部分，对酒店的生存和发展起着举足轻重的作用。随着知识经济时代的来临和全球一体化的加速，酒店之间的竞争更多地表现为经营管理方面的人才之间的竞争，吸引、留住酒店所需的人才以及充分发挥现有人才的潜力成为现代酒店兴衰成败的关键。

6.1.1 薪酬管理的概念

西门子全球总部人事副总裁高斯说："我们西门子这么大的公司能凝聚在一起，它的凝聚力主要有两个原因，一是金钱，一是人力管理。"

对企业而言，薪酬是企业的运营成本，成本不能超出员工的创造价值，否则企业就会亏损；反之，一味地为追求企业利润最大化而无限度控制人力成本，会造成企业人员的流失和不稳定，造成企业更大的损失。企业如何进行薪酬管理，反映了决策者的价值观，如能长期积淀，还会形成特定的企业文化。

对于个人而言，薪酬是人们生活的基本来源，是维持个人正常生活水平的物质条件。同时薪酬高低在某种程度上也是个人能力的证明。

由此可见，薪酬管理不仅是企业得以吸引优秀劳动力和人才的首要因素，也是企业育人、激人、留人的成败。

所谓薪酬管理，是指一个组织针对所有员工所提供的服务来确定他们应当得到的报酬总额以及报酬结构和报酬形式的一个过程。在这个过程中，企业就薪酬水平、薪酬体系、薪酬结构、薪酬构成以及特殊员工群体的薪酬做出决策。同时，作为一种持续的组织过程，企业还要持续不断地制订薪酬计划，拟定薪酬预算，就薪酬管理问题与员工进行沟通，同时对薪酬系统的有效性做出评价而后不断予以完善。

薪酬管理对几乎任何一个组织来说都是一个比较棘手的问题，主要是因为企业的薪酬管理系统一般要同时达到公平性、有效性和合法性 3 大目标，企业经营对薪酬管理的要求越来越高，但就薪酬管理来讲，受到的限制因素却也越来越多，除了基本的企业经济承受能力、政府法律法规外，还涉及企业不同时期的战略、内部人才定位、外部人才市场，以及行业竞争者的薪酬策略等因素。

6.1.2 薪酬管理的特殊性

薪酬管理比起人力资源管理中的其他工作而言，有一定的特殊性，具体表现在以下 3 个方面。

1. 敏感性

薪酬管理是人力资源管理中最敏感的部分，因为它牵扯到公司每一位员工的切身利益。特别是在人们的生存质量还不是很高的情况下，薪酬直接影响他们的生活水平；另外，薪酬是员工在公司工作能力和水平的直接体现，员工往往通过薪酬水平来衡量自己在公司中的地位。所以薪酬问题对每一位员工都会很敏感。

2. 特权性

薪酬管理是员工参与最少的人力资源管理项目，它几乎是公司老板的一个特权。老板，包括企业管理者认为员工参与薪酬管理会使公司管理增加矛盾，并影响投资者的利益。所以，员工对于公司薪酬管理的过程几乎一无所知。

3. 特殊性

由于敏感性和特权性，所以每个公司的薪酬管理差别会很大。另外，由于薪酬管理本身就有很多不同的管理类型，如岗位工资型、技能工资型、资历工资型、绩效工资型，等等，所以，不同公司之间的薪酬管理几乎没有参考性。

6.1.3 薪酬管理的目标

(1) 吸引和留住组织需要的优秀员工；
(2) 鼓励员工积极提高工作所需要的技能和能力；
(3) 鼓励员工高效率地工作。

6.2 员工薪酬调查

由酒店自己做薪酬调查的效果难以保证外部公平，一般可到咨询企业购买市场薪酬调查报告。由于酒店行业之间的岗位职能大体相同或相似，市场调查结果可以起到参考作用，但要考虑所调查的酒店必须与自身级别相当。具体的酒店的薪酬设计，需要结合本酒店实际，包括酒店规模、盈利情况、员工层次等。

6.2.1 薪酬调查的意义

所谓薪酬调查，是指运用科学的方法，通过一定的调查途径，搜集所调查的企业的基本薪资、奖金、福利等基本信息经过加工汇总后进行科学分析处理的过程。

6.2.2 薪酬调查的目的与原则

(1) 确保外部公平，了解对手，便于竞争。
(2) 了解别的企业的薪酬管理做法，增强企业管理决策的针对性。
(3) 避免不恰当的薪酬开支，过多或过少。
(4) 对薪酬定期调整。
(5) 学习其他企业在薪酬管理、人力资源管理方面的先进经验。

6.2.3 薪酬调查的对象

(1) 与本企业规模相同的企业。
(2) 与本企业同一地区的企业。
(3) 与本企业薪酬结构相同或类似的企业。
(4) 与本企业处于同一行业的企业。
(5) 本企业的竞争对手。
(6) 行业中的标杆企业。

6.2.4 薪酬调查的渠道

(1) 网络媒体。
(2) 报纸广告。
(3) 同行交流。
(4) 行业权威数据发布。
(5) 内部调查问卷。

薪酬调查中数据最重要，数据来源及渠道首先要搜集公开资料，如国家及地区统计部门、劳动人事机构、工会等公开发布的资料，图书及档案馆中的年鉴等统计工具书，人才交流市场与组织，有关高校、研究机构及咨询中介、猎头公司数据；其次通过调查采访或发布问卷形式收集，但在我国很多企业不愿公开相关数据，所以这些手段很难奏效。另外，通过招聘新员工和前来应聘的人员，也能获得其他相关企业的薪酬信息。各企业发布的招聘广告和招聘信息，同样可作为薪酬调查信息的参考数据来源。

6.2.5 薪酬调查的内容

(1) 基本资料：公司名称、人数、组织结构、财务信息。
(2) 薪酬政策：薪酬哲学、薪酬预算、薪酬水平定位、薪酬调整频率。
(3) 职位内容：职位的工作内容、任职资格条件等。

我们可以根据薪酬调查的需要来设计薪酬调查问卷。企业薪酬福利调查问卷，见表6-1。

表6-1 企业薪酬福利调查问卷

1. 基本情况

企业名称	企业总人数	企业组织结构	企业年度营业额(单位：万元)
所属行业	国企、民营、外资	电话	通信地址
您的姓名	年龄	性别	本专业(领域)工作年限
您所在部门	职位	学历	社会职称

2. 担任职位情况

汇报上级		管理下属	
职责与工作任务		任职资格条件	
职责一		学历	
职责二		外语	
职责三		专业	
职责四		经验(行业经验、专业经验)	
职责五		知识	
		技能	
		其他	

3. 您的年薪为( )元

年薪的构成	占年薪的比例
基本工资	
奖金(季度、半年度、年度)	
现金津贴	
期权股票	

续表

法定福利	
企业补充福利	
其他	

4．目前的薪酬水平和您的付出成正比吗？

(1) 薪酬已经很高了	(2) 薪酬跟付出差不多	(3) 薪酬很低

5．非货币性收入占您年薪的百分比

50%	40%	30%	20%	10%	其他(请说明)

6．您企业提供的福利有哪些？

(1) 社会养老保险缴纳基数（　）	每月（　）元，企业承担（　），个人承担（　）
(2) 社会医疗保险缴纳基数（　）	每月（　）元，企业承担（　），个人承担（　）
(3) 社会失业保险缴纳基数（　）	每月（　）元，企业承担（　），个人承担（　）
(4) 住房公积金缴纳基数（　）	每月（　）元，企业承担（　），个人承担（　）
(5) 生育工伤保险缴纳基数（　）	每月（　）元，企业承担（　），个人承担（　）
(6) 其他	

7．您公司多长时间做一次薪资调整？

三年	两年	一年	半年	基本不做调薪	视情况而定

8．您认为贵企业的薪酬在同行业中属于何种水平？

高于同行业平均水平	基本持平	低于同行业基本水平

6.3　员工薪酬体系的设计与实施

　　酒店业作为以"人"为本的服务行业，面临着巨大的竞争压力与挑战，薪酬管理在酒店管理中的作用越来越重要。面对目前酒店行业薪酬制度中普遍存在的问题，设计出一种更合理的薪酬模式也至关重要。

6.3.1　薪酬设计的原则

　　1. 公平原则

　　公平是薪酬设计的基础，只有在员工认为薪酬设计是公平的前提下，才可能产生认同感和满意度，才可能产生薪酬的激励作用。公平原则是制定薪酬体系首要考虑的一个重要原则，因为这是一个心理原则，也是一个感受原则。员工对公平的感受通常包括5个方面的内容：第一是与外部其他类似企业(或类似岗位)比较所产生的感受；第二是员工对本企业薪酬体系分配机制和人才价值取向的感受；第三是将个人薪酬与公司其他类似职位(或类似工作量的人)的薪酬相比较所产生的感受；第四是对企业薪酬制度执行过程中的严格性、公正性和公开性所产生的感受；第五是对最终获得薪酬多少的感受。

2. 竞争原则

企业想要获得具有真正竞争力的优秀人才，必须要制定出一套对人才具有吸引力并在行业中具有竞争力的薪酬系统。如果企业制定的薪酬水平太低，那么在与其他企业的人才竞争中必然处于劣势，甚至本企业的优秀人才也会流失。在进行薪酬设计时，除了较高的薪酬水平和恰当的薪酬价值观外，企业应针对各类员工的自身特点制定灵活多元化的薪酬结构以增强对员工的吸引力。

3. 激励原则

对一般企业来说，通过薪酬系统来激励员工的责任心和工作的积极性是最常见和最常用的方法。一个科学合理的薪酬系统对员工的激励是最持久也是最根本的激励，因为科学合理的薪酬系统解决了人力资源所有问题中最根本的分配问题。简单的高薪并不能有效地激励员工，一个能让员工有效发挥自身能力和责任的机制、一个努力得越多回报就越多的机制、一个不努力就只有很少回报甚至没有回报的机制、一个按绩效分配而不是按"劳动"分配的机制，才能有效地激励员工，也只有建立在这种机制之上的薪酬系统，才能真正解决企业的激励问题。

4. 经济原则

经济原则在表面上与竞争原则和激励原则是相互对立和矛盾的。竞争原则和激励原则提倡较高的薪酬水平，而经济原则则提倡较低的薪酬水平，但实际上三者并不对立也不矛盾，而是统一的。当3项原则同时作用于企业的薪酬系统时，竞争原则和激励原则就受到经济原则的制约。这时，企业管理者所考虑的因素就不仅仅是薪酬系统的吸引力和激励性了，还会考虑企业承受能力的大小、利润的合理积累等问题。经济原则的另一方面是要合理配置劳动力资源，当劳动力资源数量过剩或配置过高，都会导致企业薪酬的浪费。只有企业劳动力资源的数量需求与数量配置保持一致，学历、技能等的要求与配置大体相当时，资源利用才具有经济性。

5. 合法原则

薪酬系统的合法性是必不可少的，合法是建立在遵守国家相关政策、法律法规和企业一系列管理制度基础之上的合法。如果企业的薪酬系统与现行的国家政策和法律法规、企

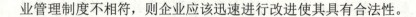

业管理制度不相符，则企业应该迅速进行改进使其具有合法性。

6. 补偿性原则

薪酬应保证员工收入能足以补偿其付出的费用，不仅应该包括补偿与员工恢复工作精力所必要的衣食住行费用，而且还应补偿员工为开展工作所必须投入的用于学习知识、技能等的费用。

7. 战略导向性原则

合理的薪酬制度有助于企业发展战略的实现。企业在进行薪酬设计时，必须从企业的战略的角度进行分析。要分析薪酬因素中哪些因素相对重要，哪些因素相对次要，并赋予这些因素相应的权重，从而确定岗位价值的大小。在此基础上进行薪酬制度设计，能较好地体现企业战略发展的要求。

薪酬系统设计的基本原则，见表6-2。

表 6-2　薪酬系统设计的基本原则

公平原则					竞争原则		激励原则			经济原则				合法原则		补偿原则		战略原则
外部公平	内部公平	个人公平	过程公平	结果公平	薪资结构多元	薪资水平领先	薪酬价值取向	个人能力激励	团队责任激励	企业业绩控制	薪酬总额积累	利润合理平衡	劳动价值平衡	法律法规	企业制度	生活必需	个人发展	利于企业发展

6.3.2　薪酬设计的方法与步骤

薪酬体系的设计是一项庞大的工程，是酒店全体参与的过程，也是与其他人力资源管理内容紧密联系的部分。通过薪酬体系设计，要保证酒店良好的管理运行环境，人力资源部门要与酒店高层沟通，获得支持；与中层沟通，获得配合；也要与员工沟通好，获得认同。薪酬管理体系方法与步骤如图6.1所示。

1. 制定付酬原则与策略

酒店薪酬设计是酒店企业文化内容的一部分，是以后各环节的前提，对各环节起着重要的指导作用。它包括对员工本性的认识，对员工总体价值的评价，对管理骨干和高级专门人才作用的估计等这类核心价值观，以及由此衍生的有关工资分配的政策与策略，如工资差距的大小、差距标准，工资、奖励与副理费用的分配比例。

第 6 章　酒店薪酬管理与员工福利

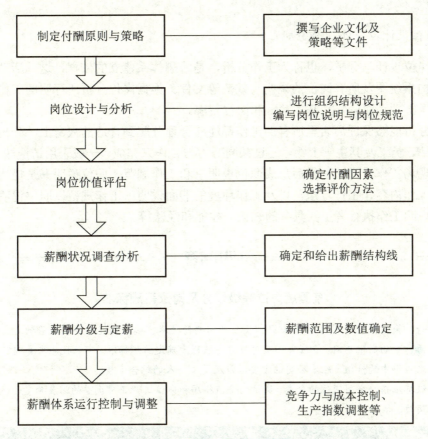

图 6.1　薪酬设计方法与步骤

应用案例

某酒店薪酬设计原则

按照集团公司有关要求，本店员工薪酬设计原则为"以岗定薪、同岗异级、拉开级差"，在同一个岗位评定不同级别，同岗不同级别的薪酬水平每一级有 5%左右的差距。鼓励低级别的员工通过努力学习和勤奋实践向高级别发展。同时，对不学习、不努力实践、绩效评定差的员工实行淘汰制。薪酬组成基本模式为：员工收入由基本工资、岗位工资、学历补贴、绩效工资组成。

薪酬设计依据以下几项原则。

(1) 打破传统的单一式薪酬模式，根据酒店各岗位设置和工作性质不同，实现不同岗位不同的薪酬核算办法。比如房务部实行计件工资，餐饮部实行计时工资，营销部实行业绩工资等。

(2) 改变陈旧的薪酬结构，薪酬分为两大部分，由固定工资和浮动工资构成。

(3) 体现"能者优薪"的价值导向，增设绩效工资，将薪酬分配和月度、全年经营状况直接挂钩。

(4) 实行技能工资。将个人工作能力及服务水平每月或每季度进行考核，实现能者夺得。

(5) 建立有效的绩效评估体系。薪酬方案的顺利实施必须要建立完善的绩效评估制度，把绩效的评估结果与薪酬分配联系起来，建立薪酬分配系统与绩效评估系统的积极互动机制。

2. 岗位设计与分析(工作分析)

酒店岗位设计与分析，也称为工作分析，是薪酬体系建立的依据，这一活动将产生酒店组织结构系统图及所有岗位的说明与规范等文件。根据岗位分析所标明的工作内容、责任大小、层级关系而确定其基本薪酬和岗位薪酬。

工作分析能够保证酒店里所有的工作都能够合理分配到合适的人身上，分析活动需要人力资源部、员工及其主管上级，通过共同努力与合作来完成。一般采用访谈法、问卷法、观察法和现场工作日志法，最后形成职位说明书和工作规范。职位说明书是描述工作这行这实际的工作内容、工作方法，以及工作环境的书面说明；工作规范以职位说明书的内容为给予，说明工作执行者主要具备的知识、技能和经验等。

应用案例

某酒店岗位等级划分及岗位薪酬标准

公司实行"岗位技能工资制"，也就是以岗位所需要的技术、知识和能力要求不同确定岗位等级，按员工在分工协作中的岗位不同、责任大小及对效益贡献程度确定薪酬标准。岗位技能工资确定的基本依据为，该岗位在市场中的价值、在本公司的重要性以及员工个人的综合素质。

岗位等级标准根据公司岗位的分类、岗位的价值排序和岗位工资正常调整的需要确定的，可分为管理岗位、技术岗位、其他岗位三类。

岗位等级	岗位人员
管理岗位	各部门经理、副经理、主管、领班
技术岗位	工程人员、设备操作员、网络管理员、设计人员、厨师、水电工、锅炉工、专职驾驶员、按摩师等需要技术资格证书或专业技术人员
其他岗位	其余人员

3. 岗位价值评估

这是保证内在公平的关键，要以必要的精确度、具体的金额来表示每一个岗位对本酒店的相对价值。这个价值反映了企业对该岗位占有者的要求。岗位评估方法有排序法、要素比较法和要素点值法。其中，最复杂的也是相对科学的是要素点值法。它是选取若干关键性的薪酬要素，并对每个要素的不同水平进行界定，同时给各个水平赋予一定的分值，这个分值也叫作"点值"或"点数"；然后按照这些关键的薪酬要素对职位进行评估，得到每个职位的总点数，以此决定职位的相对薪酬，保证组织内部薪酬的公平性。著名的HAY海氏因素点值评估体系认为，智能水平、解决问题的能力、职务所承担的责任是最主要的付酬因素，每个要素是用一个多维矩阵的形式表现出来。

需要指出的是，这些用来表示岗位相对价值的金额，并不就是该岗位占有者真正的薪酬额。

应用案例

某企业岗位评价要素及其权数、点数分配表

评价要素及比例 点数 要素等级	工作知识		工作能力		工作压力		工作环境
	基础知识	实务知识	思考力	沟通力	约束性	工作量	
	20%	25%	20%	15%	10%	5%	5%
1	20	25	20	15	10	5	5
2	40	50	40	30	30	15	15
3	60	75	60	45	50	25	25
4	80	100	80	60			
5	100	125	100	75			

注：岗位评价要素总点数为500点。

4．薪酬结构设计

经过岗位评价，无论采用何种方法，都可以讲酒店所有岗位的薪酬都按同一的贡献原则定薪，便保证了酒店薪酬体系的内在公平性。但找出了这种理论上的价值后，还必须据此能转换成实际的薪酬值，才具有实用价值，这就需要进行薪酬结构设计。所谓薪酬结构，是指企业的组织结构中各岗位的相对价值与对应的实际薪酬之间的关系。

5．薪酬状况调查分析

薪酬状况调查应该与前一步骤同时进行，甚至可以安排在考虑外在公平性而对薪酬结构进行调整之前。这项活动主要应研究两个问题：要调整些什么，怎样去收集数据。调查的内容首先是本地区、本行业，尤其是主要竞争对手的工资状况。参照同行或本地区其他酒店的工资水平来调整、制定本酒店对应岗位的工资，以保证企业薪酬体系的外在公平性。

6．薪酬分级与定薪

在岗位评价后，根据确定的薪酬结构，将各种类型的岗位薪酬归并成若干级别，形成一个薪酬等级(职级)体系。通过这一步骤，就可以确立企业每一岗位具体的薪酬范围。

1) 工资及其种类

所谓工资，即员工的薪资，是固定工作关系里的员工所得的薪酬，是雇主或者法定用人单位依据法律规定、或行业规定、或根据与员工之间的约定，以货币形式对员工的劳动所支付的报酬，是劳务报酬(劳酬)中的一种主要形式。

工资可以以时薪、月薪、年薪等不同形式计算。按照我国有关法律规定，由用人单位承担或者支付给员工的下列费用不属于工资：①社会保险费；②劳动保护费；③福利费；④解除劳动关系时支付的一次性补偿费；⑤计划生育费用；⑥其他不属于工资的费用。在政治经济学中，工资本质上是劳动力的价值或价格，工资是生产成本的重要部分。法定最少数额的工资叫最低工资，工资也有税前工资、税后工资、奖励工资等各种划分。酒店工资形式一般有以下几种。

(1) 计时工资。这是传统的工资制度，在酒店中普遍采用。根据劳动者在一定期间内付出劳动量的平均水平，确定劳动者劳动报酬的一种工资形式。它直接按照员工工作时间和他们的工资等级与工资标准计算工资额度，分为小时工资制、日工资制和月工资制。

(2) 计件工资。按劳动者单位时间内完成的合格产品数量或作业量所规定的计件单位来支付劳动报酬的一种工资形式。它属于激励效果报酬体制，酒店中销售人员的绩效工资一般采用此种方式。

(3) 协商工资。酒店一些特殊聘请岗位人员，在特定环境和条件下，双方可以协商确定工资。

目前大多数酒店采用国外的分数因素法确定岗位工资标准。具体做法为：将酒店员工分为若干类，各类人员分别规定若干评价因素，如学历、经验、熟练程度、独立工作能力、责任等。每个因素又可分为几个等级，各自定出一定的评分标准。这样，对每个岗位上的人员，都根据上述分类评分，把每人的各项得分相加得到他的总分数，再以此为依据确定工资级别。这样可以较为科学地测定每个岗位的劳动状况，以便合理地制定工资标准。一般而言，酒店员工的工资，根据个人表现、技术与业务熟练程度、当地物价水平变动因素逐年调整。调整的幅度由人力资源部根据酒店盈利情况制定方案，由董事会决定。外籍员工大多因其具有较高的管理经验或技术水平，对酒店的经营管理、服务质量起到相对重要作用，工资水平与本国工作人员有所不同，同时也参照国外工资标准。

2) 工资率

在一定时期内，员工平均工资的高低程度，也称为工资水平。员工工资率直接决定生活水平的高低。酒店工资管理的核心问题就是如何确定员工的工资水平，从社会范围和酒店内部环境，影响工资水平主要因素如下。

(1) 相关法律法规。我国关于工资水平的法律法规主要有劳动部〔1994〕489号《工资支付暂行规定》及〔1995〕226号《对工资支付暂行规定》有关问题的补充规定。此规定在2015年进行了修订。工资支付主要包括支付项目、支付水平工资支付形式、工资支付对象、工资支付时间以及特殊情况下的工资支付。工资必须在用人单位与劳动者约定的日期支付。如遇节假日或休息日，则应提前在最近的工作日支付。工资至少每月支付一次，实行周、日、小时工资制的，可按周、日、小时支付工资。

经劳动行政部门批准实行综合计算工时工作制的，其综合计算工作时间超过法定标准工作时间的部分，应视为延长工作时间，并应按本规定支付劳动者延长工作时间的工资。

实行不定时工时制度的劳动者，不执行上述规定。

这里需要特别指出的是，酒店属于服务性行业，劳动者工作时间无法全部参照标准工时制度，大部分采用综合计算工时制。根据劳动部《关于企业实行不定时工作制和综合计算工时工作制的审批办法》，对实行不定时工作制的大致范围做了规定：企业中高级管理人员、外勤人员、推销人员、部分值班人员和其他因工作无法按标准工作时间衡量的职工；……其他因生产特点、工作特殊需要或职责范围的关系，适合实行不定时工作制。

对于实行不定时工作制的职工在休息休假日执行任务，不执行加班加点的有关规定。但目前很多企业从保护和尊重劳动者的角度，对法定节假日加班的职工都给予一定的补贴。

《劳动法》规定：国家实行最低工资保障制度。最低工资具体标准由省、自治区、直辖市人民政府规定。用人单位支付劳动者的工资不得低于当地最低工资标准。

(2) 社会因素。社会平均生活费用对酒店工资水平影响很大。生活费用是指一个人维持自身和家庭劳动力再生产而发生的费用，由衣食住行、文化娱乐、教育等内容构成。酒店在确定工资水平时，应考虑当地的平均生活水平，使员工所取得的工资不低于必要的生活需要，并且能够随着物价指数的变动得到相应的调整，以利于稳定员工队伍，保证经营活动正常进行。

酒店所在地区和餐饮业的环境，对酒店内部的工资制定有一定的指导作用。因此，酒店工资应考虑当地业内的平均工资水平。

劳动力市场对工资水平也有一定影响。

(3) 酒店内部因素。酒店不同职务相对权力与责任不同，因而工资水平一定不同。同时，技术水平高、业务能力强的员工创造的价值大，对工资的期望值也高。因而，大部分酒店要求并鼓励员工通过考核领取相应的职业资格证，在工资上给予提高，有的酒店还对培训考核结果给予一定奖励性工资。

工资水平与酒店整体的经济效益有直接关系，因此人资部门应根据酒店具体经营收益情况和预算，有计划地控制人工费用，尤其注意控制高级管理者和外籍员工的工资费用。

3) 奖金

奖金，即支付给产量超过预定标准的雇员的现金报酬。在酒店薪酬体系中，工资是报酬的基本形式，奖金是辅助形式，尤其是淡、旺季明显差异的酒店，均在旺季时以奖金形式对工资进行补偿性发放。

奖金对员工的激励作用显而易见，是酒店管理者针对员工追求成就感，渴望得到社会和公众认可的心理的一种满足。对酒店而言，奖励不是目的，实行奖金政策，主要是为了激发被管理者的责任感和工作动力，减少流动率等。

但在具体实践中，管理者必须注意奖励的条件应该适当，不能太高或者太低。在操作中在制定奖励制度之前，可以先了解员工的愿望。奖励支队应当根据员工需求，有针对性地制定。再有，奖金的数量要足以产生激励作用，否则就会失去其意义和作用。

奖金有单项奖励、年度奖金、绩效奖金等。绩效资金主要针对酒店运营部门，如房务、餐饮、营销等部门，根据部门预算定期对部门经营状况进行评估，以是否完成或超出部门预算利润为依据，对部门及个人发放绩效奖金。

在发放奖金中要避免奖励不及时、奖金制度漏洞，管理者不能片面强调物质奖励。另外，精神激励、福利保障等也是非常重要的手段。

应用案例

某酒店薪酬分级与定薪实例

1. 高层管理人员的年薪制

薪酬结构为月度基本工资＋年度绩效奖金,其中基本工资为每月所发固定工资,绩效奖金根据酒店每年经济效益实现情况及各项其他考核指标而定,年终发放。

2. 中层管理人员薪酬设计

薪酬结构为月度基本工资＋月度绩效工资,绩效工资根据每月所领导部门的业绩情况而定。

3. 技术人员薪酬设计

原则:精通所聘岗位技术技能;一专多能,独当一面完成工作任务;与技能服务、效益挂钩。薪酬结构为:基本工资＋技能工资＋绩效工资。具体核算是专业技能＋工作质量(数量＋质量)。其中专业技能由相关技术人员考核,定期评定;技能分为初级、Ⅰ级、Ⅱ级、Ⅲ级四个等级,等级不同,技能工资不同。工作数量由部门经理严格根据维修人员的工作数量按月给予统计。工作质量由服务部门严格根据维修人员的维修效果、服务态度、节约意识等按月给予评定。绩效工资根据酒店整体经营状况计算。

酒店技术人员薪酬中,技术等级是重要指标。一般技术等级评定采用以下标准。初级:熟悉本岗位工作技能,能按基本要求完成所在岗位的工作任务。Ⅰ级:能独立承担所聘岗位的技术技能要求,熟悉设备的使用、维护、维修,确保正常运营,并能够协助承担其他专业方面的工作。Ⅱ级:精通所从事岗位业务,提高设备使用效益,延长设备使用寿命,节约费用经费。能独立承担一至多方面专业技术工作。Ⅲ级:在所从事的岗位业务精通,在所属行业中具有较高权威,高效节能,成绩显著。

4. 服务人员薪酬设计

(1) 餐饮部门服务员薪酬设计。原则:按服务技能、工作量和营业额计算,多劳多得,与经营效益挂钩。

工资结构:基本工资＋技能工资＋绩效工资

技能工资:部门每季度对员工进行一次技能考核,考核内容分为:理论考试、技能考试和日常工作表现等。技能工资等级为:一档;二档;三档。等级分配比例分别为30%、40%、30%。绩效工资:由人均营业额、当月工作量和当月经营额,核定当月绩效工资。

绩效工资＝当月营业收入总额/总工作量(总工时)确定。每月由餐厅组织领班以上管理人员对员工进行考评,对每位员工的工作量、出勤情况、工作表现等进行考评,根据考核分值计算每位员工效益工资。

(2) 客房服务岗位工资实施办法。原则:房务部工资按计件工资形式发放。

工资结构:基本工资 ＋计件工资

基本工资:根据岗位技能分为三个等级,技能工资的等级标准为:一档;二档;三档。所占比例分别为30%、40%、30%。

A 每季度对员工进行《员工手册》《质量检查制度》《岗位服务技能》等进行培训,由人事部统一组织笔试,统计成绩。

B 根据《客房部员工考核细则》,由部门安排时间,人事部对其技能考核、部门主管及以上要参与考核,根据明细打分,由行政部统计成绩。

C 由班组领班、主管、经理把握当日的工作量、服务质量等考核指标,每日对员工进行日常考核,将原始考核记录和汇总表上报人事部进行统计,核算成绩。

计件工资:根据入住率指标确认客房作业计提标准,部门汇总员工的日常工作明细,上报财务,财务进行核算计件工资。房务部楼层服务员执行计件工资,计件标准分为空房、住客房、退房、长租房四个标准计算。

5. 后勤人员薪酬设计

原则:薪酬与岗位与效益挂钩。

薪酬结构:基本工资+岗位补贴+绩效工资

岗位补贴根据所在岗位不同而有所区别,绩效工资根据酒店每月经营情况计算。

6. 营销人员薪酬设计

薪酬结构:基本工资+业绩工资

基本工资:根据当月实际指标完成比率发放业绩工资分为客房业绩工资和餐饮业绩工资两部分。

7. 薪酬体系的运行控制与调整

酒店薪酬体系一经建立,如何投入正常运行并对其进行有效的控制与管理,使其发挥应有的功能,是一个相当复杂的问题,也是一项长期的工作。

通常一家酒店薪酬体系调整有以下几种情况:

1) 奖励性调整

为奖励员工做出的优良工作绩效,鼓励员工继续努力,再接再厉,论功行赏,又被称作功劳性调整。

2) 生活指数调整

为了补偿员工因通货膨胀而导致的实际收入无形减少的损失,使员工生活水平不致渐趋降低,企业应根据物价指数状况对薪酬体系进行调整。生活指数调整常用两种方式:一是等比调整,即所有员工在原有薪酬基础上调整统一的百分比;二是等额调整,即全体员工不论原有薪酬高低,一律给予等幅的调整。

3) 效益调整

当酒店效益好,盈利增加时,对全员进行普遍加薪,但以浮动式、非永久性为佳;当企业效益下滑时,全员性的薪酬也应下调。但需要注意的是薪酬调整往往具有不可逆性。

4) 工龄调整

薪酬的增加意味着工作经验的积累与丰富,代表着能力或绩效潜能的提高,也就是薪酬具有按绩效与贡献分配的性质。因此,薪酬调整最好不要实行人人等额逐年递增的办法,而应将工龄与考核结果结合起来,确定不同员工工龄薪酬调整的额度。

5) 特殊调整

酒店根据企业内外环境及特殊目的而对某类员工进行额薪酬调整。如年薪审定和调整,酒店应根据市场因素适时调整企业内不可替代人员的薪酬,以留住人才。

应用案例

某五星级酒店营销业绩工资考核办法

某酒店是一个以商务和会议为主要客源的国内集团管理的五星级酒店,其营销部员工业绩考核办法如下。

(1) 客房和会议收入核算。

营销人员全额完成当月客房计划营业指标,计得当月全额客房业绩工资;完成90%~100%,计得个人当月客房业绩工资80%的业绩工资;完成80%~90%,计得个人当月客房业绩工资70%的业绩工资;完成70%~80%,计得个人当月客房业绩工资60%的业绩工资;完成60%~70%,计得个人当月客房业绩工资40%的业绩工资;完成50%~60%,计得个人当月客房业绩工资20%的业绩工资;完成50%,不得个人业绩工资。

超额完成客房计划营业指标,均按以下百分比提成:超额4万以内,按3%计提;超额4万~8万,按4%计提(实行分段式计提);超额8万以上,按6%计提(实行分段式计提)。

(2) 餐饮销售业绩核算。

营销人员全额完成当月餐饮计划营业指标,计得个人当月全额餐饮业绩工资;完成70%以上的,计得个人当月全额餐饮业绩工资相对应的业绩工资;完成70%以下的,不得个人当月餐饮业绩工资。超额部分按2%计提。

6.3.3 人力成本控制

在酒店管理中,人力成本是影响酒店利润的重要因素之一。由于旅游市场的不断发展,客人对于服务的品质要求及环境要求不断提升,酒店业对从业人员的素质要求也不断提升,人力成本在经营收入中的所占比例也不断攀升。因此,如何控制好人力成本对于酒店的利润回报起着至关重要的作用。

(1) 根据酒店业特点进行科学控制及预算。人力成本控制中提倡开源节流,但是过分地节流会导致人员短缺,员工过度加班及超负荷工作使得优秀人才流失,中庸员工在企业沉淀,使企业走下坡路。过度开源,使酒店承担过大的人力成本,入不敷出。酒店行业主要通过服务换取利润价值,既要保证人员素质和人员数量配备,又要做好客流量及客源分析,合理有效地安排人员。

做好淡旺季人员预算,避免旺季无人可用,淡季人员过剩。另外根据客源结构合理安排班次,例如旅行团客人早出晚归,白天需要服务较少;商务客人注重服务质量,对细节要求较高;会议客人集中报到入住、集中退房,手续复杂,在店停留时间长,临时需求比较多等。合理安排人员班次及人员配备,可保障服务,避免浪费人力、物力。

(2) 开发人力资源,培养复合型人才。酒店分工过细,导致人员技能单一,不利于工作时的人员及时调配,无法满足客人不断变换和不定时的需求。酒店内部造成忙闲不均,员工抱怨攀比。因此,酒店内部实时开展岗位技能交叉培训,培养复合型人才,发挥人力资源的优势。所谓一专多能，就是要求员工掌握除本岗位工作外的其他岗位基本技能。例如，前厅部前台员工掌握商务中心或总机的服务技能；中餐服务员掌握西餐、酒水服务技能；后勤人员掌握宴会或客房服务技能；后厨员工掌握员工餐厅服务技能等。对于一专多能的员工，可采取部分鼓励措施。如定期轮岗，避免员工长期在一个岗位而产生倦怠；可颁发证书，制定企业员工职业生涯作为职务晋升的条件之一；可对参加培训员工给予部分津贴或报销部分费用。

(3) 合理配置人员，避免人才的高消费。针对不同岗位要求，招聘不同层次的员工，避免一味追求高学历，而导致人力成本浪费，员工到岗后感觉大材小用造成工作倦怠，甚至辞职造成人员波动。

应用案例

某酒店岗位薪酬标准

1. 行政岗位

岗	位	基本工资	岗位工资	学历补贴	绩效工资	备 注
部门经理	行政部办公室主任					注：管理岗位的绩效工资主要依据
	营销部经理					
	财务部经理					
	餐饮部经理					
	房务部经理					
	康乐部经理					
	采购部经理					
	工程部经理					
	厨房部经理					
	质检培训部经理					
部门副经理	财务部副经理					
	营销部副经理					
	餐饮部副经理					
	房务部副经理					
	康乐部副经理					
	采购部副经理					
	工程部副经理					
	厨房部副经理					
主管	保安部主管					注：管理岗位的绩效工资主要依据
	车队主管					
	员工食堂主管					

续表

	岗　　位	基本工资	岗位工资	学历补贴	绩效工资	备　　注
主管	楼层主管					
	收银主管					
	前厅主管					
	餐厅主管					
	康乐部主管					
	康乐部区域主管					
	采购部主管					
	工程部主管					
	厨房主管					
	质检培训管理					
领班	保安领班					注：管理岗位的绩效工资主要依据
	包厢组领班					
	宴会厅领班					
	传菜组领班					
	西餐厅领班					
	楼层领班					
	PA 领班					
	洗衣房领班					
	会议室领班					
	前厅领班					
	浴区领班					
	足浴擦背领班					
	工程部领班					
	采购部领班					
	厨房部领班					
	收银领班					

2. 技术岗位

部　　门	岗　　位	基本工资	岗位工资	学历补贴	绩效工资
行政部办公室	美工策划				
	员工食堂厨师				
	车队司机				
财务部	成本会计				
	助理会计				
	审核会计				
	出纳				

续表

部　门	岗　位		基本工资	岗位工资	学历补贴	绩效工资
康乐部	足浴按摩擦背技师	一级				
		二级				
		三级				
	音控师					
	游泳池救生员					
工程部	电工	一级				
		二级				
		三级				
	综合机修工	一级				
		二级				
		三级				
	木工	一级				
		二级				
		三级				
	万能工	一级				
		二级				
		三级				
	锅炉工	一级				
		二级				
		三级				
	网络管理					

注：管理岗位的绩效工资主要依据为

3. 其他岗位

部门	岗位		基本工资	岗位工资	学历补贴	绩效工资
行政部办公室	行政文员					
	保安员					
	员工宿舍管理员					
餐饮部	服务员(包括包厢、宴会厅、西餐厅、大堂吧的服务员)	一级				
		二级				
		三级				
	传菜员	一级				
		二级				
		三级				

续表

部门	岗位		基本工资	岗位工资	学历补贴	绩效工资
餐饮部	迎宾员	一级				
		二级				
		三级				
房务部	楼层清卫	一级				
		二级				
		三级				
	服务员(包括商场和会议室服务员)	一级				
		二级				
		三级				
	房务中心、商务中心	一级				
		二级				
		三级				
房务部	PA保养工、花工	一级				
		二级				
		三级				
	熨烫工、水洗工	一级				
		二级				
		三级				
	总台接待	一级				
		二级				
		三级				
	礼宾	一级				
		二级				
		三级				
	总机	一级				
		二级				
		三级				
康乐部	接待员	一级				
		二级				
		三级				
	迎宾员	一级				
		二级				
		三级				

续表

部门	岗位		基本工资	岗位工资	学历补贴	绩效工资
康乐部	酒水员	一级				
		二级				
		三级				
	服务员	一级				
		二级				
		三级				
	服务员包括：男女浴区服务员、私家温泉服务员、足浴区服务员、更衣室服务员、水区服务员、化妆区服务员、舞厅服务员、KTV包厢服务员、球类服务员、棋牌室服务员					
采购部	采购员	一级				
		二级				
		三级				
财务部	仓库管理员	一级				
		二级				
		三级				
	收银员	一级				
		二级				
		三级				
	其他					

应用案例

酒店加薪方式，你知道几种？

（一）固定加薪法

1. 加薪方式

年末或年初，根据酒店经营状况及员工综合表现，按比率，预算为员工增加固定收入。

利：员工有一定安全感。

弊端：平衡难度大，企业用工成本高，缺乏激励性，员工收入增长缓慢。

2. 年功工资

根据员工在酒店的服务年限，以年为单位增加固定收入。

利：肯定员工的忠诚度贡献，留住一些老员工。

弊端：留人但不激励，增加成本，新老员工收入与价值的失衡。

3. 提升等级

通过考核、考试，结合员工入职时间及表现，在薪酬等级、技术等级上给予升级，从而增加固定收入。

利：鼓励员工有更好的表现、学习技术提升能力，增加员工提升个人收入的机会。

弊端：持续增加企业人工成本。考核评定难度大，可能造成公平性问题。

4. 职位晋升

设置不同的职位级别，让员工有丰富的职业上升通道。这是普遍酒店人希望的一种方式，一方面薪金上涨幅度大，且职业生涯发展了！

利：做职业规划，留住核心人才。

弊端：若职位等级过多，不利于扁平化设计，造成管理臃肿。

5. 评优加薪

通过月季年的评比，给表现优秀的员工固定加薪。

利：鼓励员工有更为优秀、突出的表现。

弊端：总是给优秀的员工加薪，容易打击表现不太优秀的员工。

6. 达标加薪

对于达到业绩或能力标准的员工给予固定加薪。

利：给员工及时的认可与鼓励，进一步提升与稳定员工收入。

弊端：增加企业固定成本。加薪达到一定高度，反而影响员工的创造力与工作热情固定加薪，只会增加企业固定性成本。因为与企业的共同礼仪黏合度不够，所以通常加薪幅度不大、频次少、不可持续。企业主动为员工加薪的意愿低。员工固定薪资水平越高，创造力就会降到越低！

(二) 特别加薪法

1. 私发红包

酒店为保持公平或留住员工，私自为员工发一些收入。

利：具有一定的隐秘性，针对一些对收入有特别需求的人才。

弊端：虽然隐秘但迟早会暴露，这样带来一系列的平衡性隐患。

2. 增加补助

类如增设午餐补贴、交通补贴，加班补贴提升员工收入。

利：丰富员工的收入，解决工作中费用承担等问题。

弊端：福利毕竟是刚性的，员工未必认为补助是收入的一部分。

3. 目标奖励

酒店或部门达到某个业绩目标，给团队或个人发放的奖金或福利。每季度或者每年可以评选全酒店最优秀部门给予奖励。

利：建立共同目标感，鼓励团队达成目标。

弊端：内部二次分配的公平衡量。如果目标定得过高或实际分配太少，反而会打击团队士气。

4. 单项奖励

比如全勤奖、进步奖、节约奖、贡献奖、完成奖。

利：给员工创造更多的奖励方式与正面激励，引导员工的创造和付出。

弊端：做好筛选与规则，避免发生漏洞。

点评：丰富员工的收入是一件好事，但奖励是奖励，福利是福利。将奖励钱变为奖励，将奖励与员工价值贡献相关，才能让员工为自己创造更多的奖励与福利。

6.3.4 薪酬方案中应注意的问题

1. 薪酬结构整体比例失调，保障功能有余，激励功能不足

员工的工资由基本工资、岗位工资和津贴构成，在整个薪酬结构中，可以说没有可变薪酬，固定薪酬占到 100%，个人薪酬没有跟整个企业的效益及个人对企业的贡献大小挂钩。这样就不能激发员工的服务热情，以致员工出现求稳心态，导致工作推诿，没有积极性，干好干坏一个样，干多干少一个样，对酒店经营状况漠不关心，甚至为了工作轻松，盼望没有宾客上门的现象存在。激励功能没有体现，在薪酬的功能中，激励是个相当重要的部分，对于酒店来说，通过薪酬系统对员工的激励是最持久和根本的途径。

2. 薪酬分配模式过于单一

酒店对所有岗位采取的是单一模式的薪酬制度，这显然是不合理的。对于一线部门（营销部、康乐部、房务部）而言，这种模式带有"大锅饭"的色彩，薪酬的公平性和激励性都难以保证。对于营销部而言，他们的收入可以体现一部分业绩，但就激励性而言，则远远不够，从而导致的就是酒店优秀业务人员的流失和平庸业务人员的"沉淀"。而对于其他的一线部门，有的月份工作相对轻闲，有的月份工作会非常紧张，压力会会变大，对工作质量的要求也会提高，工作非常辛苦。但是根据酒店的薪酬制度，淡旺季薪酬相差无几，这样就会导致员工在繁忙的月份中产生不满情绪，以致影响工作，由于他们是企业的一线服务部门，因此他们的表现将直接影响顾客的满意度，从而影响企业的效益。

3. 薪酬管理透明度小

由于员工的薪酬和绩效考评成绩一般都是保密的，员工无法从正式渠道得到真实的、详细的信息。出于对别人薪酬及考评的兴趣，员工往往会根据一些道听途说加以猜测。这种猜测往往会高估他人的薪酬，而低估他人的绩效，从而感到薪酬的不公，对自己的薪酬产生了不满。

4. 绩效工资不能兑现

即便是有些酒店薪酬中含有了绩效工资部分，但是所占比例很少，难以真正调动员工的积极性。甚至效益不好的时候扣发工资，效益好的时候并不奖励，致使效益工资形同虚设。

5. 技能考核难以实现

不能实现工资与能力挂钩，缺乏技能考核机制，员工服务态度、服务质量不能在薪酬中得以体现。有些企业，虽然也有考核，但缺乏科学考核的方法。酒店行业是典型的服务行业，由于服务产品的生产和销售同时进行这一特殊性，人力资源部门对于员工的真实技能和绩效的准确判断存在较大的难度，导致对员工的技能考核成了走形式，不能真正反映员工的业绩和贡献，也不能与收入挂钩，极大地挫伤了员工的积极性。

6.4 员工福利管理

应用案例

某酒店由于人员流动性大，员工普遍年龄偏小，绝大多数员工不愿意缴纳社会保险个人账户部分。在职工代表会上，通过一项决定，员工自愿签署拒绝缴纳社会保险协议，酒店以现金形式每月补贴员工。当社会保险劳动监察部门检查时，发现此问题。酒店负责人也一肚子苦水，为了不使员工流失，不缴纳保险，并且将统筹部分以现金形式发放给员工，提高员工经济收入。劳动部门以该酒店违反《社会保险法》为缘由，对酒店进行追缴并处罚。

【思考】该酒店应该以什么方式解决员工拒绝参保的问题？

6.4.1 员工福利的概念

员工福利是指酒店为员工提供的非工资收入，是一种补充性报酬。它所包含的项目内容可由各企业根据其自身实际情况加以选择和实施。通常员工福利主要由以下部分组成：国家规定实施的各类基本的社会保障、企业年金(补充养老金计划)及其他福利计划等。

福利计划的划分方式很多，主要分为以下几种：社会福利、经济福利、非经济福利、娱乐及辅助性福利。

1) 社会福利

(1) 社会保险。国家建立基本养老保险、基本医疗保险、工伤保险、失业保险、生育保险等社会保险制度，保障公民在年老、疾病、工伤、失业、生育等情况下依法从国家和社会获得物质帮助的权利。国家通过立法强制征集的专门资金，用于保障劳动者暂时失业或永久性丧失劳动能力或在工作中断期间基本生活需求的一种物质帮助制度。在劳动者年老、患病、工伤、失业、生育等情况下获得帮助和补偿(《中华人民共和国社会保险法》2011年10月28日颁布)。

(2) 法定假日。

2) 经济福利

这些福利是对员工提供基本薪资及奖金以外若干经济安全的福利项目，以减轻员工的经济负担或增加额外收入。

3) 非经济福利

这些是与员工工作时间长短有关的福利，如休假或弹性工时、带薪外送培训等。这些是与企业设施有关的福利，如员工餐厅、阅览室、交通车与托儿设备等。

4) 娱乐及辅助性福利

这些是增进员工社交及文娱活动，促进员工身心健康的福利项目，如员工旅游、文艺活动。

员工福利也可分为社会性福利和企业内部福利。社会性福利通常指国家政府和法律法规所规定的，强制性的基本福利制度，如养老保险、失业保险、生育保险、带薪年假、婚丧假等。而企业内部福利是指企业内部自行设定的一些福利内容，比如旅游项目、补充养老金、公积金、生日蛋糕、节假日的津贴、礼物等。

6.4.2 员工福利的预算

酒店为员工提供各种福利，意味着企业增加投入，因此，必须充分考虑到酒店支付能力和薪酬政策。由于大部分福利与员工绩效无关，因此一部分酒店减少对员工福利的支付。弊端是员工对企业失去向心力。酒店对员工提供的所有福利设施和服务均应包括在福利预算中，例如员工餐厅、工作餐、工作服、交通费、带薪休假、带薪培训及社会保险缴纳。员工福利预算制定的内容如下。

(1) 福利性质：设施或服务。
(2) 福利执行日期：根据上年度效果及评价。
(3) 福利受益者、覆盖范围：上年度支出和本年度预算。
(4) 新增福利名称、原因、受益者、覆盖范围、本年度预算、预计效果。
(5) 根据工资奖金等预算，控制福利计划成本所占薪酬总额比例。

6.4.3 员工福利方案实施的原则

员工福利管理主要原则：①合理性原则。力求以最小费用达到最大效果。效果不明显的福利应予以取消。②必要性原则。国家和地方规定的福利条例，酒店应坚决执行，此外酒店提供福利应最大限度地与员工要求保持一致。③计划性原则。制定福利总额预算报告。④协调性原则。酒店推行的福利制度必须与社会保险、社会救济和优抚政策匹配和协调。

6.4.4 员工福利实施中应注意的问题

员工福利设置是企业管理的理念和政策以及员工的福利需求等因素综合作用的结果，而这些因素本身又受到多方面的影响。因此，设计和管理员工福利计划要熟悉国家相关制度，研究员工福利面临的企业内部环境和企业外部环境，还要进行成本效益分析。员工福利作为边缘薪酬，是企业薪酬的组成部分，它对货币薪酬的补充作用，对贯彻企业管理意图，支持企业的战略目标的作用，反映员工福利需求的作用等都应体现在设计中。员工福利评价的标准，应该是合法性、有效性和成本控制等的综合评价。企业的员工福利计划要兼顾各方面的要求，与企业的自身情况相匹配，才能收到预期效果。

应用案例

某酒店福利方案

员工福利方案

第一章 总 则

第一条 福利待遇是企业在岗位工资和奖金等劳动报酬之外给予员工的报酬,是企业薪酬体系的重要组成部分。建立一个良好的福利待遇体制,能够增加员工对企业的归属感,从而增强企业的凝聚力。

第二条 下面所列福利待遇均根据国家规定及企业自身情况而定。

第二章 福利待遇的种类

第三条 企业提供的福利待遇包括按国家规定执行的福利待遇,以及根据企业自身条件设置的福利待遇。

第四条 按照国家政策和规定,参加统筹保险的如下。

1. 养老保险
2. 基本医疗保险
3. 失业保险
4. 工伤保险
5. 生育保险

第五条 财务部负责统一将统筹保险上交政府有关部门,并记入个人养老保险手册。

第六条 企业设置的其他福利待遇如下。

1. 补贴福利
2. 休假福利
3. 培训福利
4. 文娱福利
5. 设施福利

第三章 福利待遇的形式

第七条 物质激励型福利:它是为增强人力资源管理激励性而建立的福利项目,主要包括如下种类。

1. 时间奖励:包括带薪和不带薪休假、病假等
2. 现金奖励:午餐补贴、节日补贴等
3. 服务奖励:如自助计划资助、娱乐项目、旅游项目、健康项目、财务和法律咨询等

第八条 现金型福利和非现金型福利:前者指货币形式的福利;后者指非货币形式的福利。

第九条 即期性福利和延期性福利:前者一般是在职期间可以获得的福利;后者一般是退休后可以获得的福利。

第十条 固定福利和弹性福利:弹性福利是企业提供的,允许员工在规定的时间和现金范围内,根据自己的需要自愿选择和调整的福利项目。

第6章 酒店薪酬管理与员工福利

第四章 福利待遇的标准

第十一条 养老保险：按照长春市的有关政策和规定，企业每月为本市户籍员工支付养老失业保险，其计算基数为个人上年平均岗位工资，缴纳比例为28%，其中企业缴纳20%，个人需缴纳8%。

第十二条 基本医疗保险：按国家有关政策和规定，企业每月为本市户籍员工支付基本医疗、工伤、生育保险，其计算基数为本人上年末平均岗位工资，缴纳比例为9%，企业缴纳7%，个人缴纳2%；企业每月为外来员工支付外来务工人员保险，其计算基数为最低工资，200元/年，其中企业缴纳80%，个人缴纳20%。

第十三条 失业保险：按国家有关政策和规定，企业每月为本市户籍员工支付失业保险，其计算基数为个人上年平均岗位工资，缴纳比例为3%，企业缴纳2%，个人缴纳1%；企业每月为外来员工支付失业保险，其计算基数为最低工资，缴纳比例为2%，由企业全额缴纳。

第十四条 工伤保险：企业职工以上年度个人月平均工资为缴费基数，对照行业费率，由企业全额缴纳(不得低于最低工资标准)。

第十五条 生育保险：本市户籍企业员工、外来员工以职工上年度个人月平均工资为缴费基数，按0.7%的缴费比例计缴，由企业全额缴纳(不得低于全市上年度月平均工资的60%)。

第十六条 企业提供的补贴福利如下。

1. 午餐补贴

企业发放标准为每人每月300元，随每月工资一同发放。

2. 节日补贴

元旦企业组织聚餐；劳动节、国庆节、春节、清明节企业给予员工50~100元的节日补贴，随当月的工资一同发放；端午节企业给每位员工发放粽子，中秋节企业给每位员工发放月饼和水果；妇女节为全体女职工发放纪念品(护肤品或者生活用品)。

3. 生日补贴

员工过生日，企业送贺卡表示祝福，并送上生日蛋糕。

4. 员工大事补贴

当员工逢婚、育、大病和丧事等个人大事时，企业给予员工礼金或慰问金200元。

第十七条 企业提供的休假福利如下。

1. 在本企业连续工作一年以上的员工，可享受带薪年休假(以下简称年休假)

(1) 工龄满一年但不满十年的员工，每年休假的假期为5天。

(2) 已满十年不满二十年的，年休假10天。

(3) 已满20年的年休假15天。

(4) 国家法定休假日、休息日不计入年休假的假期。

以下情况不予安排年休假。

(1) 累计工作满1年不满10年的职工，请病假累计2个月以上的。

(2) 累计工作满10年不满20年的职工，请病假累计3个月以上的。

(3) 累计工作满20年以上的职工，请病假累计4个月以上的。

2. 婚假

(1) 员工达到法定年龄结婚，可享受3天婚假。

(2) 员工达到晚婚年龄结婚的(男员工满25周岁，女员工满23周岁)，除上款规定外另根据厦门市相关规定执行。

3. 产假、哺乳假

(1) 女员工符合国家计划生育政策生育时享受产假90天，其中产前假15天。

(2) 难产或剖腹产者，增加15天；生育多胞胎者，在90天的基础上每多生育一婴，产假增加15天。

(3) 女员工产假期满，因身体原因不能工作的，经县(区)级以上医院证明后，其超过产假期间的待遇，按照员工患病的相关规定处理。

4. 工伤假

员工因工负伤，根据有关规定，经劳动行政部门认定后，可请工伤假。

5. 丧假

(1) 员工直系亲属(双方父母、配偶、子女)死亡，可给假1~3天。

(2) 双方外祖父母、祖父母死亡，可给假1天。

(3) 其他亲属死亡，须请假者，按事假处理。

第十八条　培训福利：企业根据考核结果，由人力资源部制订培训计划，并组织实施，以使员工的知识、技能、态度等方面与不断变动的经济技术、外部环境相适应。培训福利包括：员工在职或短期脱产免费培训、公费进修等。具体规定见企业《培训管理制度》。

第十九条　文娱福利：企业为促进员工的身心健康，丰富员工的精神和文化生活而提供的福利，如企业定期组织聚餐或出游。

第二十条　设施福利：企业为了丰富员工的业余生活，培养员工积极向上的道德情操而设立的项目，包括创建文化、娱乐场所，组织旅游，开展文体活动等，具体实施根据企业的实际情况设定。

第五章　福利待遇的给付

第二十一条　统筹保险由财务部统一缴纳，个人应缴纳部分在工资中扣除。

第二十二条　现金支付的福利待遇随当月工资核发。

第二十三条　享受假期福利的员工，其工资待遇按企业《考勤管理制度》的规定执行。

第六章　附　　则

第二十四条　福利方案报企业总经理批准后施行，修改时亦同。

第二十五条　福利方案自颁布之日起施行。

本 章 小 结

本章首先主要介绍现代酒店管理中薪酬福利的含义与作用。新型的人力资源理念开始把人力看作一种资本和资源，在管理方法上变人事管制、管理为人力资源经营。设计科学合理的薪酬福利制度，并在实践中不断地予以发展和完善，为企业员工提供对内具有公正性、对外具备竞争力、对员工具备激励性的薪酬福利制度是企业管理层的重要工作任务。

第6章 酒店薪酬管理与员工福利

公平合理的薪酬是企业吸纳员工、留住员工、减少劳资纠纷、激励员工工作积极性、实现企业战略发展所需要的核心竞争力的关键。科学的薪酬制度是企业实施成本控制的重要措施。

在薪酬水平定位上,要把握好一个上限、两个下限。这个"上限"就是企业支付能力。两个"下限",其一是指员工心理承受范围,其二就是企业所在地的劳动和社会保障部门确定的当地最低工资标准。薪酬制度的设立还是发展完善,要遵循对外具有竞争力原则、对内具有公正性原则、对员工具有激励性原则;以总体稳定为前提。

薪酬福利制度发展和完善中,主要保障功能与激励功能相结合,避免分配模式过于单一。

企业薪酬福利制度的发展和完善不是一劳永逸的,随着企业内外部形势的变化,要不断地进行制度创新。

复习思考

一、关键术语

薪酬　编制　成本控制　社会福利　养老保险　失业保险　基本医疗　工伤生育

二、课上讨论

1. 如何运用科学的手段制度符合企业实际的薪酬方案?
2. 薪酬福利方案设计的原则是什么?
3. 薪酬管理的特殊性有哪些?
4. 薪酬方法制定应注意哪些方面?
5. 员工福利的种类有哪些?
6. 福利管理中应遵循哪些原则?

三、经验性练习

1. 实践内容
登录官方网站,查阅相关资料。
2. 实践课程学时
2学时。
3. 实践目的
通过网站搜集和分析资料,掌握相关知识技能。
4. 实践环节
第一步:以组为单位(2~3人一组),登录相关网站,查阅相关资料。
第二步:以组为单位,讨论。

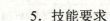

5．技能要求

能够熟练掌握本市县职工各类保险缴纳比例缴存方式。

四、实践体验

1．假如你是一家酒店的人力资源部经理,请制定本酒店薪酬方案。

2．每年1月份是酒店进行全年预算的时间,请制定本酒店今年的人员编制及薪酬预算方案。

第7章 酒店劳动关系管理

学习目标

知识目标	能力目标
(1) 掌握劳动关系基本内容	(1) 了解员工《劳动合同》重要性及内容
(2) 掌握劳动合同基本内容	(2) 了解员工《劳动合同》制度、续签解除内容
(3) 了解劳动合同签订原则	
(4) 了解劳动合同变更、终止、续订程序	
(5) 了解劳动补偿金办法	(3) 了解补偿金种类及核算方法
(6) 掌握劳动保护内容及劳动保护管理	(4) 了解酒店员工的劳动保护及安全教育
(7) 了解员工安全教育内容及方法	(5) 掌握劳动争议注意事项及解决方式
(8) 了解劳动争议处理内容及处理途径	

酒店人力资源管理

开篇微型案例

该如何处理剩下的食物？

47岁的南京妇女李红在南京一家五星级酒店当了4年的洗碗工。3个月前，她留下了客人吃剩的一些废弃食物，想给正在读大学的儿子补养身体，却被以盗窃酒店财物为由开除了。但该酒店餐饮部罗经理回应称，为了确保酒店的品牌形象与服务质量，所有淘汰的食物都不允许重复使用，也不允许员工私自带走。

李红说，酒店对自助餐食物管理的流程：可再次使用的，会放回冰箱里；客人吃过剩下，不宜再售的，一律退到后台倒掉。"夏天也就罢了，冬天，那些鱼啊鸭的，都还好好的，最多用两天，客人吃剩了，就全扔。扔进垃圾筒，与纸巾之类杂物混在一起再拖走。尤其是面包，一桶一桶地扔掉。每天倒掉的东西，我们一个月工资都不够买的。真是看不下去……"

酒店里很多工作人员对此很心疼，有时会不得倒掉，大家会悄悄留下来，自己带回家去再吃。"可以说，除了领导看不到，其他工作人员，多数都往家里带过。"当然，大家只拿废弃不用的食物。

2016年12月7日晚上，又有剩菜等一些处理食品送到了李红手上。李红说："每次倒东西，我会想，要是这些给儿子吃了，多好啊！"李红的儿子在南京上大学，她以前也曾给儿子带过吃的。这次，她拿来塑料袋，把食物悄悄装起来。"客人吃剩的一些鱼丸子，还有半盘子烤鸭，一块瘦肉。"

"当晚，工程部一个工作人员，原是要查另外一个带东西的男员工。看到了我放的那袋东西，他以为那是男员工留的，就要调查。"李红说："我心想，顶多给我开个单子罚款吧，我也认了。"三天之后，她却接到被开除的通知。

餐饮部经理说："照《员工手册》办！你违反了8.1.4.7的规定。"该规定是：不得蓄意破坏、偷窃、骗取或盗用客人、酒店或员工的财物。这让李红接受不了。"那些东西是酒店扔掉不要的。再说谁没拿过？为这个就把我开除了，我觉得太重。把还能吃的东西扔掉就对了吗？"（资料来源：《金陵晚报》）

案例评析：五星级酒店的管理非常严格，既要确保酒店的品牌形象与服务质量，又要防止剩余食物被员工带回家后造成二次污染，食用后造成食物中毒而引起的纠纷，故所有淘汰的食物都不允许重复使用，也不允许员工私自带走。但是员工拿走客人剩余食物就被作为盗窃而被酒店开除，既没有相关部门认定的盗窃证据，而且剩余食物本身只是客人付过费用而丢弃的食品，酒店只是代为处理掉。这样的处理结果既违背劳动法规相关条款，也对企业本身造成恶劣影响。

酒店如何在法律法规的大框架下，制定符合本企业的规章制度。通过规章制度规范用工管理、完善酒店服务，是现代酒店人力资源管理工作的重要环节。

案例思考：酒店应怎样制定企业与员工的关系？如果你是人力资源部经理，怎样处理该事件？

建立良好的用工关系，是企业吸引人才、发展、留住人才的基础。在社会美誉度、企业价值方面，拥有良好的用工关系的酒店也会提升自身品牌价值。什么样的劳动关系，对于企业和个人能起到平等、制约、合作的效果，需要人力资源工作者为企业掌舵、把关。

第 7 章　酒店劳动关系管理

7.1　劳动合同管理

7.1.1　劳动合同制度

劳动合同制度为规范企业劳动关系双方的行为，保障双方的正当权益，维护稳定和谐的劳动关系和生产工作秩序奠定基础。

7.1.2　劳动合同订立的程序

要点：用人单位与劳动者建立劳动关系一个月之内必须与劳动者签订劳动合同；

流程：用人单位准备《劳动合同书》一式两份→与劳动者签订《劳动合同书》内各项条款→单位填报劳动合同签证登记册→单位将签订后的《劳动合同书》与劳动合同签订登记册一并送往人力资源部→人力资源部审核加盖单位公章和法人代表印章→单位人力资源部将《劳动合同》送至市劳动和社会保障局进行鉴证→《劳动合同》用人单位，社会用工人员各执一份。

新员工入职程序审核如下。

1. 审查劳动者的主体资格

为了防止发生劳动者的应聘欺诈或赔偿第三人损失等法律风险的发生。用人单位应当做好以下审查工作。

1) 劳动者年龄审查

用人单位之所以要审查劳动者的年龄主要是防止录用童工及劳动者虚假应聘情形的发生。此项审核通过身份证验证完成。

2) 劳动者学历、资格及工作经历的审查

如果劳动者提供了虚假的学历、资格或工作经历，则属于劳动者虚假应聘，用人单位就不可能选择到真正的人才。用人单位查验劳动者工作经历的方法是要求劳动者作基本信息及工作经历的登记，并承诺其提供的信息均为真实，若其所提供的信息为虚假的，则由劳动者承担相应的法律责任。

3) 查验劳动者与其他用人单位是否存在劳动关系

审核劳动者是否存在重复用工现象，是否存在竞业限制，重点岗位如销售经理、财务经理、总经理等核心岗位。

4) 查验劳动者的身体健康证明

用人单位查验劳动者的身体健康证明主要是防止录用具有潜在疾病、残疾、职业病的劳动者。酒店人力资源部查验的方式是要求劳动者提供市级以上疾病控制中心出具的健康证明。

2. 履行告之义务

根据《劳动合同法》第八条的规定，用人单位招用劳动者时，应当如实告知劳动者工作内容、工作条件、工作地点、职业危害、安全生产状况、劳动报酬以及劳动者要求了解的其他情况。用人单位履行告知的方式是让劳动者签署用人单位事先拟定好的《告知书》，并妥善留存。

3. 向劳动者解读《劳动合同》

劳动合同文本由用人单位提供的，用人单位在劳动合同签订前有义务向劳动者解读劳动合同。同时为了防止任何一方单方修改劳动合同，要求用人单位与劳动者同时签署劳动合同。

虽然劳动合同法对劳动合同的签订给予一个月宽限期，但是许多地方对事实劳动关系的终止有着比较严格的程序要求，即用人单位单方终止事实劳动关系的，应当提前三十天通知劳动者。而事实劳动关系持续时间超过一个月后，劳动者就可以主张双倍的工资。所以，我们建议在录用劳动者的同时，就应当与劳动者签订劳动合同。

 小提示

①最低就业年龄16周岁(除特殊行业外)。②未成年员工(16～18周岁)实行定期健康检查，并进行实名登记制度，减少工作量缩短工作时间。③禁止安排女员工从事不利于身体健康的工作，要执行女职工生理机能变化过程中的特殊保护。④劳动伤残在医疗期内享受医疗待遇、工伤津贴、福利待遇(与在职职工相同)，经劳动部门鉴定后，根据相关法律法规政策进行伤残待遇核定发放津贴。

4. 办理入职手续

在劳动者签署完劳动合同后，方可办理劳动者的入职手续。该手续包括员工入职登记、提交入职材料、办理报到等。酒店之所以在签订完劳动合同后才办理劳动者的入职手续，主要是将劳动合同的签订时间、劳动合同的履行开始日期和开始工作日期进行区分。这是因为劳动合同法规定，用人单位自用工之日起即与劳动者建立劳动关系。通常劳动合同签订在前，用人单位用工在后。入职手续办妥后，用人单位才可以对劳动者进行试用，及试用考核。这样可以避免用工在前而存在事实劳动关系的风险。更有甚者，如果劳动者已开始工作，然后拒签合同，单方解除劳动合同，用人单位还要支付其相应的经济补偿金。

管理新思考

很多新员工入职时，人力资源部对其相关福利待遇及劳动纪律做出介绍，但由于新员工无法在短时间内接受全部信息，在出现劳动争议时，劳动者会以无人告知为理由要求相关仲裁。为避免纠纷，同时对新员工进行相关内容详细告知，可制作以下相应表格，经新员工签字后，各自留存。

在新员工入职前及办理入职时，对相应程序给予书面确认，第一，可避免酒店工作人员口头信息传达

不准确或不全面。第二，新员工可根据书面要求，详细了解企业要求和相关福利待遇，不理解的地方重新和人力资源部进行确认。做到劳动者明白工作、单位明白用人。

管理工具(1)

【员工入职办理手续及仪容仪表须知】

_____(先生/女士)：

经面试考核，您已被××酒店正式录用，岗位为餐饮部服务员。请您携带以下物品及证件于2016年____月____日报到。

准备证件及物品如下。

(1) 身份证原件、复印件(2份)。

(2) 一寸免冠彩照4~6张。

(3) 市卫生防疫站健康证(市儿童医院旁，北安路46号，咨询电话：87654321)。

(4) 关键岗位提供派出所开具"无违纪犯罪记录证明"，非本市户口提供担保书及担保人。

(5) 住宿员工需自带行李；每月需要交30元水电费。

(6) 需自备黑色布鞋或皮鞋上岗(由具体岗位确定，穿着皮鞋无任何装饰物)。

仪容仪表要求如下。

(1) 不染怪异发色(如红色、黄色、绿色、蓝色等)，不漂染；佩戴眼镜员工需使用不夸张的无框或半框眼镜，部分岗位不允许佩戴眼镜。

(2) 女员工自备肉色丝袜、男员工自备深色棉袜。

(3) 开业前自备舒适耐磨服装鞋袜。

(4) 女员工需化淡妆，自备化妆品。

(5) 开业前培训需自备笔、本子。

酒店咨询电话：12345678

管理工具(2)

【新员工入职工作纪律及福利待遇须知】

1. 试用期

员工面试合格后，由部门决定是否聘用，被录用员工到人力资源部办理相关入职手续。试岗期为3天，试用期1个月。试岗期员工离职，没有工资。

2. 辞职

员工辞职，须提前30天(试用期辞职，需提前7天)以书面形式通知宾馆。

3. 除名与开除

对严重违反酒店规章制度的或被依法追究刑事责任的员工，宾馆有权将其立即开除。

4. 离职手续

凡获准离职的员工必须按照规定到人力资源部办理手续，交还酒店发放物品、如工牌、工作服、更衣柜钥匙、工具、备用金等。未能交还以上物品者，需按规定赔偿。如有占有酒店财物不归还者，酒店有权追究其法律责任。

5. 病假

员工申请病假需本人填写请假条，写明请假时间段，由部门经理签字后交至人事部。两天以内病假(不包括两天)，出示药品票据；两天以上(包括两天)须出示市级以上医院的有效证明；因病情严重，不能亲自请假，需当天电话告之主管领导(不得以短信形式告知)，或领导现场确认后方可执行。上岗后须向人力资源部补交《员工请假单》。

6. 事假

员工因特殊情况需要请事假，须由本人亲自办理请假手续，如不能及时申请，应电话通知部门经理，并征得许可。

员工请事假3天以内(不包括3天)须报部门经理批准，3天以上(含3天)须经总经理批准。

事假最少以半天为计算单位。

员工在工作时间内，不得擅离职守。临时有事外出，应征得部门主管、经理或总经理批准。

员工有事、因病或按规定享受假期，必须事先办理请假手续。员工请假由部门经理批准后，报人力资源部批准。

员工如需续假，应由本人亲自办理手续，如情况特殊，无法亲自办理，可由其直系亲属代办，未经批准，擅自续假者按旷工处理。

7. 旷工

员工无故缺勤被视为旷工，旷工是严重违反酒店规定的行为，连续旷工2天或全年累计旷工3天及以上的员工将做自动离职处理。

8. 员工工资发放时间及支付方式

员工工资收入按月发放，每月15日为员工工资发放日，节假日顺延。员工每月的工资收入通过银行转账，以存入员工个人工资账户的方式支付，具体的工资收入单将分发给每位员工。

个人承诺

本人已仔细阅读并理解上述的内容，在酒店工作期间，本人愿意遵守宾馆的各项规定。

签名：

请假申请表

申请人填写				
姓名	部门	职务	开始日期	结束日期
请假原因(划 √)				
病假	事假	婚假	丧假	孕产假
审批签字				
领班签字	主管签字	部门经理签字	人事部经理签字	总经理签字

续表

备注：(此表人事部审核后留存，部门考勤表做好标注)
① 病假需凭市级以上医院诊断书及病例方可生效；
② 事假 3 天以内(含 3 天)部门经理签批即可生效；
③ 其他假期需附带身份证复印件；相关结婚证；死亡证明、亲属关系证明；准生证请假方可生效；
④ 超过 3 天以上假期需人事部经理签批；超过 7 天以上假期需总经理签批方可生效；
⑤ 休假期间薪酬按员工手册执行；员工无特殊情况需先请假后休假。

5. 发放劳动合同，建立职工名册

根据劳动合同法的规定，劳动合同签订后，酒店与劳动者需要分执劳动合同；酒店应当将劳动合同交付劳动者。为证明用人单位已将签订的劳动合同交付给了劳动者，用人单位可以使用《劳动合同签收表》的方式，对已经签收劳动合同的劳动者进行登记、统计。用人单位还必须建立职工名册，以备查。

应用案例

某酒店经营旺季到来，由于接待任务重，人员紧缺，酒店总经理决定对人员录用要求给予放宽，满足临时用工需要。近期，人力资源部陆续招聘十几名服务员，其中有 2 名年龄不足 16 周岁。所有招聘的员工全部是面试合格后即上岗，未准确核对个人信息、办理健康证明、进行集中操作技能、安全培训。在一次大型接待中，不满 16 周岁(身份证年龄只有 14 周岁)的小王不慎滑倒，打碎的餐具和盛放的热汤，将小王划伤烫伤，住院期间，花费 3 万余元并造成手腕部分残疾。小王家长与酒店协商赔偿未果，一纸诉状将酒店告上法庭。

【案例分析】本案发生，一是由于酒店缺乏法律意识，违法雇用童工；二是未对员工采取相应的保护和培训；造成工伤事故后，对受害人产生无法挽回的身体损伤，对企业带来极大的负面影响和法律制裁。本案发生后，酒店除要全部支付医疗费、误工费，还要赔偿将来由残疾造成的巨大经济损失，另外未与职工签订劳动合同，也将面临处罚。

7.1.3 劳动合同的期限及终止

劳动合同的期限有 3 种：有固定期限的、无固定期限的和以完成一定的工作为期限的劳动合同。同时，如果有约定试用期，试用期是包含在劳动合同期限内的。

小贴士

以完成一定的工作为期限的劳动合同或者劳动合同期限不满 3 个月的，依照劳动合同法规定，该情形不得约定试用期。酒店用工中最常见的小时工、假期工、实习生等情形，均不能约定试用期。

根据《中华人民共和国劳动法》规定，如出现下列情况应填写终止或解除劳动合同的通知。

(1) 用人单位(甲方)因故单方面解除临时聘用人员劳动合同，应提前30日书面通知临时聘用人员本人，并向其出具解除劳动关系的有效证明(关于解除劳动合同的通知，一式4份，本人、用人单位、劳动部门备案)。

(2) 劳动合同期满或者劳动者本人提出终止合同，需提前30日通知用人单位。

(3) 因不可抗力导致劳动合同无法履行，劳动合同自动终止(战争、自然灾害)。

(4) 劳动关系主体一方消亡，劳动合同自动终止(酒店破产停业或劳动者死亡)。

===== 管理新思考 =====

员工辞职会有各种各样的原因，个人原因、工作原因都称为离职的理由。由于酒店行业用人情况的紧张，老员工的离职会对企业造成更大的影响。缺人或频繁换人造成服务质量的不稳定，企业凝聚力的下降都会对企业造成负面影响，但老员工的离职又是不可忽视和避免的现象。如何留住老员工？在员工的辞职信中和离职后进行动态跟踪或许会对日后的管理有所帮助。

===== 管理工具 =====

辞职人员的三级访谈制度及信息跟踪制度

某酒店在今年对员工《辞职申请书》中加入联系方式一栏，在员工递交辞职申请的时候，实行"三级访谈"制度。部门主要负责人一级访谈，部门经理二级访谈，人力资源部经理三级访谈制度，并将谈话记录下来。加强企业负责人对员工的关心，在离职审批关详细了解员工的离职心态，考虑是否能通过工作方式调整或工作岗位调整等形式留住骨干员工。

另外在员工办理离职后，人力资源部负责人不定时与离职员工保持联系，关心离职员工生活及环境变化，通过不间断联系，部分已经离职的老员工产生重新返回企业工作的想法，回店后以更加饱满的热情和感恩的情怀全力以赴开展工作，在社会上起到良好的宣传作用。

7.1.4 劳动合同的续订及变更

1. 劳动合同续订

劳动合同续订原则与劳动合同订立原则相同。提出劳动合同续订要求乙方应在合同到期前30天书面通知对方，续订劳动合同不得约定试用期。工作满十年，如劳动者提出，用人单位应与劳动者订立无固定期限劳动合同。

2. 劳动合同变更

当劳动合同订立时所依据的客观情况发生变化，致使某些条款内容需要调整，这种调整劳动合同部分内容的法律行为,就称之为变更劳动合同。用人单位与劳动者变更劳动合同应遵循的原则也是平等自愿、协商一致和符合法律三项原则。

7.1.5 补偿金核算

按照现行规定,劳动者辞职、擅自离职、用人单位依据《中华人民共和国劳动合同法》(以下简称《劳动合同法》)第三十九条辞退和劳动合同终止(地方有特殊规定的除外)等情况下,企业可以不支付经济补偿金。

反之,按照现行规定,用人单位违法解除劳动合同或者按照《劳动合同法》相关条款规定解除劳动合同的,用人单位应当向劳动者支付经济补偿。补偿金应按照具体情况和标准进行核算。具体如下。

(1) 客观条件发生变化双方协商未能达成变更而解除劳动合同、劳动者因病或者非因工负伤解除劳动合同、劳动者不能胜任工作被解除劳动合同等情况,企业应向劳动者支付经济补偿金。其中:

$$经济补偿金=1个月工资$$

《劳动合同法》第四十条:"有下列情形之一的,用人单位提前三十日以书面形式通知劳动者本人或者额外支付劳动者一个月工资后,可以解除劳动合同。①劳动者患病或者非因工负伤,在规定的医疗期满后不能从事原工作,也不能从事由用人单位另行安排的工作的。②劳动者不能胜任工作,经过培训或者调整工作岗位,仍不能胜任工作的。③劳动合同订立时所依据的客观情况发生重大变化,致使劳动合同无法履行,经用人单位与劳动者协商,未能就变更劳动合同内容达成协议的。"

(2) 因客观情况发生重大变化、经济性裁员解除劳动合同的经济补偿金计算:

$$经济补偿金=工作年限×月工资$$

(3) 用人单位违反规定解除或者终止劳动合同的赔偿金计算:

$$赔偿金=工作年限×月工资(工作年限超过12年的,按12年计算)×2$$

《劳动合同法》第四十七条:"经济补偿按劳动者在本单位工作的年限,每满一年支付一个月工资的标准向劳动者支付。六个月以上不满一年的,按一年计算;不满六个月的,向劳动者支付半个月工资的经济补偿。劳动者月工资高于用人单位所在直辖市、设区的市级人民政府公布的本地区上年度职工月平均工资三倍的,向其支付经济补偿的标准按职工月平均工资三倍的数额支付,向其支付经济补偿的年限最高不超过十二年。"第八十七条:"用人单位违反本法规定解除或者终止劳动合同的,应当依照本法第四十七条规定的经济补偿标准的二倍向劳动者支付赔偿金。"

(4) 用人单位违反规定没有与劳动者签订劳动合同的赔偿金计算:

$$赔偿金=月工资×2$$

(5) 用人单位违法解除劳动合同造成劳动者工伤、医疗待遇损失的赔偿金计算:

$$赔偿金=医疗费用×25\%$$

注:适应用人单位不签订合同、签订无效合同、侵犯女职工、未成年工健康,造成工伤、医疗待遇损失的。

(6) 用人单位违法解除劳动合同造成女职工、未成年工健康损害的赔偿金计算：
$$赔偿金＝医疗费用×25\%$$
注：适应用人单位不签订合同、签订无效合同，侵犯女职工、未成年职工健康，造成职工健康损害的。

(7) 用人单位逾期给付或不支付补偿金的经济补偿金计算：
$$经济补偿金＝原经济补偿金×1.5(即增加额外经济补偿金)$$

(8) 劳动者违法解除劳动合同的赔偿金计算：
$$赔偿金＝不得超过服务期尚未履行部分所应分摊的培训费用$$
$$＋培训期间的差旅费用＋因培训产生的用于该劳动者的其他直接费用$$

《劳动合同法》第二十二条："用人单位为劳动者提供专项培训费用，对其进行专业技术培训的，可以与该劳动者订立协议，约定服务期。劳动者违反服务期约定的，应当按照约定向用人单位支付违约金。违约金的数额不得超过用人单位提供的培训费用。用人单位要求劳动者支付的违约金不得超过服务期尚未履行部分所应分摊的培训费用。"

《中华人民共和国劳动合同法实施条例》第十六条："《劳动合同法》第二十二条第二款规定的培训费用，包括用人单位为了对劳动者进行专业技术培训而支付的有凭证的培训费用、培训期间的差旅费用以及因培训产生的用于该劳动者的其他直接费用。"

(9) 劳动者违反保密条款的赔偿金计算：
$$赔偿金＝被侵害的经营者损失$$

赔偿金＝侵权人侵权获得的利润＋合理的调查费用，适应于被侵害的经营者损失无法计算)

《劳动合同法》第二十二条："用人单位与劳动者可以在劳动合同中约定保守用人单位的商业秘密和与知识产权相关的保密事项。对负有保密义务的劳动者，用人单位可以在劳动合同或者保密协议中与劳动者约定竞业限制条款，并约定在解除或者终止劳动合同后，在竞业限制期限内按月给予劳动者经济补偿。劳动者违反竞业限制约定的，应当按照约定向用人单位支付违约金。"

(10) 用人单位招用未解除劳动合同的劳动者，造成原用人单位的损害的赔偿金计算：
$$赔偿金＝直接经济损失＋因获得商业秘密给原单位造成的经济损失$$
$$(＝被侵害的经营者损失或者侵权人侵权获得的利润＋合理的调查费用)$$

(11) 用人单位承担连带责任的赔偿金份额的计算：
$$赔偿金＝赔偿总金额×N(70\%\leqslant N\geqslant 100\%)$$

(12) 劳动者承担连带责任的赔偿金份额的计算：
$$赔偿金＝赔偿总金额－用人单位的赔偿金额$$

7.1.6 非全日制合同用工

酒店根据自身经营特点，淡、旺季用人需求及综合人力成本控制方面等因素，在人员配比不足时，可采用非全日制劳动人员，即小时工。小时工在聘用方面应注意以下事项。

(1) 非全日制劳动者在同一用人单位一般平均每日工作时间不超过 4 小时。每周工作时间累计不超过 24 小时。

(2) 非全日制用工不得约定试用期。

(3) 非全日制用工小时计酬标准不得低于最低小时工资标准。

(4) 非全日制用工劳动报酬结算支付周期最长不得超过 15 日。

(5) 用人单位必须为劳动者缴纳工伤保险，否则发生工伤事故则要承担相关责任。

7.2 酒店员工劳动保护

7.2.1 劳动保护的目的与任务

酒店劳动保护工作的目的，就是通过采取技术措施、组织措施和必要的辅助措施，不断地改善劳动条件，以保障职工在工作中的安全和健康。劳动保护工作的任务，就是要采取各种有效措施，及时消除工作过程中的不安全、不卫生因素。它包括食品卫生安全、生产经营安全、伤亡事故处理、个人劳动卫生防护、劳动者健康检查、女职工与未成年职工的特殊劳动保护等工作。

具体地讲，它包括以下几个方面。

(1) 力争减少或消灭工伤事故，保障劳动者安全生产经营。

(2) 力争防止和消灭职业病，保障劳动者身体健康。

(3) 搞好劳逸结合，保证劳动者有适当的休息时间，使劳动者经常保持精力充沛。

(4) 根据妇女的生理特点，对女工进行特殊保护。对未成年人也应进行相关特殊保护。

7.2.2 酒店劳动保护管理

制定劳动保护管理制度及费用预算各项劳动保护管理，要有一定的组织措施和技术措施保证为基础。食品安全卫生、生产经营安全必须与企业的经营计划相结合，同时设计财务预算、系统管理等各项工作。

1. 规章制度

规章制度包括安全生产责任制，安全生产教育制度，安全卫士认证制度，重大事故隐患管理制度，伤亡事故报告和处理制度，各类消费治安事件应急预案，个人劳动安全卫生防护用品管理制度，劳动者健康检查制度。

2. 费用预算

酒店劳动保护管理费用可分为以下各类：健康检查费用(健康证体检证明)个人劳动安全卫生防护用品费用(如防寒防暑补助、工作服等)，劳动安全卫生教育培训经费(如各种培训课、各种演练演习等)，工伤保险费，工伤认定费用等。

7.2.3 员工安全教育

为了增强员工的安全卫生意识，提高员工安全卫生操作水平，贯彻企业劳动安全卫生教育制度，必须结合实际情况，对员工组织实施不间断安全卫生教育、培训和考核。岗位安全卫生教育内容为安全卫生知识教育和遵守劳动安全卫生规范教育。

1. 新员工实施三级安全卫生教育

三级安全卫生教育即组织入店安全消防及应急预案处理培训；上岗后部门进行安全操作培训；到达班组后组织突发事件处理及劳动保护培训。

2. 特种作业员工和其他员工培训

对特种作业人员进行安全技术和特定安全卫生技术理论教育和操作培训(如工程强电人员、电梯维修人员、后厨厨师等)，经考核合格后并获得"特种作业人员操作证"方准上岗。组织生产管理人员、特种设备设施检测检验人员、酒店救护人员进行专门专项培训。组织岗位技能培训教材、设计培训课程。组织安全卫生教育、各种消防安全演习、突发事件处理演练等培训。

应用案例

某女职工 C 某 2014 年 2 月与中外合资的酒店签订为期两年的劳动合同。2015 年 10 月发现怀孕，4 个月后，酒店以劳动合同到期为由与 C 某终止劳动合同。C 某不服，一是认为自己是按照国家计划生育政策生育，应当受到法律保护；二是，如果解除劳动合同，没有经济收入会给家庭生活带来困难。因此，向当地劳动仲裁委员会提出申诉。

【案例分析】《中华人民共和国劳动法》第二十九条规定，用人单位不得在女职工孕期、产期、哺乳期解除劳动合同。《女职工劳动保护规定》第四条：不得在女职工怀孕期、产期、哺乳期降低其基本工资，或者解除劳动合同。此案例中，虽然酒店与 C 某签订的劳动合同已到期，但是 C 某怀孕、生育符合国家计划生育政策，根据国家法律规定，合同期应该延长至哺乳期满。结论：①酒店撤销与 C 某终止劳动合同的决定。②双方履行劳动合同至 C 某哺乳期满。

7.3 劳动争议处理

劳动争议此话并非前卫、新鲜，但是劳动者与用人单位之间却是永恒。现今随着企业经营机制的不断转换、劳动用工制度的不断推进，劳动争议案件正呈现明显上升趋势。过去主要是因行政处分引发劳动争议，而当前已经出现了大量因福利、保险、待遇引起的纠纷以及因休息权、工作权发生的纠纷并在逐步上升。

案例讨论

2015年3月，当事人小王找到一份山东省淄博市张店区某大酒店的工作，缴纳了100元工作服押金，并于3月22日开始正式上班，双方一直未签订书面劳动合同，酒店也未给小王缴纳养老、医疗、工伤、生育及失业5项社会保险。到6月份，酒店口头通知小王不用来上班了，并以不结算当月工资为要挟，要求小王签了离职报告，以掩盖酒店非法辞退员工的事实，最终小王被迫签了这份离职报告。在6月份小王的工资结算单上，酒店扣掉工作服折旧费153元与餐具赔偿费101元，仅剩余工资100多元，小王辛苦忙了大半月才赚100多元，实在忍无可忍，于是将酒店告上淄博市劳动争议仲裁委员会，请求法律帮助，笔者作为小王的委托代理人参与了该案的全部过程，并取得了圆满的结果。最终笔者通过执行局强制执行，酒店赔偿小王的工资、加班费及五项保险等共计4000元。

【课堂讨论】
酒店对小王的辞退处理是否符合法律法规？对于劳动争议处理企业应遵循什么原则？

7.3.1 劳动争议的概念

根据《劳动合同法》的有关规定，劳动争议也叫劳动纠纷，它是指饭店员工与饭店之间在履行劳动合同的过程中，发生的因权利与义务之间所产生的争议或纠纷。

7.3.2 劳动争议的内容

饭店劳动争议的内容主要有以下几个方面。

(1) 饭店和职工之间因国家有关工资、福利、保险、培训、劳动保护规定而发生的劳动法规的劳动争议。

(2) 因饭店解除劳动合同或职工辞职、离职而发生的终止劳动关系的劳动争议。

(3) 履行劳动合同的劳动争议，包括饭店和员工之间因执行、变更、解除劳动合同而发生的争议。

(4) 有关就业培训和职业训练等方面问题。

(5) 有关工作时间和休息、休假等问题。

(6) 其他劳动争议。饭店与员工发生劳动争议，当事人可以依法申请调解、仲裁或提起诉讼，也可以协商解决。

(7) 有关社会宏观因素和企业外部环境等问题，如通货膨胀、失业、社会保障、国家投资、政治因素和税率等。

7.3.3 劳动争议的原因

劳动争议的原因很多，概括起来劳动争议的原因有来自社会、企业和个人3个层次。

1. 社会层次

(1) 劳动关系主体双方的具体经济利益差异性更加明显。
(2) 劳动立法及劳动法规的制定滞后且不配套。
(3) 人们的法治观念淡薄。
(4) 我国劳动力市场供过于求。
(5) 过去劳动关系中长期遗留问题的显性化。

2. 企业层次

企业内部劳动规章制度不合理、不健全或不依合理程序制定，企业法治观念淡薄，人力资源部管理人员缺乏在劳动争议管理方面的专业训练。

未经协商 员工有权拒绝调岗

小刘两年来一直在某连锁饭店担任门卫工作，饭店和小刘的住所都在城北，上班也比较方便。然而一年后，单位人事部门经理突然通知小刘，由于工作需要，准备把他抽调到城南的另一连锁店工作。小刘听了很是郁闷，他感觉自己已经在此地工作了两年，各方面都比较熟悉，交通也比较方便，所以不想轻易调动，之后他主动和人事部门沟通，却遭到了拒绝。然而，更让他意外的是，3天后，单位向他发出了辞退通知书。

为了维护自己的权益，小刘把单位告上了法庭，要求饭店撤销之前下发的辞退通知书，恢复双方的劳动关系，并支付自己自被辞退之日起至恢复劳动关系之日的全部工资。法庭上，小刘说，单位在没有提前和他协商的情况下，突然要求他到另一连锁店上班，他和单位协商后，也没有任何结果，最后小刘提出，就算是必须调动，单位也应给他一段考虑和准备的时间，可他很快却收到了单位的辞退通知书。

小刘认为，单位没有说明调岗的合理性，也没有尽到提前和员工协商的义务；而饭店代表则辩称，虽然合同中约定小刘的工作地点在此分店，但饭店的性质属连锁经营，当初小刘是与总店签订的劳动合同，而总店有调动员工岗位的权力，所以小刘不服从用人单位调动的行为，严重违反了饭店的规章制度，所以辞退小刘符合法律规定。

根据《劳动合同法》第三十五条规定，用人单位与劳动者协商一致，可以变更劳动合同约定的内容。变更劳动合同，应当采用书面形式。变更后的劳动合同文本由用人单位和劳动者各执一份。这也意味着，在劳动合同没有特别规定的情况下，调整岗位作为合同变更的重要内容，必须满足两个基本前提：①双方协商一致；②采取书面形式。二者缺一不可，用人单位若没有经过协商一致而单方调岗，员工有权拒绝。劳动合同应当按原约定继续履行。

3. 个人层次

(1) 贪图私利，钻企业政策空子的心理。
(2) 法治观念淡薄。
(3) 习惯观念制约。

7.3.4 处理劳动争议的原则

《中华人民共和国企业劳动争议处理条例》第四条规定,处理劳动争议,应当遵循下列原则。

(1) 着重调解,及时处理。
(2) 在查清事实的基础上执行处理。
(3) 当事人在适用法律上一律平等。

在发生劳动争议后,我国的处理机制一般是这样:当事人双方协商解决,不愿协商解决或协商不成的,可以向本单位劳动争议调解委员会申请调解,调解不成的可以向劳动争议仲裁委员会申请仲裁。当事人也可以直接向劳动争议仲裁委员会申请仲裁。对仲裁不服的,可以向人民法院起诉,由法院对劳动争议做出审判。

7.3.5 劳动争议的处理

1. 协商

协商是争议双方当事人在自愿、平等的基础上,自行协商解决争议。协商不是解决劳动争议的必经途径,不愿协商的,可以向本单位劳动争议调解委员会申请调解,也可直接向劳动争议仲裁委员会申请仲裁。

2. 调解

调解是指劳动争议当事人,在饭店劳动争议调解的主持下,查明事实、分清是非、明确责任,用民主协商的方法解决争议。劳动争议发生后,当事人可以向在本单位设立的劳动争议调解委员会申请调解。当事人有权不申请调解,或者在调解过程中拒绝调解,或达成调解协议后反悔,有权选择仲裁与诉讼途径解决劳动争议。

3. 仲裁

劳动仲裁是指由劳动争议仲裁委员会对当事人申请仲裁的劳动争议居中公断与裁决。在我国,劳动仲裁是劳动争议当事人向人民法院提起诉讼的必经途径。

案例处理结果

由于小王未与酒店协商解决劳动争议,经过劳动仲裁受理,判定如下。

1. 关于经济补偿金的问题。

根据《劳动合同法》第三十八条的规定:"用人单位有下列情形之一的,劳动者可以解除劳动合同:(二)未及时足额支付劳动报酬的;(三)未依法为劳动者缴纳社会保险费的"。第四十六条规定:"有下列情形之一的,用人单位应当向劳动者支付经济补偿:(一)劳动者依照本法第三十八条规定解除劳动合同的。"代理人认为,被申请人应当支付经济补偿金是符合《劳动合同法》规定的。在申请人填写的格式文本的离职报告中,虽然写的原因是"家中有事",但由于用人单位利用其强势地位根本不可能允许申请人写明真实原因。对于离职原因不能机械地依照第三十八条列举的理由的认定,代理人认为应当依据查明的事实结合立法的本意认定。代理人认为,第四十六条中的表述"依照本法第三十八条的规定"是"按照某法条依据"这一法律术语的通常表达,即只要被申请人客观上有第三十八条规定的情形之一,劳动者解除劳动关系后以此为依据要求予以经济补偿的,就应当依法支持申请人的请求,而不应教条地要求劳动者的辞职理由必须与第三十八条的情形完全相符,这是对法律的曲解,更是不符合劳动合同法保护弱势劳动者权益的本意。更何况在现今劳动者素质参差不齐的情况下,一味要求劳动者写辞职理由时必须完全按照《劳动合同法》第三十八条的规定,是对劳动者法律素质的过分要求,也是与我国的现实情况相背离的,不符合我们的国情和法律实践。法的灵魂在于法与实际相结合,根据立法者的本意适时灵活地进行判案。

根据《劳动合同法》第四十七条:"不满六个月的,向劳动者支付半个月工资的经济补偿。本条所称月工资是指劳动者在劳动合同解除或终止前12个月的平均工资。"据此,被申请人应当向申请人支付半个月工资的经济补偿金。由于计算月平均工资,需要单位的加班时间记录作为依据,因此敬请仲裁庭依法调取被申请人的"加班时间记录"。

另外,根据《违反和解除劳动合同的经济补偿办法》第三条:"用人单位克扣或者无故拖欠劳动者工资的,以及拒不支付劳动者延长工作时间工资报酬的,除在规定的时间内全额支付劳动者工资报酬外,还需加发相当于工资报酬 25%的经济补偿金。"由于被申请人拒不支付足额加班费的事实存在,所以被申请人应当加发 25%工资报酬的补偿金。

2. 关于赔偿金的问题

被申请人提供的申请人填写的离职报告,并非申请人的真实意思表示,事实是被申请人口头辞退申请人时,对申请人胁迫的结果,如果申请人不填这个离职报告,被申请人就将不给申请人结算被辞退当月的工资(即6月份工资)。这个离职报告是被申请人自己印制的格式文本,每当辞退职工的时候拿出来让职工填写,从这点也可以看出,申请人并非是离职,而是被申请人违法解除劳动关系(被辞退)的结果。对于这一事实,敬请仲裁庭依据法律和现有证据认定相关法律事实,依法裁决。

根据最高人民法院关于审理劳动争议案件适用法律若干问题的解释法释〔2001〕14号第十五条与《劳动合同法》第八十七条的规定:"被申请人向申请人支付经济补偿的同时,还应支付相当于经济补偿标准2倍的赔偿金。"

第十五条:"用人单位有下列情形之一,迫使劳动者提出解除劳动合同的,用人单位应当支付劳动者的劳动报酬和经济补偿,并可支付赔偿金拒不支付劳动者延长工作时间工资报酬的;低于当地最低工资标准支付劳动者工资的。"被申请人每月支付申请人的加班费只有几十元,与实际加班工资相差甚远,这点从被申请人拒不提交加班记录也可以得到印证。另外,被申请人每月支付申请人的基本工资是 700 元,低于淄博市张店区 2008 年 760 元的最低工资标准。据此,被申请人应当支付申请人经济补偿金,这点也与第一个问题中论述的观点相一致,并且,被申请人支付赔偿金也是符合这条法律规定的。

3. 关于每月支付 2 倍"工资"中"工资"计算标准的问题

根据《劳动合同法》第八十二条的规定:"用人单位自用工之日起超过一个月不满一年未与劳动者订立书面劳动合同的,应当向劳动者每月支付 2 倍的工资。"在《劳动合同法》第九十七条中规定,"本法施行前已建立劳动关系,尚未订立书面劳动合同的,应当自本法施行之日起一个月内建立。"这条规定是给 2014 年 1 月 1 日劳动合同法施行之日还没有订立书面劳动合同的给予一个月的宽限期,也就是自 2014 年 2 月 1 日开始,所有用人单位必须严格按照《劳动合同法》的规定与劳动者订立书面合同。希望仲裁庭站在公正的立场上,维护法律尊严,真正做到"法治"。

申请人自 2014 年 3 月 22 日开始在被申请人处上班,到 4 月 10 日左右,由于被申请人经营原因,将申请人调换了工作岗位，被申请人以现金的形式支付给申请人3月22日到4月10日这段时间的工资300多元，这一行为没有工资条的书面凭证。被申请人只是提供了4月份的工资条，上面只是对出勤天数有个数字记载，并不能真实反映申请人4月份出勤的具体情况，被申请人有义务提供4月份的出勤记录，否则应承担不利后果。对于3月22日至31日期间的考勤情况，被申请人没有提供考勤表的证据，仲裁庭证据质证时对这段时间的出勤也没有要求被申请人提交，根据《劳动仲裁法》第六条的规定，被申请人应该承担不利后果。

根据相关法律规定，工资包括加班费与奖金等各种形式的报酬。《工资支付暂行规定》第三条："本规定所称工资是指用人单位依据劳动合同的规定，以各种形式支付给劳动者的工资报酬。"《关于工资总额组成的规定》第四条："工资总额由下列六部分组成：……(三)奖金……(五)加班加点工资……"《关于最低工资执行中几个具体问题的通知》："六、下列各项在最低工资标准以外，由用人单位另行支付：(一)延长工作时间的加班加点工资……"因此被申请人支付申请人2倍工资，应是以基本工资与加班费及奖金等实际应发工资为基数的2倍，而且基本工资不得低于当地最低工资标准，低于的按最低工资计算基本工资。

4. 关于被申请人"加班(时间)记录"举证责任的问题

根据《劳动争议调解仲裁法》第六条、第三十九条的规定："与争议事项有关的证据属于用人单位掌握管理的，用人单位应当提供；用人单位不提供的，应当承担不利后果。""劳动者无法提供由用人单位掌握管理的与仲裁请求有关的证据，仲裁庭可以要求用人单位在指定期限内提供。用人单位在指定期限内不提供的，应当承担不利的后果。"对于加班的记录，属于用人单位掌握管理的证据，被申请人应当提供，否则应当承担不利责任。而且由于被申请人属于餐饮行业，加班加点属于正常现象，被申请人每月支付的加班费也得需要以这个加班时间(每日加班的小时数)记录为计算依据，再者，被申请人内部规定，每天加班最多计算3小时，按每小时5元6角计算加班费，超过3小时的部分不再支付，也就是每日加班费最多支付约20元。对于这点，第一次开庭时被申请人并无异议。这也进一步证明被申请人肯定有一个每天加班时间的书面记录，而且申请人工作期间也确实看到过这个记录。再者，第一次开庭时，仲裁庭已经明确告知被申请人在第二次开庭时提交这个加班记录，被申请人当时也答应了，并没有表示"没有加班记录"，对于被申请人第二次开庭时表示"没有加班记录"的行为，申请人认为这是对法律的亵渎，更是对劳动者权利的无视，期望仲裁庭严格按照法律的规定，向被申请人调取这个证据，作为确定加班费等的依据，维护法律的尊严。

5. 关于缴纳社会保险费的问题

根据《劳动法》第七十二条"用人单位和劳动者必须依法参加社会保险，缴纳社会保险费。"被申请人应该为申请人缴纳工作期间的养老、工伤、失业、生育、医疗共5项社会保险。

本 章 小 结

介绍员工劳动关系管理中《中华人民共和国劳动合同》制定内容及注意事项，掌握续签、解除程序，以及劳动补偿金核算办法。了解员工劳动保护内容及安全教育原则。对劳动过程中产生的劳动争议解决的原则及程序，在既维护企业利益，又兼顾劳动者利益的原则下处理劳动争议。

复习思考

一、关键术语

劳动关系　　劳动合同　　劳动保护　　经济赔偿金　　劳动争议

二、课上讨论

1．劳动合同的订立程序是什么？
2．新员工入职的审核程序有哪些？
3．劳动合同终止和解除时，用人单位应注意哪些事项？
4．劳动补偿金计算种类有哪些？
5．为什么说员工的安全教育非常重要？
6．劳动争议解决的途径有哪些？
7．劳动争议中应遵循怎样的方式解决？

三、经验性练习

1．实践内容
登录酒店官方网站，查阅相关资料，讨论并分析。
2．实践课程学时
2学时。
3．实践目的
通过网站搜集和分析资料，掌握相关知识技能。
4．实践环节
第一步：以组为单位(2～3人一组)，登录相关网站，查阅相关资料。
第二步：以组为单位，讨论。
5．技能要求
(1) 能够熟练应用互联网查阅资料。
(2) 能够通过案例学习，归纳应具备的技能。

四、实践体验

假如你是一家酒店的人力资源部部门经理，请模拟制度一份符合本企业的劳动合同。

五、案例分析

某酒店工程部电工小王，家在外地，住酒店提供的单身宿舍。在休息时，未经班组长同意，和同班组同事(同事在上班)到包房换吊灯灯芯。由于未按操作规程执行，小王从工作梯摔下来，结果造成尾骨骨折，单位将小王及时送至医院并支付医疗费8000余元。半个月后小王出院，在寝室休息静养，但由于其年轻好动，本人未按医嘱平躺，而是下地走动，造成二次尾骨错位。小王无法再继续工作，辞职回家。企业在小王住院到辞职期间，共计支付6个月全额工资。小王离职6个月后，以工伤致残为理由，到劳动仲裁机构投诉，要求企业支付共计医药费误工费等7万余元。

试分析：
1．小王在本案例中，哪些做法不合理？
2．企业在小王受伤期间的处理是否合理？
3．本案例中，小王最终能否得到本人要求的工伤赔偿金？

第8章 酒店员工职业生涯管理

>>>>> 学习目标

知识目标	能力目标
(1) 了解职业、职业生涯、职业生涯管理等概念的内涵和外延 (2) 掌握酒店员工职业生涯管理的重点工作 (3) 能够理解职位变动管理的意义 (4) 掌握入职、职中、离职管理的内容	(1) 能够进行有针对性的职业生涯规划 (2) 能够做好员工职业开发工作 (3) 能够选择适合员工发展的职位变动路径与模式 (4) 能够操作员工入职、职中、离职管理

第 8 章　酒店员工职业生涯管理

开篇微型案例

香格里拉酒店经理谈员工职业生涯规划

在一次访谈中，香格里拉酒店的管理者谈到员工职业发展问题时，介绍了他们酒店的做法：酒店会为员工制定适合的职业生涯规划，尤其是知识型、高素质、高学历的员工。这是留住员工、开发员工、培育员工的一条途径。这样可以使员工对自己的未来有一幅蓝图，能够带领员工登上高峰。对应职业生涯规划方案，酒店会给员工安排适当培训，如派员工到兄弟酒店学习，既提高了员工的服务质量，又调动了其工作积极性。

通过培训，甚至连清洁员都会说常用英文。在工作之余，员工们还要参加英语培训，并定期考核。还要学习日常英语会话，以便随时解答客人的需要。作为一家知名的国际性酒店，香格里拉给予员工成长的机会，让大家能感受到在酒店工作的发展前景。

案例评析： 目前，我国酒店行业为员工制定职业生涯规划的实践不是特别完善。各酒店为了节约成本，为员工的职业发展考虑甚少。而在一些知名的酒店，人力资源管理比较成熟，为员工量身定制职业生涯发展规划，从而留住员工的心，让员工与酒店一起成长。员工的职业生涯管理是酒店人力资源管理的重要一环。

8.1　酒店员工职业生涯管理概述

随着酒店人力资源管理理论不断发展、内容不断丰富，酒店员工职业生涯管理已经成为各企业人力资源部的常用工具。面对激烈的竞争，职业生涯管理能够不断地开发和培育人，为酒店企业提供高素质的人才保证。

8.1.1　职业、职业生涯和职业生涯管理

虽然职业生涯管理理论与实践在国外已经相当成熟，但我国尚处于对理论的引入与消化阶段，酒店业员工整体职业生涯管理的意识还相当薄弱，除了少数外资酒店外，大部分内资酒店尚无系统的职业生涯管理。下面先从几个基本概念讲起。

1. 职业

我们可以这样定义职业(Career)：一个人在许多年之内拥有的一系列职位。许多人在回顾他们的职业时会感到满意，因为他们达到了原来期望的结果，他们的职业目标实现了。另一些人不是如此幸运，他们感到生命和潜能并没有得到充分发挥，至少在职业中是这样。

2. 当今的职业与传统的职业

在传统看来，职业是一种在一两家酒店里向上的、直线的晋升，或者是在某一职业稳

定地就业。当今,一些人的职业更像是"受个人驱动的,而非组织驱动,并且随着人和环境的变化,个人也不时地对此进行调整和变动"。因此,有些人就将跳槽作为职位晋升,或者跨越职业周期的一个有效手段,这一现象在酒店行业尤为明显。

以前,酒店员工用忠诚换取工作的稳定。现在,员工用工作绩效换取培训、学习和开发等这些可以帮助他们更适应市场的东西。这就意味着现在像培训和甄选这样的人力资源活动的目标会更宽泛一些,而不仅仅是根据岗位需要来配置人员,而且为了满足酒店的需要,这些活动必须设计得可以服务于员工的长期兴趣,尤其是它们必须鼓励员工成长和发挥他们的全部潜能。

因此,当今的职业开发与传统的职业开发关注点完全不同,在职业开发活动中,更加注重培训和考核活动的应用。传统的职业开发与现代的职业开发不同的关注点比较,见表 8-1。

表 8-1　传统的与当今的职业开发不同关注点比较

人力资源活动	传统的关注点	当今职业开发关注点
人力资源规划	分析现在的、未来的工作、技能和任务,列出需求计划,使用统计数据	增加了关于个人兴趣、偏好等方面的数据信息
员工培训	提供学习机会,主要学习与工作相关的技能、信息和工作态度	提供专业路径信息;增加个人成长定位
绩效评估	惩罚,或者奖赏	增加开发计划和个人目标设定
招募和安置	将符合条件的个体与组织需要相匹配	基于包括员工职业兴趣的一些变量来匹配个体与工作
薪酬和福利	付酬的依据是时间、能力、绩效等	增加作为奖赏的、与工作无关的活动

3. 职业生涯

职业生涯指的是一个人从职业学习伊始,至职业劳动结束,包括整个人生职业工作历程,即将职业生涯限定于直接从事职业工作的这段生命时光,起始于任职前的职业学习和培训。管理学家施恩(Edgar H. Schein)对狭义的职业生涯又进行深入分析,并将其分为外职业生涯和内职业生涯。外职业生涯是指经历一种职业的通路,包括招聘、培训、晋升、解雇、退休等各个阶段。内职业生涯更多地注重取得的成功或满足主观感情以及工作事务与家庭义务、个人休闲等其他需求的平衡。

4. 职业生涯管理

职业生涯管理是企业人力资源管理的重要内容之一,它是指组织和员工对企业员工个人的职业生涯进行设计、规划、执行、评估、反馈和修正的一个综合性的过程,是企业提供的用于帮助企业内从事某类职业的员工的行为过程。通过员工和企业的共同努力与合作,使每个员工的职业生涯与企业发展目标一致。

职业生涯管理紧扣组织职业生涯管理和自我职业生涯管理。组织职业生涯管理指组织针对个人和组织发展需要所实施的职业生涯管理,即组织帮助员工具体设计及实现的职业生涯计划。它不仅包含企业职业生涯管理的方法与程序，而且还包含企业人力资源招聘计划、职业生涯通道设置、企业继任计划、顾问计划、退休计划以及企业职业生涯落实措施等诸多内容。自我职业生涯管理是指员工为了满足自己发展的要求，根据自己的实际，在组织内寻求职业自我完善的过程。员工是自己的主人，自我管理是职业生涯成功的关键。

8.1.2 酒店员工进行职业生涯管理的意义

酒店人力资源管理呼唤协调个人与企业发展的管理理论及工具，职业生涯管理的引入对酒店人才开发与管理及酒店企业大学生员工的个人发展均具有重要的现实意义，具体表现如下。

1. 有助于吸引人才

良好的员工职业生涯管理可以为员工提供广阔的职业发展天地，吸引大学毕业生投身酒店事业，避免因长时间从事一线工作又看不到自身职业发展前景而在职业选择时舍弃酒店企业的现象。

2. 可以提升现有人才品质

职业生涯管理尊重员工个人的能力、兴趣及职业生涯发展。相关的职业生涯规划、职业咨询、职业培训，等等，可以有计划、有步骤地帮助员工不断成长，在职业生涯发展路途上不断取得进步。酒店员工自身的发展，实现其自身发展目标的同时，也为酒店的发展贡献了力量。

3. 有助于酒店留住人才

酒店员工流失严重，离开酒店的员工主要有两种去向：一是离开酒店行业转投其他行业寻求更好的待遇或工作环境等；二是到其他的酒店寻求更好的职业发展。酒店开展员工的职业生涯管理，为其提供有针对性的职业生涯规划，并明确其职业发展空间及发展路径，满足其对自身发展的需要，从而提高员工对酒店企业的忠诚度，达到留住高素质人才的目的。

很多情况下，企业赢得员工敬业和奉献精神的关键就在于，能否为自己的员工创造条件，使之有机会获得一份有成就感和自我实现感的职业。通过职业生涯规划，企业能更全面地了解员工的兴趣、爱好、理想，可以根据员工的职业目标和现状安排员工的培训，使员工看见他在企业的成长方向和成长空间，使个人职业目标和企业目标统一起来，从而调动员工的积极性，提高员工的敬业度，让员工的工作满足是来自职业发展。

企业则能达到自身人力资源需求与员工职业生涯需求之间的平衡，创造出一个高效率的工作环境和引人、育人、留人的企业氛围。企业帮助员工的职业发展，通过个人发展愿望与组织发展需求的结合实现企业发展，达到企业目标。

(资料来源：刘湘勇，全球职业规划师、锐旗人力银行加盟连锁机构营运总监)

8.1.3 酒店职业生涯管理现状及问题

酒店中职业生涯管理现状令人喜忧参半。可喜的一面是各五星级酒店都相当重视员工的职业生涯管理；令人担忧的一面是其职业生涯管理工作中存在着许多不足，已严重制约了酒店的发展，特别是优质人力资源的吸引和开发做得不到位。目前，酒店企业职业生涯管理的主要问题如下。

(1) 职业生涯管理基础工作开展不足。尽管酒店对职业生涯管理较为重视，然而关系到资金的投入、制度的建立等一系列问题，却没有落到实处；此外，酒店职业生涯管理工作的开展，还涉及有关理论、技术支持等专业性较强的工作，除了酒店各级管理人员的配合外，还需要专业的职业生涯管理人士来具体操作，才能保证其科学有效性。酒店却不能全面保证对职业生涯管理的资源及人力的投入。

(2) 职业生涯阶段管理不尽如人意。酒店进行的一系列人力资源开发、培训、评估等，往往是从酒店的生存与发展需要出发，之后才考虑为员工提供发展空间。从员工角度来说，工作或就业的动机是使职业工作同自身的各种需求取得平衡。在其为实现酒店发展目标的奋斗中更多考虑的还是自己的发展与所得。如果后者没有被满足，也就谈不上对酒店的奉献。为实现酒店的发展而奋斗也就成为一句空谈。尽管员工与酒店通过职业岗位联系在一起，但二者的发展目标却存在差异。

(3) 职位变动管理是薄弱环节。在酒店竞争日益激烈的情况下，个体的求职择业已不再是被动的、静态的，而是一个主动、动态的过程。如果个体在酒店中的各种基本需求得不到满足，就会寻求外部发展，寻找机会对自己的职业生涯做出调整。这也是酒店企业中员工流失率较高的原因之一。

小贴士

员工职业生涯规划只是一个口号。实际上，许多酒店的员工职业生涯规划最多只是一个规划的思路，并没有根植于本酒店的具体管理工作及员工的激励体系与之相配套。但是许多酒店习惯于将其所谓员工职业生涯规划在招聘新员工时进行夸大宣传和承诺，而对于其具体的实施却没有实质性的内容，而导致许多员工工作一段时间以后感觉没有希望而最终选择另谋高就，这些酒店也就在如此往复中陷入止步不前的困境。

员工职业生涯规划没有做到员工需求与企业需求的有机结合。许多酒店的员工职业生涯规划是企业自行制定的，没有做到与员工的很好沟通，不能真正体现员工作为个体的职业发展的要求。因为每一个人、每一个岗位的职业生涯规划各有不同。如此一来就形成了一种类似于两张皮的状态，不能达到预期的效果。并且录用新员工之后，中小酒店也缺少对员工个人的职业生涯规划的引导教育。

(资料来源：中外酒店，www.88ht.com)

总之，职业生涯管理的作用在于帮助管理者有效地管理员工的职业。职业生涯管理就是使我们明确员工、管理者和酒店雇主在职业开发中所扮演的角色，以及晋升和调任的程序。

8.2 酒店员工职业生涯管理的重点

可以说，职业生涯就是一个人一生中从事职业的全部历程。整个历程可以是间断的，也可以是连续的，它包含一个人所有的工作、职业、职位的外在变更和对工作的态度、体验的内在变更。而职业生涯管理是指个人和组织对职业历程的规划、职业发展的促进等一系列活动的总和，包含职业生涯决策、设计、发展和开发等内容。

之所以要对酒店员工进行职业生涯管理，其作用在于以下几方面。

(1) 有助于提高个人人力资本的投资收益。在职业生涯规划的基础上，有的放矢地投资，获取所必需的职业能力，提高人力资本投资的收益。

(2) 有助于降低改变职业通道的成本。从事酒店职业后再去改变职业通道，成本特别是机会成本往往很高。职业生涯规划和管理能够有效避免或者减少改变职业通道的成本。

(3) 有助于酒店企业的发展。酒店企业通过职业生涯管理，了解并整合各种类型的人力资源，最大限度地做到"职得其人，人尽其才"，有利于组织与个人的共同发展。因而，酒店企业越来越重视员工的职业生涯管理工作，其重点工作是职业开发和职业规划。

8.2.1 酒店职业生涯管理的基础

我们可以将职业生涯管理(Career Management)定义为一种程序，这种程序可以让员工能更好地理解和开发他们的职业技能和兴趣，并很有效地在酒店内和离开酒店后运用这些技能和兴趣。职业开发(Career Development)是终身连续性的活动，可以服务于一个人的职业开发、确立和成功。职业规划(Career Planning)是深思熟虑的程序，在这个程序中，一些人意识到了个人技能、兴趣、知识、动机和其他的特征；获得了关于机会和选择的信息；确定了职业相关目标；确立了达到具体目标的行动计划。

酒店雇主通过影响人力资源管理过程来影响员工的职业。招募、甄选、安置、培训、考核、奖赏、晋升和分流员工都影响着个人的职业，继而影响员工的职业满意度和成功。目前外资酒店在员工职业生涯管理方面拥有比较成熟的制度，能够制定一些相对正式的职业生涯管理程序，而目前国内管理的酒店在这方面做得还不够。

8.2.2 职业开发

职业的意义在于为员工提供一种理解他们职业选择的视角以及为了追求最有吸引力的职业他们所能采取的行动。并且，一个人总是为工作变动不断地学习技能，这本身可以使员工变得更加灵活，更可能获得职业的成功。

1. 职业开发的功能

一位负责3500名员工的保险公司的人力资源副总，进行了一项调查。对于离开组织的员工，自愿离开的人中提到其离职原因时，90%提到了组织缺少专业的职业开发，以及他们的上级管理者在这一领域提供给他们的支持水平不高。

传统的职业开发关注员工在本酒店的职业开发，比如管理者会经常针对某位员工考虑类似这样的问题。

(1) 你认为此员工下一步合理的步骤是什么，6个月后他能做什么，1年以后他能做什么，2年以后他能做什么，什么时候能做好准备？

(2) 此员工在5年内最有可能的提升是什么？

(3) 此员工为提升在知识、培训方面，需要做哪些准备？

(4) 此员工需要接受哪些管理培训？

可是，对于许多人来说，现实情况是他们在工作年限中会变换几个雇主(或许是职业)。因此，当今职业开发的重点是促进自我分析、开发和管理。对于雇主来说，职业开发也具有多项功能。雇主为员工提供了工具、环境和技能开发的机会，这样员工可以更好地服务酒店，充分发挥酒店的潜能。可以说，职业开发可以培养员工的忠诚度。为了保持酒店员工的忠诚度，一个雇主所能做的最好的事情之一便是强调酒店将与员工合作，以持续地开发他的知识和技能："雇主现在可以提出的最具吸引力的建议便是，在5年的时间里，员工会拥有更多的知识，比现在的能力更强。"

2. 职业开发中的角色

员工、经理和雇主在计划、指导和开发员工的职业中都扮演着某种角色。然而，员工必须一直对自己的职业开发和职业成功负全责，这是一个不能推卸给雇主或经理的任务。对员工个人而言，职业规划过程意味着将职业的机会和威胁与个人的优势和劣势相匹配。人们想追求能发挥他们的兴趣、才智、价值和技能的职位、工作和职业，选择可以应付未来多种职业需求的职位、工作和职业。职业开发中的角色，见表8-2。

表8-2 职业开发中的角色

个 人	经 理	组 织
① 承担你自己职业的责任 ② 评估你的兴趣、技能和价值 ③ 找出职业信息和资源 ④ 建立目标和职业规划 ⑤ 利用开发机会 ⑥ 与经理谈论你的职业 ⑦ 遵循现实的职业规划	① 提供及时的绩效反馈 ② 提供开发的任务和技能 ③ 参加职业开发的讨论 ④ 支持员工的开发规划	① 沟通任务、政策和程序 ② 提供培训和开发机会 ③ 提供职业信息和职业计划 ④ 提供多样的职业选择

许多人容易犯两个错误：频繁变动职业或持续忍受现在不愉快的工作。往往不做职业变动反而会令人感到愉快。对一些人来说，小而好的调整就足够了。一个员工如果对工作不满意，就得找出问题所在：一些人可能喜欢酒店职业、喜欢雇主，但不喜欢他们现在的具体工作组织结构；另一些人可能发现经理做事的方式本身就有问题。无论如何，问题并不总出在酒店职业上。

1) 员工的角色

在职业生涯设计中，变换职业是一种决策，除此之外，员工可以先做其他一些事情，比如：问问自己在工作中想要寻求什么，现在的工作在多大程度上能实现自己所需；如何摆脱那些高耗能、低效果的责任；如何增强自己的关系网络；还可以与那些拥有吸引你的工作的人们就有关信息进行交流。如果你能够拥有一个指导者，你是非常幸运的，他如果关注你职业成长并能为你释疑解惑，能够对你提供与职业相关的指导和帮助，可以极大地提高你职业开发的满意度和成功率。

 小贴士

怎样选择一个合适的、潜在的指导者

建议一：这个指导者应该能够客观地提供好的职业建议。许多人会寻找比他们当前领导高一、两级的人，或者是另一个酒店的人。

建议二：不要怕被拒绝。并不是每个人都愿意承担这个费力且专业的任务，所以当你被第一、二个选择的人拒绝时，不要感到惊讶。

建议三：尊重指导者的时间。指导者并不是你个人的管理咨询顾问，而且，指导关系不应该掺杂个人因素，与指导者讨论的问题要有选择性。

实际上，雇主对职业开发具有重要的作用，所以，酒店鼓励和奖励年长的经理充当指导者。但是，寻找指导者并与之保持富有成效的关系最终还是员工的责任。如果你对酒店职业和你所在的酒店满意，但对工作的组织结构不满意，那就重新组织一下的你的工作。

2) 经理的角色

酒店人力资源管理并不仅仅是人力资源部的责任，各业务部门经理甚至更低级别的管理者都要承担一定的责任，尤其是职业生涯管理实践中。研究表明，酒店经理最常使用的管理手段是"公布职业空缺"，其他经常使用的管理手段，主要有正式教育、绩效考核、提出建议、横向发展性变动，等等。

经理或者说雇主的职业开发责任在一定程度上取决于员工在酒店工作的时间长短。在入职前，实际工作预览可以帮助未来的员工更精确地确定工作是否真的适合他们，工作的需求是否很好地与工作候选人的技能和兴趣吻合。尤其是对于刚刚毕业的大学生，第一份工作对于建立信心和选择未来职业都非常关键；经理要提供给新员工充满挑战的第一份工作，而不是让新员工去做那些他们坏不了事的工作，这一点在酒店行业非常重要。并且，提供一个经验丰富、能帮助新员工学习规则的指导者，也非常重要。因为，当一个新员工的高期望和热情遭遇无聊的、不具有挑战性的工作现实时，会发生心理的冲击，不利于员工的稳定。

一个新员工工作一段时间后，经理可以逐步地用一种积极的方式为员工的职业做点事情。可以运用职业倾向性评估的方法，不仅可以考核员工，而且还要将此员工的优势和劣势与切实可行的职业路径以及需要的开发工作相结合。同样，提供定期的、有计划的工作轮换(Job Rotation)可以帮助员工清晰地了解他们擅长做什么和未来哪种职业最合适。

公司也可以提供指导。指导可以是正式的，也可以是非正式的。非正式的指导可以采用多种方法，比如，中高层经理可以志愿帮助缺乏经验的员工，给予他们职业建议；或者增加各种员工的互动、网络工作的机会等。正式的指导，最为重要的是雇主要让员工更好地理解他们自己在职业生涯管理中的责任。

 知识链接

职 业 性 向

职业性向是指一个人所具有的有利于其在某一职业方面成功的素质的总和。它是与职业方向相对应的个性特征，也指由个性决定的职业选择偏好。如果从事适合自己个性的职业，做事情顺风顺水，就像海豚进了大海一样。不过风险也有，如果社会的职业需求发生变化，在中年阶段被迫转行，海豚上岸的痛苦也是很大的。

在职业性向研究领域，约翰·霍兰德的理论被认为是最具权威的，他认为：人格是决定一个人选择职业的一个重要因素，决定个人选择何种职业的6种基本的"人格性向"。分别如下。

1．现实性向

具有这种性向的人，通常表现为害羞、真诚、持久、稳定、顺从、实际等个性特征，会被吸引去从事那些包含着体力活动，并且需要一定的技术、力量和协调性才能承担的职业。例如机械师、装配线工人、农场主、森林工人等。

2．研究性向

具有这种性向的人，通常表现为分析、创造、好奇、独立等个性特质，会被吸引去从事那些需要思考、组织和理解的活动。例如化学家、经济学家、数学家、新闻记者等。

3．社会性向

具有这种性向的人，通常表现为社会、友好、合作、理解等个性特质，会被吸引去从事那些包含着较多人际交往，帮助和提高别人活动内容的职业。例如社会工作者、外交工作者、临床心理学家等。

4．常规性向

具有这种性向的人，通常表现为顺从、高效、实际、缺乏想象力、缺乏灵活性等个性特质，会被吸引去从事那些包含着大量结构性的且规则较为固定的职业，在这些职业中，雇员个人的需要往往要服从于组织的需要。例如会计、档案管理员、业务经理等。

5．企业性向

具有这种性向的人，通常表现为自信、进取、精力充沛、盛气凌人等个性特质，会被吸引去从事那些包含着大量以影响他人或获得权利为目的的职业。例如法官、律师、公关专家、管理人员等。

6．艺术性向

具有这种性向的人，通常表现为富有想象力、无序、杂乱、理想、情绪化、不实际等个性特质，会被吸引去从事那些包含着大量自我表现、艺术创造、情感表达以及个性化活动的职业。例如艺术家、广告制作者、音乐家、室内装饰家等。

而且，大多数人实际上并非只有一个性向，霍兰德认为，这些性向越相似或相容性越强，一个人在职业选择时所面临的内在冲突和犹豫就会越少。如果这些性向是相互对立的，那么在进行职业选择时将会面临较多的犹豫不决的情况，这是因为多种兴趣将驱使人们在多种不同的职业之间去进行选择。

第8章 酒店员工职业生涯管理

管理工具

职业性向测试

职业性向测试反映的是职业特点和个体特点之间的匹配关系,是人们职业选择的重要依据和指南。常用的职业性向工具是 MBTI 职业性格测试。本测验是由美国著名职业教育专家霍兰德的人才测评理论为基础,结合中国广大学生和工作者的实际而编制。根据霍兰德的研究成果和后人的分析论证,按照不同的职业特点和个性特征,一般可以将人分为 6 类:现实型(R)、探索型(I)、艺术型(A)、社会型(S)、管理型(E)和常规型(C)。这六种类型的人具有不同的典型特征。每种类型的人对相应职业类型感兴趣,人格特征和职业需求进合理搭配的特点。

同时,人们在择业时主要受3个因素的影响:兴趣(你想做什么——兴趣倾向)、能力(你能做什么——个人经历)和人格(你适合做什么——人格倾向)。以此为依据,试题由 3 部分组成:兴趣倾向问卷、个人经历问卷和人格倾向问卷,分别对测评者的兴趣、能力和人格特点进行测评。通过对测评结果的综合分析,可以帮助测评者发现和确定自己的职业兴趣和能力特长,使人们对与自身性格匹配的职业类别、岗位特质有更为明晰的认识,从而在人们就业、升学、进修或职业转向时,做出最佳的选择。

该测评适用于高中毕业生、在读大中专生、应届大中专毕业生,以及已参加工作但渴望转行,需发现和确定自己的职业兴趣和能力特长的人士。

根据对每一题目的第一印象作答,不必仔细推敲,答案没有好坏、对错之分。具体填写方法是,根据自己的情况每一题回答"是"或"否"(测试题另附)。

8.2.3 晋升和调任

晋升和调任是大多人的职业生涯中的重要组成部分,晋升(Promotion)传统上指前进到责任有所增加的职位上;调任(Transfer)指到公司的其他部门担任类似的职务。

1. 晋升

酒店中的大多数参加工作的人都期望得到晋升,晋升意味着提高薪水、责任和通常情况下更高的工作满意度。对于雇主来说,晋升是对超常工作绩效的奖励,把经过考核的、忠诚的员工填充到空缺的职位上去。然而对员工和老板而言,晋升过程并不总是一个正面的、积极的经历,不公平、独断专行和不公开会降低此过程的有效程度。员工对酒店的用工机制涉及晋升的,主要关注 4 个方面。

第一,衡量尺度是什么:能力还是资历?

晋升是基于能力还是资历,还是二者兼而有之。实际情况表明,基于能力的晋升是更优的推动因素。然而,当员工的能力、优点和技能相同时,晋升会优先考虑资历高者。

第二,评估工具是什么:如何评估能力?

对于工作比较好评估,比如可以定义工作任务、设定标准,使用一个或多个考核工具去记录绩效。但是晋升需要其他一些因素,还需要能预测候选人未来的绩效能达到什么程度。最简单的步骤是,看原来的绩效,很显然不全面。较为全面的评价方式可以看候选人与管理相关的教育和经验,以及根据多方面的信息和对工作行为的系统评价来对候选人进行等级排序。

第三,晋升程序是什么:正式还是非正式?

许多公司都有非正式的晋升程序。它们可能会也可能不会公布空缺职位。对于重要的管理岗位,酒店会使用自己的"内部"标准去做决定。这时,员工可能认为人际关系因素比绩效更重要,而努力工作、力争上游在这个公司是没有用的。

因而,许多雇主建立了正式公开的晋升制度和程序。正式公开的晋升制度描述了公司奖励晋升的标准。职位公告制度则规定,公司要公示空缺职位和这些职位的要求,并将空缺信息发放到每个员工手中。

第四,晋升途径是什么:纵向还是横向?

晋升并不像看上去那么简单。举个例子来说,当酒店规模缩小时,还如何用晋升来激励员工呢?还有如何向那些对行政头衔不感兴趣的员工提供晋升的机会呢?

一些公司创建了两条类似的职业路径,一条是提供给经理的,另一条是提供给个人贡献者的,如具备优秀职业素养的服务技师、企业内训师等。在酒店,个人贡献者可以晋升到非管理的高层职位,这种职位的工作同样能获得相应的报酬。

还有一种选择是横向变动员工。比如,将服务一线员工调到人力资源部,这样可以开发他们的技能,测试和挑战他们的聪明才智。并且,从某种意义上,当某人停留在原来的工作中时,晋升也是可能的。此时,你可以经常丰富你的工作内容,接受培训,承担更多的责任。

2. 调任

调任,是从一个工作变动到另一个工作,通常在薪酬和职级方面没有变化。员工寻求调任有诸多方面的原因,包括充实自己、寻求更有意义的工作、更多的便利,比如更好的工作时间、更方便的工作地点,等等,或者是可以提供更多晋升机会的工作。

调任的原则是:雇主可以将员工调离已经不再需要他们的岗位,而调去需要他们的岗位,或者是在公司的更大范围内为员工寻找更适合的职位。现在,许多公司通过巩固职位来提高生产力。调任对于那些寻求新任务或个人发展机会的员工而言是一种可行的办法。

许多酒店已经制定了常规的员工调任政策,给员工提供更大范围的工作,或将训练有素的员工安排到空缺职位上。比如一些涉外品牌的连锁酒店,员工可以在数百家酒店中获得调任的机会。

8.2.4 职业生涯管理和员工承诺

经济全球化带来的高效益、强制性节约和生产力改进同时也引起了大量的、正在发生的劳动力断层。经济变化促使许多员工质疑雇主:为什么员工应该忠诚?他们可能会问,"当你再一次决定要削减成本时就会把我解雇,那我还应该对你保持忠诚吗?"当今聪明的员工倾向于把自己想象成一个自由的代理人,既准备着好好工作,又准备着下一次跳向另一家单位的职业变动。原来存在于员工与雇主之间的"心理契约"有点像"尽你最大的努力对我们忠诚,这样我们就包管你的职业"。而现在已经变为:"尽你最大的努力,只要你在这儿一天,就要对我们忠诚,并且我们会提供给你工作变动和拥有成功的职业所需要的发展机会"。在这种情形下,雇主会考虑怎样做才能维持员工承诺,从而最小化自愿离职率,最大化员工的努力程度。

1. 承诺导向的职业开发努力

雇主的职业规划和开发程序在此过程中可以也应该起到重要的作用。正如我们所了解的,正是通过这个过程,雇主支持员工努力开发可行的职业目标,并开发为实现这些目标所需要的技能和经验。雇主的职业开发过程应该传递这样的信号,即雇主关心员工的职业成功,因此应该得到员工的忠诚。职业开发计划和职业导向的考核可以帮助推动这项工作。

2. 职业开发计划

更多的雇主开始提供职业规划和开发服务。职业研讨会使用职业指导工具来帮助员工确定与职业相关的技能和他们的开发需求。

3. 职业导向的考核

每年或半年的考核提供了绝好的讨论与职业相关事项的机会。绩效考核不应该只是告诉员工做得怎么样,还要提供一个完美的时机将员工的绩效表现、职业兴趣和发展需求与连贯的职业规划联系起来。

8.3 酒店员工职业生涯的阶段性管理

酒店员工职业生涯的阶段性管理,是关系到酒店企业职业生涯管理的系统工作,可以从3个维度来考虑,即职前管理、职中管理和离职管理。

8.3.1 职前管理

职前,特指员工到酒店工作前。员工正式入职前与酒店接触的机会很少。已进入职业领域的其他企业的员工,只能在其离开原来的企业到酒店求职后,对其的职前管理才能开始,即招聘。在校大学生的职前管理则可以延伸到校园。

此外,目前业界也有向学校订制员工的尝试,酒店企业也可以借鉴这一做法。在学校根据酒店需要培养学生的过程中,通过对在校大学生的职前管理,直接参与其员工的培养,开辟酒店人力资源开发的又一途径。

> **小贴士**
>
> 我国酒店企业与高等学校联手,培养"订单班"的案例有很多。锦江国际酒店集团、首旅集团,都曾为旗下的酒店、旅行社等企业开发"订单班"的人力资源。

这些集团从高校招生时就参与了订单班的培养,大学期间,集团不断派人来授课、讲座,为订单班学生的培养提供企业最前沿的知识。学生毕业后,会直接进入这些企业工作。这是高校、企业进行良好衔接的一个尝试。

职前的生涯管理,酒店企业常用的做法如下。

1. 提供职业指导

为在校大学生提供职业指导,使其逐步认识自我和职业,在人生道路上少走弯路,对个人取得职业成就、酒店和社会人力资源开发都具有十分深远的意义。随着社会主义市场经济向纵深发展及高校招生规模不断扩大,近几年,大学毕业生就业形势相当严峻。各高校均在不同程度上对学生进行一定的职业指导。如果酒店企业参与到这项工作中来,不仅可以与相关高校建立很好的校企合作关系,而且可以起到向在校大学生推介自己的作用。

2. 提供实习资源

通过向学生提供实习的机会或者设备、设施、师资等资源,既补充了企业暂时的人力短缺,又可以培养学生对企业的认知与认同感,为企业的人力资源做好储备。酒店企业为在校大学生提供实习机会,是目前较为普遍的做法。

1) 酒店接收实习生的意义

(1) 人力资源的良好储备。与学校建立良好的校企合作关系后,相当于为自己建立了一个强大的人力资源库。

(2) 接收实习生可以为酒店企业节约成本,未来在酒店工作的大学生员工多数为旅游管理专业学生,他们接受了正规的专业教育,经过简单的培训就可以上岗了。实习大学生工作努力,且待遇要求不高。

(3) 易于管理。实习大学生由老师参与管理,且尚无自主择业权,不存在流失的问题。

(4) 这是酒店企业承担其社会责任,传播其企业文化和企业影响力的途径之一。

尽管接收实习生具有上述优势,但并不是说酒店企业应该无条件地接收实习生。首先,要求实习生达到一定的标准,确定有能力干好实习工作;其次,要在职业辅导的基础上,重点管理好将来可能从事酒店工作的实习生。

2) 接收实习生的具体做法

从职业生涯管理的角度考虑,应做好实习生的管理工作,尤其是将来可能成为员工的大学生。主要可从以下 4 方面入手。

(1) 职业定位。通过上岗前培训,根据个人的表现及能力兴趣,确定大学生员工的岗位,并努力为其提供轮岗服务。大学生实习期限一般为 3~6 个月,时间的限制使得不能让大学生在每个岗位上都达到熟练工作的程度,但足够其发现和确定自己热爱并适合的部门。为其以后在酒店内就职提供一个定位的机会。

(2) 严格、科学的培训。培训是让实习生了解工作内容、酒店服务理念及企业文化的过程。目的是保证实习生能够独立胜任工作。这是一个非常重要的环节。培训工作的好坏直接关系到实习生的工作以及酒店的服务质量、声誉等。而良好的培训则可以为实习生打下扎实的基础,甚至可以将实习期作为一段试用期,如果表现优秀,在其成为酒店员工后,可酌情减少其在服务岗位工作的时间。

(3) 靠文化凝聚人。企业文化是一个企业的灵魂,体现着企业的魅力所在。酒店在对实习生的管理中,应充分发挥企业文化的凝聚作用,以价值观团结和吸引实习生。注意酒店企业文化对实习生的熏陶,还可以让他们对酒店有一个更深刻的认识。而大学生对酒店文化的认可,可以使其产生对酒店的归属感,从而更加努力地表现自己,争取毕业后投身到该酒店企业中,实现自身的价值。

(4) 合理的薪酬。许多企业接收实习生的原因之一是出于节约成本的考虑。将薪酬与绩效挂钩,可以更充分地调动实习生的工作积极性,激励其发挥潜能,更好地为酒店服务。同时,酒店人力资源管理人员也可以更清楚地了解实习生的真实能力。为其以后在酒店内的发展做出一个初步的评估,以备酒店未来人力资源之需。

3. 合理招聘

招聘是酒店人力资源开发与管理的内容之一。根据帕森斯的职业—人匹配理论,酒店寻求的是能力、兴趣、智商、情商等与酒店工作岗位要求相匹配,且认同酒店企业文化具有发展潜力的员工。

应用案例

新加坡航空公司北京办事处(Singapore Airlines Beijing Office)在员工招聘过程中,利用一天的时间专门对应聘者进行智力、兴趣及能力等测验。然后再根据测验结果确定面试人员名单。

此外,酒店企业一般还通过价值取向测验,明确其价值观取向是否同酒店价值取向一致,保证在其进入酒店后,其职业生涯管理活动会较顺利地开展,员工与酒店能在相互认同中走向共同发展。

总之,招聘工作是一个很关键的环节,它连接着酒店员工职业生涯管理的职前管理和职中管理。因此,把好招聘这一关,对酒店员工职业生涯管理至关重要。

4. 建立外部人力资源库

酒店人力资源是不断循环流动的,需要不断注入新鲜血液。建立外部人力资源库,可以为酒店提供强大的人力资源后备保证。人力资源库相关数据的获得,主要有以下两个途径:一是在大学生进行酒店实习过程中获得;二是在招聘过程中获得。

第一类信息,主要是在酒店实习的在校大学生的相关资料等,可以将其整理入库。期间还需特别关注适合酒店工作的大学生,可以追踪其发展至毕业,然后邀请其加盟酒店。

第二类信息,主要是来应聘的即将毕业的大学生或者已经进入职业领域的大学毕业生的相关资料。其中未被酒店录用人员的资料,需要经过整理入库。等酒店出现职位空缺时,可以考虑从该类人员中择优录用。

应用案例

在建立人力资源库方面，新加坡樟宜机场(SATS)做得比较成功。新加坡樟宜机场每年都接收大批的实习生，包括新加坡国内、国外的。

在对实习生的管理中，注重建立外部人力资源库，将实习生作为未来的人力资源进行储备。为每位实习生建立档案，包括培训情况、工作表现、联系方式等。

樟宜机场在北京的参股地勤服务公司招聘员工时，便从人力资源库中选择实习生，电话通知面试，择优录用了一批，在时间和培训费用等方面节省了成本。

8.3.2 职中管理

职中特指员工正式成为酒店企业的员工时起，到其离开酒店企业为止的这段生涯。也是酒店对员工进行职业生涯管理的最主要及最重要的阶段。根据工作性质和国情的特点，除了部分技术人员及高层管理人员，酒店员工年龄多在18～40岁。决定了其职业生涯阶段管理有着自己的特色。

1. 职业咨询

职业生涯管理涉及职业生涯规划及实施、职业性向测定、培训等方方面面的问题，这些问题是员工个人或某个部门就能够解决的，而需要职业生涯管理专业人士的支持。和新加坡的企业员工职业生涯管理调查显示，职业咨询与指导是企业采用的最普遍的职业生涯管理技术之一。

酒店员工职业生涯管理中可能遇到各种各样的问题，无论是来自于员工，还是来自于管理人员，职业咨询无疑是解决这些问题的锦囊。酒店提供专业的职业生涯管理咨询与指导相当关键。

案例讨论

酒店职业咨询应从何入手？

酒店开展职业生涯管理咨询，其内容应主要从职业选择、职业发展及职业转换3个环节着手。

首先，提供个人职业选择方面的咨询。它主要针对刚毕业的大学生和已进入职业领域并面临职业转换的员工。这一环节可以帮助大学生减少择业徘徊期的困惑，诸如我的兴趣特长到底是什么，应不应该选择酒店企业作为自己职业发展领域，以及进入酒店职业领域后自己的条件及知识技能适合在哪个部门的什么岗位工作，等等。酒店可以采用职业生涯管理的相关技术为员工提供测评服务，以辅助咨询工作的开展。

其次，提供职业发展方面的咨询。它主要针对服务岗位或初级管理岗位上的员工。选定工作部门及岗位后，员工会较关心目前岗位工作需要哪些知识和技能，如何在此基础上发展新知识新技能，以便能尽快

第8章 酒店员工职业生涯管理

地适应岗位工作;当熟悉岗位工作、部门乃至酒店的发展情况后,会考虑以其目前的知识与技能水平,是否可以从事更高一级岗位的工作,其下一步的发展目标应如何确定,为了在更高一级岗位上工作,需要接受哪些培训,等等。

最后,提供职业转换方面的咨询。针对员工职业转换的咨询,主要有3方面的工作。其一,妥善处理解聘员工,为其提供富有人情味的职业咨询,帮助其重新择业。以减少因解聘为员工带来的心理打击。同时也可以消除解聘对酒店其他员工的负面影响,使他们能够依旧为酒店忠诚服务。其二,从尊重人的全面发展的角度,对辞职的大学生员工提供未来职业发展空间分析的咨询,使其做好准备面对未来的职业发展。这体现了酒店尊重人的文化,开放的、动态的人力资源发展观有助于树立酒店良好的企业形象,从而可以吸引更好的人力资源为酒店发展服务。其三,提供职位变动管理咨询,从员工和酒店两方面做好酒店内部职位变动管理工作。

【课堂讨论】
你认为酒店应该成立一个部门提供职业咨询吗,为什么?

2. 职业生涯规划

职业生涯规划是指雇员根据对自身主观因素和客观环境的分析,确立自己的职业生涯发展目标,选择实现这一目标的职业,以及制订相应的工作、培训和教育计划,并按照一定的时间安排,采取必要的行动实施职业生涯目标的过程。

个人职业生涯规划一般包括自我剖析、职业剖析、目标设定、目标实现策略、反馈与修正等几个方面的内容。

应用案例

职业生涯规划实战指南

1. 客观认识自我、准确职业定位

职业生涯规划是一个动态过程,其最基础的工作首先是要知己,即要客观全面认清自我,充分了解自己的职业兴趣、能力结构、职业价值观、行为风格、自己的优势与劣势等。人才素质测评是全面、科学地认识自我的有效手段和工具。只有正确地认识自己,才能进行准确的职业定位,并对自己的职业发展目标做出正确地选择,才能选定适合自己发展的职业生涯路线,才能对自己的职业生涯目标做出最佳选择。

在客观认识自我方面,我们至少需要了解以下5个方面。

(1) 喜欢干什么——职业兴趣。

(2) 能够干什么——职业技能。

(3) 适合干什么——个人特质。

(4) 最看重什么——职业价值观。

(5) 人、岗是否匹配——胜任力特征。

正确的自我认识越来越受到各界的关注,哈佛大学的入学申请要求必须剖析自己的优、缺点,列举个人的兴趣爱好,还要列出3项成就并作说明。从中可见一斑。

2. 评估职业机会、知己知彼

每一个人都处在一定的社会环境之中，离开了这个环境，便无法生存与成长。只有对这些环境因素充分了解，才能做到在复杂的环境中避害趋利，使你的职业生涯规划具有实际意义。

除了要正确客观地认识自我，还必须更多地了解各种职业机会，尤其是热门的行业、热门职位对人才素质与能力的要求。深入地了解这些行业与职位的需求状况，结合自身特点评估外部事业机会，才能选择可以终生从事的理想职业。

对职业机会的评估需要理性评估，真正做到知己知彼，切忌想当然，对不熟悉的行业和职位不切实际地向往，结果是费了九牛二虎之力进入城中，一入围城马上受到现实冲击，迫不及待又要出城，兜兜转转之间，年已蹉跎。

3. 择优选择职业目标和路径

职业生涯规划的核心是制定自己的职业目标和选择职业发展路径。通过前面两个步骤，对自己的优势劣势有了清晰的判断，对外部环境和各行各业的发展趋势和人才素质要求有了客观的了解。在此基础上制定出符合实际的短期目标、中期目标与长期目标。

职业目标的选择正确与否，直接关系到人生事业的成功与失败。据统计，在选错职业目标的人当中，超过80%的人在事业上是失败者。正如人们所说的"女怕嫁错郎，男怕选错行"。由此可见，职业目标选择对人生事业发展是何等重要。正确的职业选择至少应考虑以下几点：①兴趣与职业的匹配；②性格与职业的匹配；③特长与职业的匹配；④价值观与职业的匹配；⑤内外环境与职业相适应。

4. 终生学习、高效行动

在确定了职业生涯目标后，行动便成了关键的环节。没有达成目标的行动，目标就难以实现，也就谈不上事业的成功。这里所指的行动，是指落实目标的具体措施，主要包括工作、训练、教育、轮岗等方面的措施。例如，为达成职业目标，在工作方面，你计划采取什么措施提高你的工作效率？在业务素质方面，你计划学习哪些知识，掌握哪些技能提高你的业务能力？在潜能开发方面，采取什么措施开发你的潜能？都要有具体的计划与明确的措施。并且这些计划要特别具体，以便于定时检查。

彼得圣吉在第五项修炼中说，企业未来唯一持久的竞争优势是比竞争对手学习得更快和更好，个人也是一样。我们现在的时代是终生学习的时代，要取得事业上的成功，重要的是要不断更新知识、提升能力，才能保持自己的职业竞争力，逐步达到自己设定的职业目标。

5. 与时俱进、灵活调整

俗话说："计划赶不上变化。"是的，影响职业生涯规划与发展的因素诸多。有的变化因素是可以预测的，而有的变化因素难以预测。在此状况下，要使职业生涯规划行之有效，就须不断地对职业生涯规划进行评估与调整。其调整的内容包括：职业的重新选择；职业生涯路线的选择；人生目标的修正；实施措施与计划的变更，等等。职业发展过程中，理想与现实的脱节几乎人人都会碰上，对职业人来说，有些是致命的，有些却通往另一条路。发生这种情况时，最不可取的态度是急于求成，消极对待当前工作。正确的做法是稳定中求发展。

当然，事在人为，再优秀、再动人的职业生涯规划也取代不了个人的主观努力。职业生涯规划的目的是建立目标、树立信心。职业生涯规划只是走向成功的必要手段，能否成功则主要取决于个人的努力。

【课后任务】

根据职业生涯规划指南写一份自己的职业生涯规划。

第8章 酒店员工职业生涯管理

3. 职业生涯管理培训

酒店职业生涯管理培训应特别针对员工中技术人员、营销人员、管理人员等高敏感人群，对处于不同生涯阶段、不同角色的员工开展有针对性、有计划、系统科学的职业生涯培训。

鉴于酒店工作性质及其对员工的需求状况，目前员工在酒店业均处于职业生涯"早期"，职业生涯晚期的培训似乎与其职业生涯管理相距甚远。然而，在员工与酒店企业共同发展的趋势下，酒店大学生员工必然会逐渐进入其职业生涯晚期，走向管理岗位。因此，相关的培训也不容忽视。

福特公司的中层管理者培训

福特公司面向中层管理人员推出的"领导层培训与开发"项目，启动后的3年半时间里，2400名中层管理人员参与该项目。通过一系列的试验性联系与会谈中，员工可以挖掘自身潜力并对自己的职业发展目标进行再定位。在"培训-实践-再培训"的循环中，获得新的职业发展机会。

(资料来源：www.cnki.net)

4. 职业发展阶梯

职业发展阶梯是组织为内部员工设计的自我认知、成长和晋升的管理方案，明确员工在一定组织中晋升的等级。酒店企业各部门分工明确、管理规范，其工作对员工的经验要求较高：如果能根据酒店发展需要，策划员工职业目标实现路径、方式，为其指定实现各种职业道路的管理方案，不仅可以为员工的发展提供明确的方向和道路，从而激励其发挥潜能，不断进取，而且可以在员工不断的努力中寻求酒店的长足发展。

 小贴士

酒店职业生涯阶梯可以显示其员工晋升的方式，为渴望晋升的大学生员工指明努力的方向。一般来讲，其内涵主要有以下3方面。

其一，职业生涯阶梯的宽度。要求员工在多个部门轮换工作的是宽职业生涯阶梯，反之是窄职业生涯阶梯。

其二，职业生涯阶梯的长度。一般职业生涯阶梯等级在4级以下的可称为短阶梯，10以上为长阶梯，5~10级之间称为中等长度职业生涯阶梯。

其三，职业生涯阶梯速度。职业生涯阶梯设置中有正常晋升和破格提升之分，即慢速梯和快速梯。鉴于酒店企业的实际情况，应选择宽、窄、快、慢结合的中等长度职业生涯阶梯，既考虑其对员工潜力的影响作用，又考虑酒店职业生涯管理时的实际性和可能性。

酒店职业生涯阶梯的设计还涉及职业生涯阶梯模式。由于传统企业中单阶梯模式的局限性，目前大多数企业采用的是双阶梯模式，如微软公司采用技术人员与管理人员的双阶梯模式。也有的公司采用多阶梯模式，如西门子公司的技术人员阶梯、技术带头人的阶梯与技术管理人员阶梯。

之所以采用不同的阶梯模式，是为了满足公司发展的不同需求。酒店企业中，部门之间分工明确，财务、销售、前厅、客房等涉及管理阶梯；而工程、厨房等涉及技术和管理双重职业生涯阶梯。此外，随着经济的不断发展，个人知识、兴趣及对自身价值实现的理解也在不断发生着变化，员工的职业生涯发展路径也打破了传统的直线发展类型而呈现了多样化，如螺旋上升型或横向转换起伏型等。

需要明确的是，上述各种职业生涯阶梯模式的选择，应在综合考虑员工能力、兴趣与酒店需要的基础上，让员工自愿选择理想的职业生涯阶梯，以激励其充分发挥特长和优势，更好地发挥职业生涯阶梯的通道作用。

5. 职业生涯管理的评估反馈

它主要是对职业生涯管理工作绩效的定期或不定期的考核和评估。通过该项工作，酒店职业生涯管理人员可以了解员工的工作绩效情况，包括成绩与不足；同时也可以了解员工发展目标以及酒店发展目标的实现情况。

评价结果的反馈，不仅可以让员工知己知彼，扬长补短，从而起到激励员工发展的作用；而且还可以了解员工对职业生涯管理的意见，有利于发现职业生涯管理中的不足而可以及时采取调整与弥补措施。可见，对职业生涯管理的评估反馈，有利于保证职业生涯管理开展的科学合理性与可操作性，真正实现职业生涯目标及酒店发展目标

职业生涯管理的评估反馈有不同的途径，不同的公司，根据其情况采取的制度举措也有所区别。格特里奇(1986)对职业生涯管理有效性标准进行了探讨，并提出4个环节标准。

(1) 达到个人或组织目标。

(2) 考察项目所完成的活动，如员工使用职业工具，组织采取的职业行动等。

(3) 绩效指数变化，如离职率降低、员工士气改善等。

(4) 态度或直觉到的心理变化，如职业系统可觉察到的益处和员工表达的职业感受等。

鉴于酒店企业的实际情况，应从以下方面进行考核评估。

首先，开展职业选择导向的评估反馈。公开、公平、公正的评估制度体系不仅是评价员工能力的工具，也是酒店优化人力资源配置与职业生涯管理的先决条件之一。评估反馈体系中的量化考核可以及时把握人岗匹配的问题。酒店人力资源管理人员可以根据评估绩效获取相关信息，有效合理地配置和储备人力资源。

其次，开展职业发展导向的评估反馈。职业发展管理是职业生涯管理的一个主要部分。全体员工的职业发展目标的实现，意味着酒店发展目标的实现。因此，职业发展评估的标准之一，就是员工以及酒店发展目标的实现情况。除了酒店绩效评估结果，还可以通过问卷调查的形式，来调查其对工作岗位、职业生涯规划及其实施、职业发展空间等的满意度。

职业生涯管理评估的另一个标准是绩效指数的变化。该标准在职业生涯管理引入早期效果不会太明显。因为职业生涯管理对改善酒店人力资源管理效果持久但见效慢，一般至少需要1~2年的时间，员工流失率降低；士气改善以及酒店内部填补空缺时间缩短等效果将会相当显著。这意味着员工对酒店忠诚度增加，对自己的职业发展空间满意。在酒店推行职业生涯管理一段时间后，通过对上述各方面的评估，考察绩效指数的变化也是个重要的评估标准。

8.3.3 离职管理

离职管理是酒店职业生涯阶段管理中最后涉及的问题，该环节的工作也相当关键。酒店对员工的离职管理情况，也体现了一个酒店的管理理念、价值观取向等。酒店员工离职形式大体有3种情况：辞职；解聘；退休。因此，酒店离职管理也应从这3方面入手。

1. 辞职管理

员工向酒店辞职，原因或许很多，但大体有两方面，一是感觉不适应酒店工作而另谋他业；二是感觉在该酒店得不到更好的发展或待遇而转投其他酒店企业。不论是哪种情况，在员工辞职时，酒店人力资源管理人员一般会与其进行离职前谈话。这项工作在国内、外许多大企业中已被普遍采用，而且收效颇佳。

通过离职前谈话，酒店人力资源管理人员可以获得大量的有用信息，如员工所期望的发展空间及期望实现的目标是什么，感觉自身发展受限时有没有与上级管理人员沟通，有没有寻求酒店职业咨询人员的帮助，酒店人力资源管理中存在何种不足，等等，从而可以明确员工离职的真正原因。

通过对这些信息的分析处理，再与行业的平均水平对比，酒店可以得出重要的结论，判断酒店是否应提供给员工更多的发展空间，员工聘用阶段的职业性向测验以及价值取向测验等是否发挥作用，酒店帮员工设定的职业发展目标是否符合实际，等等；如果不是酒店职业生涯管理工作方面的原因，则应更加注重与员工的沟通，争取与其在相互谅解相互关心的基础上，提高其忠诚度。

应用案例

如何对待辞职人员

法国博福—益普生(天津)制药有限公司(BITP)对待辞职人员的态度就值得借鉴。人才是社会的人才，一名员工不再为一个企业效力，不等于对整个社会失去了价值。明白了这一点，企业就不会在一手培养的人才离开企业时产生失落感，企业不应放弃任何培养人才的机会。对于那些由于各种原因即将离开企业的人员，企业也应一视同仁。

BITP曾有一名主管因移民要辞职，而BITP认为只要员工在公司一天，就应继续给他发展的机会，对他信任依旧。数月后，该主管被公司对待人才的态度及对待辞职人员的真诚所打动，决定放弃移民而留在公司。

（资料来源：张剑虹. 企业管理的新课题——实施职业生涯开发系统[J]. 天津经济，2003.）

【思考题】

你认为应如何对待辞职人员呢？

2. 解聘管理

酒店解聘员工，原因可能有许多，主要有：①员工不能胜任岗位工作，这种情况一般极少发生；②员工价值观取向与酒店核心价值观相冲突而严重影响了酒店发展或声誉，如员工严重违反了酒店规定；③酒店因发展受挫、规模收缩而减员。不论是出于何种原因，都会给被解聘员工甚至仍在酒店工作的员工带来一些影响。

 应用案例

某酒店的员工手册，对解聘员工有着详细的规定。员工无任何过失而自动辞职，符合酒店规定程序，获准后，酒店将退还保证金并发给当月工资。发生下列情况之一者，酒店有权解除合同。

(1) 不遵守劳动纪律，玩忽职守，严重违反酒店规章制度。

(2) 旷工 3 天以上，伪造病假、事假。

(3) 服务态度恶劣，责任心不强，营私舞弊，给酒店信誉带来严重影响者。

(4) 被依法追究刑事责任。

(5) 违反计划生育规定造成不良后果者。

解聘管理工作的好坏关系到酒店管理工作的质量，应从以下两方面考虑。

(1) 将员工解聘制度化、标准化、公开化，即达不到标准的员工会被淘汰。良好的解聘制度不仅是鞭策员工努力的工具，同时也可以在有章可循的情况下，减少员工面临解聘的不满情绪。

(2) 为被解聘员工提供帮助。面临被解聘的打击，员工心理必定会受到一定的冲击。酒店应为其提供必要的职业生涯咨询或培训帮助，减少其挫折感，使其尽快走上新的工作岗位。此举不仅体现着酒店对人才的尊重，还体现了酒店为社会尽责的良好作风。这有助于提升酒店企业的社会知名度和声誉，也给酒店其他员工一种安全感，从而提高对酒店的忠诚度。

3. 退休管理

尽管酒店行业员工目前达到退休年龄的占很小一部分甚至可以忽略不计，但从职业生涯管理的完整性，以及未来酒店企业员工的退休管理方面考虑，这一环节也相当必要。尤其是员工退休后的生活问题。

第8章　酒店员工职业生涯管理

有关员工退休后的一些生活及心理问题，则需要纳入酒店职业生涯管理视野，切实做好疏导工作，让员工在未来尽享退休后的生活。一般面临退休，员工心理波动较大，即将离开工作多年的岗位而赋闲在家的失落，对退休后生活的不适应而产生的不安，等等，都给其造成不小的影响。

 知识链接

"退休综合征"

我国自 2000 年以来老年人口的比例呈现快速增长趋势，这种"银色浪潮"的到来，预示着企业员工更新换代的进一步加速，一大批企业员工将要离开工作舞台，离开企业，转入不再工作的生活状态，其中一些人就容易患上所谓的"退休综合征"。

他们经常会出现走神而做错事，事后又不断地重复这样的行为，陷入"犯错-后悔-继续犯错"的恶性循环；个人情绪的变化大而易急躁和发脾气，对周围的任何事情都不满或不快，"悲观怨世"情结大大降低了退休后生活的质量；为了逃避现实生活，极其容易陷入以往的回忆中不可自拔；还有的人因不能客观地评价事物甚至发生偏见，做出报复周围人、单位或者社会的行为。

"退休综合征"带给个人、家庭、企业、政府和社会的沉重的负担，如何使退休人员更好更快地适应退休生活，摆脱消极悲观的生活方式和人生态度，是我国社会和企业必须关注的焦点。

日本成功地推行退休适应性培训的经验表明，退休适应性培训——新的培训模式的使用和推广，将有效地缓解"退休综合征"引发的各种问题。它是对退休后生活方式的一种指导与设计，其培训的目的是使即将退休的人员在退休预准期(在职到退休前的一段时间)，从身心两方面做好退休准备，让企业员工能够较快、较好地适应退休生活。

本 章 小 结

本章主要介绍酒店员工职业生涯管理工作，阐述了职业、职业生涯、职业生涯管理等概念的内涵和外延，指出酒店进行职业生涯管理的重要意义在于，有助于吸引人才、留住人才和开发人才，另外，就酒店职业生涯管理现存问题进行了分析。

本章还探讨了酒店职业生涯的重点在于职业开发和职业规划，提供了很多经验性的方法和技巧。对职业生涯的不同阶段管理提出了具体内容：职前管理可以从职业指导、提供实习园地、合理的招聘和建立外部人力资源库着手；职中管理主要涉及职业咨询、职业生涯规划、职业生涯管理培训、职业阶梯、职业生涯管理的评估反馈等环节；离职管理主要有辞职管理、解聘管理和退休管理等方面。

复习思考

一、关键术语

职业　职业生涯　职业生涯管理　职业开发　职业规划

二、课上讨论

1．你认为酒店有必要开展员工的职业生涯管理吗？为什么？
2．对于酒店员工职业开发和职业规划，你有什么建设性的意见吗？
3．酒店员工的职中管理涉及哪些方面？你认为关键点是什么？
4．你认为酒店有必要进行员工的职前管理吗？为什么？
5．你知道酒店建立外部人力资源库的案例吗？分组讨论一下。
6．你认为酒店开展员工职位变动管理的意义是什么？
7．讨论一下酒店员工职位变动管理的模式。

三、经验性练习

1．实践内容

登录中国人力资源开发、职业生涯、旅游等相关网站，查阅酒店职业生涯管理的相关资料，讨论并分析酒店员工职业生涯管理工作开展有哪些应注意的事项。

2．实践课程学时

2学时。

3．实践目的

通过网站收集和分析资料，掌握酒店职业生涯管理的内容、方法等方面的知识。

4．实践环节

第一步：以组为单位(2～3人一组)，登录相关网站，查阅相关资料。

第二步：以组为单位，讨论酒店职业生涯管理工作开展应从哪些方面着手。

5．技能要求

(1) 能够熟练应用互联网查阅资料。

(2) 能够分析一些酒店职业生涯管理的案例。

(3) 能够通过案例学习，归纳酒店员工职业生涯管理开展步骤、职位变动管理的模式等。

6．实践成果

(1) 了解酒店职业生涯管理的概念、意义。

(2) 掌握酒店职业生涯管理的阶段管理，各阶段管理的内容、方法。

(3) 能够分析并制定一份员工的职业生涯规划书。

(4) 能够了解酒店员工职位变动管理的模式及应用。

四、简答题

1. 酒店员工进行职业生涯管理的重要意义是什么？
2. 如何理解酒店员工的职业开发和职业规划？
3. 职业开发中员工个人和经理应该扮演什么样的角色？
4. 在员工晋升中应该做哪些生涯管理工作？
5. 在员工调任中应该做哪些生涯管理工作？
6. 职业生涯管理和员工承诺是什么关系？
7. 酒店员工职前管理的工作内容是什么？
8. 酒店员工职中管理的工作内容是什么？
9. 酒店员工职后管理的工作内容是什么？

参 考 文 献

[1] 徐文苑. 饭店人力资源管理[M]. 2 版. 北京：清华大学出版社，2010.
[2] [美]雷蒙德·A. 诺伊，等. 人力资源管理[M]. 7 版. 刘昕，译. 中国人民大学出版社，2011.
[3] 罗旭华. 酒店人力资源管理[M]. 北京：机械工业出版社，2012.
[4] 蔡万坤. 现代酒店人力资源管理[M]. 广州：广东旅游出版社，2012.
[5] 王文燕，石宝生，张俊枝. 星级酒店人力资源管理[M]. 广州：广东经济出版社，2012.
[6] 胡友宇，龚伟，等. 酒店人力资源管理实务[M]. 北京：清华大学出版社，2013.
[7] 梭伦，肖云山. 现代酒店人力资源管理与开发[M]. 南京：江苏美术出版社，2013.
[8] [美]加里·德斯勒. 人力资源管理[M]. 北京：中国人民大学出版，2012.
[9] [美]J. 伊万诺维奇. 人力资源管理[M]. 赵曙明，程德俊，译. 北京：机械工业出版社，2011.
[10] 余凯成，等. 人力资源管理[M]. 3 版. 大连：大连理工大学出版社 2006.
[11] 葛玉辉. 人力资源管理[M]. 3 版. 北京：清华大学出版社，2012.
[12] 李冰，李维刚. 人力资源管理[M]. 北京：清华大学出版社 2009.
[13] [美]韦恩·蒙迪. 人力资源管理[M]. 10 版. 谢晓非，等译. 北京：人民邮电出版社，2011.
[14] 王大悟，刘耿大. 酒店管理 180 个案例品析[M]. 北京：中国旅游出版社，2007.
[15] 黄鉴中. 中国酒店管理模式[M]. 上海：复旦大学出版社，2009.
[16] 姜玲，包小阳. 经济型酒店管理实务[M]. 广州：广东经济出版社，2012.
[17] 王大悟，等. 酒店管理实践案例精粹[M]. 北京：中国旅游出版社，2009.
[18] 李雯. 酒店管理工具大全[M]. 北京：人民邮电出版社，2013.
[19] 陈明. 酒店管理概论[M]. 北京：旅游教育出版社，2011.
[20] 邢夫敏. 现代酒店管理与服务案例[M]. 北京：北京大学出版社，2012.
[21] 罗旭东. 酒店管理论语[M]. 深圳：海天出版社，2012.
[22] 陈文力. 酒店管理信息系统[M]. 北京：机械工业出版社，2012.
[23] 奚晏平. 世界著名酒店集团比较研究[M]. 2 版. 北京：中国旅游出版社，2012.
[24] 王丽华. 酒店管理合同：从谈判到履行(实战版)[M]. 北京：旅游教育出版社，2013.
[25] 游富相. 酒店人力资源管理[M]. 杭州：浙江大学出版社，2009.
[26] 黄美忠，薛兵旺. 酒店人力资源管理[M]. 天津：天津大学出版社，2012.
[27] 肖鸣政. 人力资源管理模式及其选择因素分析[N]. 中国人民大学学报，2006.
[28] 张正堂，刘宁. 战略性人力资源管理及其理论基础[J]. 财经问题研究，2005.
[29] 罗晓艳. 新形势下企业人力资源管理问题及对策[N]. 现代商贸工业，2014.
[30] 艾明晓. 国有企业民主管理对构建和谐劳动关系的影响——从人力资源管理的角度分析[J]. 经营与管理，2014.
[31] 徐正新. 以人为本发挥人事管理工作在高校发展中的基础作用[N]. 黑龙江生态工程职业学院学报，2014.
[32] 刘璐. 走出中小企业人力资源管理的困境. 现代营销(学苑版)[J]，2013.
[33] 吴坤津，刘善仕，彭娟. 家长式人力资源管理研究述评[J]. 外国经济与管理，2013.